Athletic Body
in Balance

人体运动平衡

基于功能性动作筛查的身体评估与训练

[英]格雷·库克 著　曹晓捷 译

Gray Cook

人民邮电出版社

北京

图书在版编目（CIP）数据

人体运动平衡：基于功能性动作筛查的身体评估与
训练／（英）格雷·库克（Gray Cook）著；曹晓捷译
．— 北京：人民邮电出版社，2020.9
ISBN 978-7-115-54303-5

Ⅰ．①人… Ⅱ．①格… ②曹… Ⅲ．①人体运动－功
能失调(运动医学)－评估②人体运动－身体训练 Ⅳ.
①G804.62②R872.6

中国版本图书馆CIP数据核字(2020)第113968号

版权声明

免责声明

本书内容旨在为大众提供有用的信息。所有材料（包括文本、图形和图像）仅供参考，不能替代医疗诊断、建议、治疗或来自专业人士的意见。所有读者在需要医疗或其他专业协助时，均应向专业的医疗保健机构或医生进行咨询。作者和出版商都已尽可能确保本书技术上的准确性以及合理性，并特别声明，不会承担由于使用本出版物中的材料而遭受的任何损伤所直接或间接产生的与个人或团体相关的一切责任、损失或风险。

内 容 提 要

本书由具有丰富实践经验和扎实理论功底的物理治疗师兼骨科矫正师格雷·库克倾力打造，旨在为运动员提供一本以"动作模式"为重点的训练指导书。本书对体育动作，活动性与稳定性，力量与耐力，爆发力、速度与敏捷，运动表现训练计划五个方面进行了详细论述，致力于帮助运动员通过专业的测试和评估，清晰识别自身在功能性上的不足与局限、科学制定切合运动员实际水平的训练方案，以提高特定的运动技能，有效预防运动损伤，整体提高运动表现。

- ◆ 著　　　　[英]格雷·库克（Gray Cook）
  译　　　　曹晓捷
  责任编辑　裴 倩
  责任印制　周昇亮
- ◆ 人民邮电出版社出版发行　北京市丰台区成寿寺路 11 号
  邮编　100164　电子邮件　315@ptpress.com.cn
  网址　https://www.ptpress.com.cn
  北京虎彩文化传播有限公司印刷
- ◆ 开本：700×1000　1/16
  印张：14.25　　　　　　　　2020 年 9 月第 1 版
  字数：337 千字　　　　　2025 年 11 月北京第18次印刷
  著作权合同登记号　图字：01-2017-4509 号

定价：88.00 元

读者服务热线：(010)81055296　印装质量热线：(010)81055316
反盗版热线：(010)81055315

献给我的女儿，杰西卡和凯拉，她们经常在我写作和编辑本书的时候拉我陪她们玩耍，也正因如此，我才可以时常想起自己为什么如此努力地工作。

目　录

扫码免费领取

"功能强化训练"系列课程第一集

序 言

任何学习体能训练的人，都会接触到大量如同食谱般预先包装好的信息。那些信息都基于一个基本的想法：任何运动员都可以适应任意一种训练方案。而本书却与此不同，这里的想法是：训练方案应该围绕运动员进行设计。

我以个人作为骨科和运动物理治疗师以及力量体能教练的经验设计了本书中的体系。我曾有机会见证人体在不同物理角度下的身体表现。我既目睹过运动员令人惊艳的运动成就，也看到过他们在康复期痛苦的挣扎。这本书正源自于我的经验、错误与成功。我一直在不停地探索，尝试建立一个可以改进运动体能、预防伤病、提高运动表现，并同时简化评估与提升解决问题的模型。

两个词自然地显现出来：效率和效果。"效率"一词描述了运动中应当没有无用的动作以及不必要的能量消耗。那些优秀的运动员在持续的不确定与挑战中放松地享受着自己的比赛。

举例来说，杰克·尼克劳斯、迈克尔·乔丹、维恩·格雷茨基以及无数其他的职业或业余运动员，在长时间的训练基础之上都可以放松地享受竞赛。"放松"一词在这里并不是说轻视比赛或者不要全力以赴，而是在没有焦虑的情况下竞争。这些顶尖运动员展现出的是只有通过正确的训练和实战才能获得的信心，这是时间与自我批评的结果。这种具有竞争性的成熟所带来的是对于自己和比赛的智慧与洞见。洞见和经验会让运动员在训练准备中减少能量的浪费。随着不断改进训练，一种微妙的自信逐渐形成，帮助运动员减轻担心准备不足的焦虑情绪。此时，他们具备了运动中的效率。

效率意味着要去除练习中那些花俏无用的东西，深入了解动作的核心，从而使运动更高效、协调。

"效果"很简单，表示产生结果。一次训练，如果为了节省时间而被砍掉了一部分，但是没能帮助运动员达成训练目标——虽然训练本身可能是有效率的，但是却没有达到改善运动表现的"效果"。这本书会根据你的需求，帮助你创建一个在"效率"和"效果"间平衡的训练计划；拆解保持运动表现的基本元素，并组合成有序的评估流程，让你可以定制训练方案。效率和效果则是贯穿这本书训练建议的底层逻辑。

每个优秀的教练都有自己的基础系统。系统的基本原则可以对准备加入运动员训练计划的新技巧和动作进行测试，确保它们适合当前的系统。系统可以防止教练加入那些看起来流行、却有可能影响训练效果或产生危险的动作或技术。系统的基本原则不会因新技术和动作的加入而改变。系统提供了一种结构和反馈机制。如果新的流行内容或动作不能融入当前的结构，那么它们将不会被使用；如果不能提供必要的反馈机制，那么它们也不会带来有效的结果。

这本书里的系统包括了针对每一个体能阶段的测试。测试的分数会揭示优势和劣势，以此为据，运动员将逐渐克服自己的弱点。对本书中的概念和策略，有许多你感觉似乎很熟悉，有许多可能看着很奇怪或像是在浪费你的时间，但是，它们仍然被写在了本书中，因为它们能够发挥作用，并且值得注意的是，它们是按照特定的顺序发挥作用的。不要跳过特定顺序中的任何一个步骤，也不要朝着另一个方向来训练体能。不按照本书目录的顺序或者跳出计划的顺序来使用各个章节的内容，将不会产生高效且有长期影响力的结果。

抛开所有关于快速解决方案和捷径的想法。趋势和流行通常是为了销售一些东西才被设计出来的。我们希望事物可以发展得更好更快，但每当我们尝试加速自然进程的时候，总有一些东西会被牺牲掉。训练和体能需要一种自觉的身体平衡。好的训练需要应用有效的评估策略，并在身体发展的每个阶段满足具体的需求。训练决定不能基于一时的兴致，我们也不能因为没有产生即时可见的好处就随机删减训练内容。有时候，很多出色的体能训练方案在刚要产生结果前却被改动或放弃了。一个具有效率和效果的系统，即便在短期内没有即时可见的改变时，也能为训练提供信息反馈。

在书的开始部分，我会用汽车和计算机来做比喻，虽然我们之中很少有这两方面的专家，但是我们都依赖着这些科技。即便你不会给计算机编程或调试汽车，你仍旧可以是一名有知识的消费者。你对汽车和计算机原理的理解程度，足以用来节省时间和提高效率就够了（这就是效率和效果）。

掌握一些基础的汽车与计算机知识可以帮助人们节省时间和金钱，并避免成为那些以无知为目标的商业骗局和营销的受害者。同样，当运动员对自己的身体运行机制、极限和潜力有了更多了解的时候，就不会再对训练表现出害怕和不安。很多运动员把时间浪费在尝试不同的训练方法上，试图从中发现自己的个人训练公式。这本书以一种简单易懂的方式，来解释人体及其功能。

损伤预防是本书中的一个重要主题。尽早采用有效的训练系统，很多因为不平衡的训练方法和不当技巧引发的伤病是可以避免的。损伤预防并不是一个多么迷人的话题，而是一个很难研究和证实的课题（比运动表现提升难多了）。书中的评估和训练动作会着重于潜在损伤的征兆和警示信号。并非所有的损伤都可以避免，因为体育竞赛有时会迫使身体超过极限。但是很多损伤是可以预防的，特别是那些在训练和实战演练中出现的。伤病会改变运动员的职业生涯——代价有可能是一笔奖学金、签约奖金，乃至比赛的先发位置。

书中训练方案的目标是尽量做到全面和完整。很多训练可能会在某一方面提供快速的结果，但忽略了其他方面。我希望你在阅读本书的时候不要着急，慢慢汲取书中的信息并将其融入你的训练计划中。我还希望你不要忽视成功的秘诀——坚持和努力，如果能把坚持和努力应用在正确的方向上就更好了。本书将成为你身旁一名无声的教练，不断提醒你专注自己的目标，并在了解这套系统的路上保持耐心。

欢迎开始阅读旅程，我希望这是一个积极的开始。

致 谢

我不是作家。我是一名享受运动医学和训练知识的骨科物理治疗师和体能教练。我的经验以及我对工作的热爱,帮助我成为一名演讲者和一名教师。这本书给了我一个机会,让我可以记录过去几年我所讲过的内容。对于这一机会,我想感谢人体运动出版社(Human Kinetics)的马丁·巴奈德给予的支持。

我还要感谢锐步学院的史蒂芬妮·蒙哥马利给予我人生中一次最好的机会,让我有机会和锐步紧密合作,为健身和体能训练领域创建训练方案。我真心享受我与锐步共同合作的经历,以及锐步学院里那群热情和充满创造力的朋友们给我的支持和鼓励。

我要感谢玛格丽特·德克斯特拉,她的编辑技巧让我可以真实地表达自己的想法。还要感谢南希·佩恩,她从头至尾抄录了整本书的文字,并因此鼓励我深入学习标点的用法和拼写。

感谢作为我同事、导师、朋友的迈克·沃伊特、保罗·休斯、皮特·德雷维奇、史蒂夫·麦基和吉姆·梅多斯,每个人都用他们自己的方式向我展示了如何跳出自己的局限去思考问题。

当我搬回到我的故乡弗吉尼亚州丹维尔市的时候,我由衷感觉我的职业走完了一次完整的循环。我发觉我最优秀的工作成绩恰恰是在自己出生之地完成的。我想感谢霍华德·邓恩、查理·史密斯和丹维尔市康复中心过去和现在所有的工作人员,感谢你们欢迎我回家继续从事物理治疗,并以专业人士和朋友的身份支持着我。书中的信息是无数小时的头脑风暴、与运动员一起的经历、演讲和培训,以及和我所珍视的专业团队一起合作的结果。

基思·菲尔兹、凯尔·基泽尔、李·波顿和乔·范·艾伦放弃了很多周末和夜晚的休息时间,帮助我整理和完善书中的资料。我需要借此机会感谢来自他们的付出、批评、赞扬和友谊。

感谢我的家人,在我个人与职业的发展道路上,一直陪伴着我。

简　介

这不是一本随便关于力量和体能训练的图书。本书的独特之处在于它关注如何围绕运动员制定训练方案，而不是反过来。运动员自身是创建一套扎实训练方案的最佳资源，这一点为什么如此重要呢？

流行的训练和噱头会继续层出不穷。其中一些可能有用，有一些则没用。很多运动员选择尝试仅仅是因为他们的朋友、训练搭档、队友或最喜欢的运动员说这些管用。他们阅读杂志上那些被反复使用和再次包装的，关于每一个微小伤病、问题和身体部位的文章。他们购买新的训练设备因为他们相信在这个科技时代里，没准会有什么神秘的训练方法可以更快更好地达到目标。但即便运动员偶然做了一些看起来正确的训练，可又如何保证没有遗漏其他重要的元素呢？应该采用什么样的评估来判断需求呢？很多训练动作的所谓价值不过只是基于某块肌肉在动作中消耗了多少热量，这看起来好像很科学，可它并不是。

很多训练动作和方案不过是一些事实、幻想、偏见、广告、媒体热门话题和奇闻轶事的混合体。最终，运动员和教练不得不费力地从所有这些选项中决定如何使用有限的训练时间。这本书将提供一些有效评估的工具，并建立一种平衡的方法来帮助你在训练的困惑中找到方向。你将学习如何改善动作和发掘潜能，如何根据评估显示的结果制定训练方案。你将评估动作模式并据此训练。动作，而非肌肉，将是这本书中持续出现的指引。

那么，现在你站在了起点。这可能让人心生畏惧，不如把它想象成一次旅程。《高效能人士的七个习惯》一书的作者史蒂芬·柯维博士，把旅行描述为一次具备效率和效果的旅程。你需要时钟和指南针来确保旅程的效率和效果。如果你只看时钟而不看指南针，你可能会用时很短，但到错了地方。如果你只看指南针，那么最终当你到达的时候可能已经用了太长的时间。

要完成一次旅行，首先你必须创建一份地图。然后，你必须正确地阅读和理解地图的内容。最后，你需要坚持以正确的顺序执行必要的步骤来亲身完成这个旅程。

当为个人的体能训练制定地图的时候，你必须了解和遵循一些物理学定理并接受你的个人极限。物理学定理掌控着人体，而神经肌肉系统决定了身体对体能训练的反应。当你创建地图的时候，这些定理是必须要考虑到的。每名运动员都有时间、空间和能力上的物理极限。合适的评估工具将帮助你理解自己的状况和设定客观可实现的目标。这本书会帮助你理解这些工具和技巧，以及如何有效地在旅程中应用它们。

想要阅读地图，你需要稳定和客观的反馈，并且应该遵守一个特定的顺序。这些关乎节奏，而力量和体能的专业人士把这个称为"周期性"：这是一种可以确保运动员在需要的时候，通常是重要比赛期，达到巅峰运动表现的方法。这期间很容易出错，不论是你对地图理解有误，还是为了赶紧完成旅行却搞砸了训练安排。

旅行中的每一步都必须遵循特定的顺序。旅程本身就是向着体能目标迈出每天必须走的步伐并实现目标的过程。

本书通过强调体能训练的基础元素，展示了高效提升运动表现的有效方法。书中提供了重要参数的评估方法，并介绍了那些经常被忽视的运动表现基础组成模块。这些基础参数解释了为什么有些伤病总是不会复原，而有些伤病会快速痊愈的原因；以及为什么有些运动员通过力量训练获得了更好的运动表现，而有些运动员只是块头变得更大，运动表现水平却没有任何提升，甚至降低了。

大多数的训练方法在制定过程中都没有考虑完整的必要信息，因此只能寄望于奇迹。在没有完整地图的情况下开车可能很有趣，但是却很难到达你想要去的地方。本书介绍的评估方法会设置一条基准线（画一张完整地图所需要的准确信息），帮助你识别自己的优势和劣势。大部分的时间都会被用来改善你的弱点。很多体育和体能训练计划都宣扬力量最大化，但是更好的方法是直视自己的弱点并解决问题。

通过参加比赛总会发现被你忽视的弱点，因此没有解决弱点的方法肯定不是个好事情。本书会解释为什么一个弱链会增加运动损伤的风险，并可能影响运动表现。找到问题并解决它们，并牢记成功没有捷径。

书中提到的体能训练阶段或水平指明了训练计划的起点。其中有序的方法会帮助你理解如何在不同阶段间进阶、保持进步以及根据需求调整训练计划。你将获得掌控，保持掌控，最重要的是，知道为什么要这样做。

第一部分

体育动作

第1章

思想与动作

古希腊故事里关于奥林匹克英雄米洛的记录，正是现代运动体能训练和准备的恰当体现。与当今的运动员不同，米洛既没有钢制的配重片，也没有特定的训练器材。每天米洛都会用他的手臂抱起一只小牛走上一段距离。随着小牛越长越大，米洛的力量也在不断提高。在奥林匹克运动会的第一天，米洛抱着一只成年公牛围绕田径场走了一圈。这个故事里蕴含着给今天的我们的一些道理。

第一，训练应该是渐进性。米洛没有一开始就去抱成年的公牛。他的训练强度随着小牛的成长而增加。我相信某些日子里，他会感觉劳累或者觉得可以更努力一些。每天完成训练任务之后，他的身体都在适应更大的压力。他通过必要的身体适应在训练周期结束的时候，即他的奥林匹克首秀，完成了惊人之举。

第二，训练必须以一个时间点或事件作为目标。米洛以奥林匹克运动会为目标计划了自己的训练，以便在竞赛时达到最佳表现。也许他还做了必要的安排去找到一只正好可以在目标时间点长成的小牛。这展示了他的前瞻性和目标性。如果不能在比赛时达到最巅峰的运动表现，那么即便是世界上最好的体能训练方案也没有任何价值。

力量教练经常采用周期化训练来为未来事件安排训练和体能方案。运动赛季结束后，训练一般会以循环的方式进行，通常包括休赛期、赛季前和竞赛季几个阶段。通过周期性训练，体能和运动技巧就可以在最需要的时候，也就是比赛中，达到最大化。虽然人可以在一生中都保持良好的体能状态，但是没有人可以持续地保持身体和精神的巅峰状态。训练可以被视为一个建立体能、竞赛、再建立的循环。

第三，好的训练需要见。米洛有目标但同时也对训练保持客观，他开始抱的是小牛而不是成年的公牛。抱起公牛的设想几乎是不可思议的，更不要说抱着行走了。米洛在开始训练的第一天并没有抱起公牛的身体能力和心理能力，但是他拥有信心和决心。在每天的训练中，他并没有想公牛有多重或者自己要走多远。他只是每天抱起小牛，一只和前一天看起来差不多，次日也不会有太大区别的小牛。米洛并没有对自己的训练感到恐惧，他不过是把训练当成日常活动中的一部分。

现在你明白了。训练应该把重量分散到一段时间里，这样才可以让身体成长、发展、适应以最终完成一个任务（渐进性训练）。你需要计划并知道如何以及何时需要达到你的最佳状态（周期性）。心理和生理同样重要，你对训练的感受，你对训练方案的意愿（远见）和你所完成的训练同样重要。你需要相信你的训练计划。眼见为实可能没错，但是除非你首先付出了准备、时间和努力，否则是看不到你所预期的结果的。所以你是要眼见为实？还是要先相信自己再去预见结果？向米洛学习吧，他先选择相信，然后他才完成了从没有人设想过的成功。

了解自己。

——公元前6世纪，希腊古都德尔菲神庙上的铭文

人 体

运动首先是关于人的动作。对人体及其系统的简单了解对于充分利用本书后面章节内容是必要的。因为书中的测试和练习都是基于人体如何创造、识别和改进动作来设计的，所以对身体的基本了解可以帮助你更好地理解测试和练习的意义。

我在职业运动员和大学体能训练领域最常见的问题就是选错重点。比起自己的身体及其运动方式，运动员往往对训练计划和体能常规了解更多。这就如同在医疗领域内，一个病人更加了解自己所用的药物，而不是所要治疗的疾病本身。

很多常用的评估工具和体育测试并不直接影响体能训练方法。数据被收集作为每个运动员的记录，但是却没有被用来调整或定制运动员的运动表现方案。一个不知道自己的测试数据的运动员，是无法检查自己的训练进度并进行改善的。

后面的章节会介绍使用测试信息的新方法，以助于实现训练效果最大化的目的。测试数据将被分组，以便运动员理解其中的意义。这些章节也会展示不同的训练方案来对应每一组测试。换句话说，只有在诊断疾病后，才能找到治疗的方法。

动作程序

在计算机术语里，硬件和软件有很大的区别。硬件是指计算机的实际组成构件；软件则是指让计算机完成指定任务的程序（命令或指令）。当我们在谈论人体，说到肌肉、关节、韧带和其他物理结构的时候，我们指的就是身体的硬件；当我们说到动作程序的时候，我们指的就是身体的软件。

动作程序是大脑储存关于动作信息的简单方法。举例来说，你之所以可以骑车、挥高尔夫球杆或投篮，而不用每次学习其中的力学原理，是因为身体发展出了一种允许你进行这项活动的特定动作程序。这样，你就不用在每次想要使用这个动作时再次重新组合每个细节。当你每次到高尔夫练习场时，你可以直接使用大脑里储存的关于挥杆的信息，而不需要重新组织每一个动作细节。动作程序被使用得越频繁，就会变得越高效和完善。职业运动员正是发展了超级精细完善的动作程序，因此才可以在不同的环境和各种高强度的身体和心理压力下完成高水平的运动表现。

是不是所有的练习都是好的呢？并不一定是这样。如果用不良的姿态完成一个动作，那么不良的姿态也会被记录为动作程序信息的一部分。练习并不能产生完美的结果，只有完美的练习才可以产生完美的结果。

动作程序分为通用动作程序和特定动作程序。通用动作程序或基础动作程序就像是计算机的标准操作系统；特定动作程序则负责具体的动作或活动。婴儿在思想和身体发育期都会使用相同的通用动作。几乎所有婴儿在学习从爬到走的过程中都会沿着相同的路径或次序。通用动作程序对所有人来说都是一样的；但是特定动作程序则会基于年龄和经验，具有独特性。基础动作程序（通用人体动作）为特定动作程序（体育运动的专项动作）提供了平台。通用系统为基本动作提供了一个参考框架，包括以下的信息：

- 最大臂展
- 身体重心（身体质量中心）
- 左右两侧的旋转限制
- 行走时的步距
- 跑步时的步距
- 下蹲时的感受
- 箭步蹲时的感受
- 平衡

动作程序是婴儿一开始学习运动时首先被调用的，不论是翻滚、爬行还是走路。多数的儿童在能够有效地进行语言交流和可以通过观察模仿一个复杂动作之前，就首先学会了走路。因此，走路是通过感觉学会的，而不是通过语言交流或观察。了解这一点是非常重要的，因为运动员在尝试学习新的动作模式时，教练或训练搭档是通过语言或动作示范的方式，而不是使用感觉。但是动作的语言是通过感觉书写的。这种感觉被称为本体感受或身体意识；这是身体感知触碰和动作的方式。这并不是说语言和观察不能够改进或者帮助动作学习，而是说在任何可能的时候，通过运动本身来学习动作都是非常重要的。

当动作出现问题的时候，考虑硬件和软件两个方面。很常见的一种想法就是，只要通过足够的练习，软件或动作程序就一定可以完善并改进。如果硬件可以保持最佳的工作状态，那么这可能是对的。但是认为运动员只是通过努力训练就可以达到最佳状态的想法是错误的。运动员也许可以增加肌肉含量和提高耐力，但是他的动作模式看起来怎么样呢？

辨别一名运动员的身份，是通过他的运动方式，而不是外在形象。比如现代重量训练往往与健美运动的方式更加相似，而不是运动表现或动作改善。运动员在担心自己的运动表现能否提升以前，首先必须发展出扎实的动作模式。如果身体有柔韧性不足（活动性不足）或控制不足（稳定性不足）的状况，那么将很难发展出有效的动作模式。

运动专项体能

加州大学洛杉矶分校的知名篮球教练约翰·伍德并没有一份正式的体能训练方案。他在练习中会设置多个站点，这些站点对应某些篮球技巧。每个站点都由短时间的高强度动作组成，以此迫使运动员在专注篮球基本元素和稳定运动表现输出的同时执行正确的技巧。当哨声响起，球员们就会快速冲向下一个站点，一次又一次地克服疲劳完成高水平的动作技巧，并在站点间不停转换。

约翰·伍德的方式正体现了如今体育训练中经常被人遗忘的基本元素。我们把训练分门别类：我们有一个力量训练环节、一个短跑冲刺环节、一个速度技术环节。我们接受运动按摩并时不时地想起需要做些拉伸，我们练习技巧并模拟比赛的环境。但这些却迷惑了大脑，在比赛中，运动员需要将所有前面提到的融为一体，并即时展现出来。运动员不能把训练区分对待，然后期待大脑会在比赛的时候自己进行组合。

约翰·伍德在技术训练的环节之间加入体能训练。这就是执教的精要——在技术训练的伪装之下融入体能训练，并利用竞争环境创造更大的训练强度。伍德教练的训练非常直接且高效，他曾说道："如果我们遇到了技术水平差不多的队伍，我们总会取胜，因为我们的体能更好。"这些运动员并不是因为做了更多渐速跑或力量训练才拥有如此好的体能，他们能够如此因为他们可以在跑、冲刺、从一个技术到另一个技术训练间快速切换，并同时保持稳定的技术水平输出。这恰恰消除了运动专项训练和体能训练间的界限。训练间穿插了很多间歇，而这正是比赛的一部分，通过间歇来进行积极休息和恢复。这教会了我们时间管理：在任何可能的时候喘一口气、放松身体。用约翰·伍德的话说："要快但是不要着急。"

身体系统

虽然人体关节的运动如同铰链结构，但却没有任何的中轴或钉子把关节固定在一起，使其围绕中心旋转。关节有两种支撑结构：韧带和关节周边的肌肉。关节通常被完整地包围和保护在关节囊之内。关节囊里的关节滑液起到了润滑及滋润软骨的作用，而软骨则是骨骼末端的软性组织。

第二个支撑结构是围绕着关节的复杂肌肉网络，它分为两类：主要用于稳定关节的肌肉（稳定肌）和主要用于产生动作的肌肉（动作肌）。稳定肌通常是包围关节的第一层肌肉（从解剖的角度说，最深层的肌肉），这些肌肉可以说是把关节紧握在一起，在关节移动或有外力出现的时候立刻提供支持。它们通常也被称作姿势控制肌肉，因为可以维持身体姿势和在运动中保持关节位置。当稳定肌完成其功能之后，更大的肌肉（动作肌）随着肌肉的缩短把关节拉向特定的方向。

关节、韧带和肌肉间存在着一个极其复杂的沟通系统，以保证它们可以一起工作，保护关节。韧带总是沿着受力的方向排列，主要有两个原因：第一，韧带通过张力保护关节，保证关节不会被分开。第二，韧带内分布着小型感受器，当拉力达到某个数值时，激活肌肉以便保护关节。

关节囊和软骨里的感受器可以向大脑提供关节位置、动作速度和方向等信息。肌肉里也同样有着叫作肌梭的感受器。肌梭通过持续监控内部的张力情况，使肌肉处于一种可以随时放松（或收紧）的状态，以便产生最佳的动作。所有上述动作都是通过反射活动自然完成的，并不需要有意识的控制。这和膝关节被小锤敲打时产生膝跳反射是一样的道理。关节和肌肉的自然功能既可以保护身体，也使我们可以完成高效的动作。这些信息在本体感受和身体意识中是非常关键的因素。

身体意识来自于感觉系统。感觉系统不但帮助你感受周遭发生的一切，还可以让身体产生自动功能。身体的很多肌肉都是自动反应的，它们完全依赖于感觉系统的功能。

很长一段时间以来，身体都被想成是动作的载体。现在我们知道了身体对于输入的信息非常敏感，如同一个巨大的感觉器官，根据所收到的信息进行精密地调整。当身体不能以最佳状态工作的时候，当肌肉紧张或弱化的时候，当关节僵硬或不稳定的时候，传达的信息就会被扭曲，从而导致非正常的自动反应。这将影响运动表现、强化疲劳感，并使身体承受不必要的压力。

书中的测试和训练动作将帮助你更清楚地了解身体是如何运动的。最后将教会你如何训练自己的身体。先了解规则，再开始游戏。

第2章

识别弱链

克服逆境是运动中的常见主题。所有运动员都会经历失败和伤病，运动员要么被磨炼出来，要么被摧毁。客观、理性和行动力是把失败和伤病转化为发现弱点并了解更多自我的机会的关键。每项运动都有很多关于年轻的、矮小的或普通的运动员需要挑战更加年长、强壮和更加优秀的运动员的故事。这些运动员每天都要面对自己的弱点，刚开始可能让人无法招架。但是一个客观和理性的运动员总能在这样的情况下脱颖而出。

举例来说，一名篮球运动员碰到了一名身材力量和自己差不多，却拥有更好技术和成绩的对手。不出所料，技术较差的运动员在每回合的对峙中都被击败。一开始他很失望，但他意识到失望是没有任何作用的，他开始聪明起来，客观地分析目前的情况。

他的对手有更好的垂直弹跳力，而两人折返跑成绩和敏捷水平相当。他发现两人在比赛第一节和第二节分别有着10%的进攻能力差别和20%的防守能力差别，而到了第三节和第四节，进攻和防守的能力差分别扩大到了40%和50%，所以一个显著的问题就是疲劳程度。有了这些信息，这名篮球运动员开始设计渐进性的体能训练。首先，他加入了由渐速跑和跳绳组成的间歇性训练，并在渐速跑和跳绳的训练间加入了技术练习。这样他不但增强了耐力，也提高了进攻和防守技巧。最终一个全面的、身心同样强大的运动员出现了。通过直面自己的弱项，他克服了弱点。

勇士就是这样诞生的。

——丹·米尔曼

弱 链

教练和运动员对于弱链以及能量泄漏的误解可能远甚于其他任何的体能话题。每个人都能明白当运动员滑到或与他人相撞时所引起的损伤，但是运动员和教练总是为那些慢慢出现且愈演愈烈的肩痛和每天训练中出现的下背痛所困扰。除非有疾病或畸形，类似的疼痛通常是微创伤导致的。

微创伤是由不良生物力学或过度训练所引发的微小压力长时间在身体上积累导致的。这两种原因都会对身体造成过度压力，但两者都可能引发身体的微创伤。不良生物力学指的是身体由于代偿或关节排列、肌肉协同和体态不佳所造成的动作错误。这些微小的动作错误通常不会被未经训练的人士看出来，也不会马上影响到运动表现。它们会随着疲劳显现，以及在体能和技巧基础没有被注意的时候出现。过度训练则不是指错误动作。事实上，过度训练可能是正确的事情做得太多。过量地进行任何一种训练都是没有远见的。

没有明显外因引起的疼痛可能是由微创伤导致的

想了解问题的核心，必须判断微创伤的原因，到底是因为过多的正确训练，还是过多的错误造成的。多数人会把微创伤的原因归结于过度训练，却不太关注休息与恢复，但是这往往才是原因。假如一名运动员开始增加她的跑步距离，在训练常规中加入了增强式训练，还添加了速度和敏捷训练。突然间，她的右膝开始疼痛。这时，过度训练很容易成为替罪羊，但是左膝也经历了同样的训练量，为什么不一起疼呢？

"弱链"一词并不是简单地指肌肉薄弱，而是用来识别一个身体上的限制因素。弱链也同时可以用来表示一个不正确的动作模式、不足的耐力、错误的协调机制、受限的运动技巧或是缺乏柔韧性。运动员在开始或重新开始一个体能训练计划时会有很多的目标和愿望，有很多希望改变、修正和提高的事项。但是最好的方法是专注单一元素进行提高。

很多运动员认为他们已经知道了自己最弱的弱链所在。但是一名运动员是极难在没有客观工具和判断标准的情况下进行自我评估的。对于训练和体能练习的看法、情绪、喜好和厌恶，乃至所选择的体育项目和休闲活动，都是重要的因素。

一般来说，力量、柔韧性、耐力、爆发力和速度训练都被当作相互独立的部分被区分开来讨论或练习。但事实上，他们都是相互关联的。把它们分开训练就如同分别训练你的每一根手指，然后要求他们在需要接球和扔球时突然可以协同工作。

对于弱链的测试是分阶段的，而动作是根基。在动作之上的阶段是体能；体能之上是运动技术。首先，你测试动作，然后测试体能。最终，你通过教练、视频分析、过去和现在训练记录的帮助达成体能目标。这时，动作和体能应该是关注点，因为它们是运动技术的基础。再次测试技术之前，强化或至少平衡基础是非常重要的。这听起来好像只是常识，但是所有水平的运动员都没能贯彻这项原则。

训练平衡是精英训练计划中的关键要素。力量、柔韧、速度和耐力必须平衡训练。训练不平衡，就会牺牲效率；没有效率，也就没有爆发力。

运动员需要开放的心态，并愿意客观地测试并根据其结果进行训练，执行测试并按要求完成测试内容。运动员可能非常想提高速度，但是如果测试结果显示速度水平正常（虽然也需要提高），而柔韧性是最弱的一环，那么他必须先从训练柔韧性开始，直到速度变成弱链的时候才可以进阶到速度训练。这需要纪律性。如果柔韧性是最弱的一环，那么速度训练从长期来看可能导致潜在的损伤或生物力学压力。高水平的速度训练需要最大的关节活动范围以及无瑕的身体意识，当柔韧性受到限制的时候，这两者也都会被严重限制。

能量泄漏

能量泄露可能由弱链导致。能量泄漏一词意味着效率低下和压力，当本该用来完成某个任务或动作的能量没有全部用到该任务或动作上时，就发生了能量泄漏。科学告诉我们，能量总要去到某个地方。通常，泄漏的能量在身体内部制造了压力。这些压力会有很多不同的表现形式，可能会在身体其他部位导致不必要的内耗和运动，使特定肌肉和肌腱承受过度压力（拉伤）；也可能会让脊柱和四肢产生不自然的运动，使关节和韧带承受不当压力（扭伤）。这些运动产生的压力或创伤可能在短期内，如几周到几个月不会显现，但如果压力不能解除，运动员最终也要为此付出代价。

比如一个运动员的髋关节整体紧张。测试指明了灵活性是他的弱链，但是如果运动员继续坚持力量和耐力才是他最需要训练的，他的训练应该会出现很多的能量泄漏。假设他选择冲山（hill running）而不是专注于柔韧性改善，冲山练习需要运动员把膝抬到尽可能高的位置。冲山训练有利于加速、提升腿部力量和改善短跑姿态，但是当运动员没有最佳的髋关节活动度时，他必须采用其他的动作姿势来达到冲山所需的步长。大脑和身体会因为柔韧性不足而代偿，从而使用另外的动作模式。这名运动员并没有针对自己的弱链进行训练，而是绕过了弱链并因此引发了能量泄漏。不良姿态几乎都会造成能量泄漏。创造高效的动作应该是一份训练计划的目标。这样才能保存能量，使运动员处于放松状态，并帮助运动员有更多机会训练和比赛，减少不必要的身体压力。

但问题就是，不良姿态可能做起来更容易、感觉更熟悉或更舒服，而且可能看起来比正确的姿势更节省能量消耗。但是，从长远来说，正确的姿态一定会更加高效。不良姿态即便可以带来初始的一些好处，最终一定会夺走运动员的能力，并迫使运动员花更多的时间和努力来修正弱链带来的影响。不良姿态通常使用较少的肌肉活动，因此感觉起来更容易，但是不要把这种感觉和高效混淆。肌肉习惯于产生希望中的动作并保持最佳的身体位置。想提高动作效率，运动员必须做到使用较少的肌肉活动和保持最佳的身体位置，且在不降低动作质量的前提下展现反复完成动作的能力。理解这一点的运动员会拥有更高的动作效率，并发展出完成运动任务所需要的肌肉。

微创伤可能是过度训练的结果，但是很多因素都会引起微创伤——如不当的热身和冷身、本体感受缺乏、营养或水分补充不足，又或者不良的生物力学。偏好性训练，运动员喜欢某种训练形式而忽略其他形式，也可能对此造成影响。做必要的训练，逃避解决不了问题。如果测试显示一个部分薄弱，那么这就是应该训练的部分。当测试显示这个部分有改善时，才可以换到其他部分，否则，坚持训练你最弱的一环。

书中训练方案的目的就是找到最弱的一环。一旦找出弱链，就可以用这里提供的系统方法来训练你的弱链，然后再次测试看是否有所提高。再次测试应该会发现下一个弱链，如此往复。需要了解的是，完全摆脱一个弱链不是一个终点——而是一场旅程。

很多运动员觉得教练阻挡了他们的步伐又或者把他们精力分散到了那些不必要的基本功、基础技巧和与自己想要东西无关的活动上。但是，这正是执教的艺术。知道如何基于多种因素，决定何时提高、变换和更改训练内容，而不仅仅是因为运动员的想法。

教练或自我执教的艺术就是使收益最大化、使风险最小化。现在，比以往更甚，我们愿意相信快速解决方法，相信通过某些创新的方法就可以在不用努力、自律和决心的情况下不断获得成功。事情并不是这样。不管你多么优秀，你永远会有至少一个弱点，它需要被不断地面对、训练、打磨和重新评估。真正的冠军会花更多的时间在自己的弱点上，而不是炫耀长处。对于你的弱点，你需要比任何对手能够发现的或是任何情况下可能暴露的了解得更多。人们总是说，真正客观的人正是那些承认自己不够客观的。对自己保持客观是非常困难的。这本书会帮助你发现自己最弱的一环并对之加以训练，客观性已经被设计在这套系统里了。

第**3**章

分析动作

　　动作是定义优秀运动员的终极标准。巴里·桑德斯身高1.77米，体重92千克，他的身材在美国职业橄榄球联盟（NFL）里即便不算矮小，最多也就是平均水平。很多人都会质疑他是否能够在职业橄榄球赛场的折磨中生存下来。但是，巴里却拥有与众不同的移动能力。他体型小而动作敏捷，他在球场上展现了控制与敏捷之间的完美平衡，迅速回击了所有对于他的质疑。但是定义他职业生涯的不是他的身材，而是他的动作。

> 无视运动就是无视自然。
>
> ——亚里士多德

　　现代科学告诉我们，大脑不识别孤立的肌肉活动——它没有这个必要。大脑所关注的是动作模式以及在所有需要的肌肉之间建立协同性。这种协同性被称为动作程序。

　　在动作模式的发展中，孤立的肌肉发育并不起主要作用。不要把外形和功能相混淆。健美中的负重训练很强调肌肉孤立发力，是因为健美所关注的就是外形，肌肉维度和对称性是这项运动的目标。但更多的运动是关于动作的。速度、敏捷、灵活性、爆发力、控制、协调性和耐力都是成功的关键。训练的目标不是改变身体的外观，而是改进身体运动的方式。因此，体育运动训练的目标应该关注动作模式，而不是孤立的肌肉。肌肉会随着不同运动所需的动作模式得到自然的发展，因此很多运动员看起来都好像做过健美训练。但是关注点是功能，好看的外形不过是附属品。

　　很多体育、休闲和健身活动中都会有相同的基础动作模式。棒球的投球和网球的发球都依赖一些相同的动作程序，把重心从一只脚转移到另一只脚，以及通过身体旋转在髋和肩的位置产生旋转速度以便加速手臂的运动。虽然高尔夫和棒球是完全不同的体育项目，但高尔夫的挥杆和棒球的挥棒却在将能量从髋关节的旋转传输到肩的旋转，最终变成挥臂动作时，使用了一些相同的动作程序。大脑不需要记住数以百万级的孤立肌肉活动，因为它们之中很多都是重复和关联的，这样节省了大脑的储存空间，也让我们可以快速地提取动作信息，以便更好地学习和改进。

健美运动员会专注于某一特定的肌肉孤立训练，以打造更大的体积围度。运动员则应该专注于提高改善动作模式，以最终提升运动表现

运动表现金字塔是一张简单的图表，可帮助人们更直观地了解人体的运动。它由3个大小依次递减的长方形组成，用来展示不同运动之间的层级关系。每一个长方形都代表了一种运动形式。金字塔必须由下而上搭建，并呈现出锥形的外观（基底宽大而顶端窄小）。

第1层是功能性动作（代表基础）与活动度、稳定性，或者完成基本动作模式的能力相关。这一层级并不关注每一个可能动作的深入技术分析，但是会把动作评为最佳、及格和失败3个等级。

第2层是运动表现。当运动的能力被建立后，就要评估其动作效率。说得更具体一点，就是爆发力的评估——不是专项的爆发力，而是整体的爆发力（也可以叫作总运动能力）。

垂直起跳就是一个很好的测试总运动能力的例子。首先，因为重力对所有的物体都是平等的，所以垂直起跳不会像其他有些测试那样，因为运动员身材的关系产生不公平的影响。其次，跳跃对一些运动（如篮球和排球）来说非常重要，而在其他运动（如骑车和马拉松）里很少被考虑，但它可以显示运动员产生爆发力的能力。

从训练的角度看，用一种通用的形式来对比不同运动中的运动员是非常重要的。金字塔的前两个层级允许我们进行比较，以便运动员可以从不同的训练之中相互学习。需要注意的是，在这个阶段不要过于强调运动的专项性，因为这样会降低不同项目的运动员之间互相学习的能力。同样重要的还有，在这个阶段不要做太多的测试，所做的测试越多，事情就变得越复杂。几个简单的动作就足以显示运动员是否可以有效地产生爆发力。

第3层是动作技术，与运动技巧相关。通过一组测试来评估完成某项活动、参加制定项目或在运动中担任某个具体位置的能力。这一层级还需要比赛数据和与该运动相关的专项测试。

当进行金字塔评估时，我们看的是它的形状。4种基本的形式分别是：最佳运动表现金字塔、爆发力过剩金字塔、爆发力不足金字塔和技术不足金字塔。当然，这些只是一些简单的概括来例证当今体育运动中的一些常见问题。

最佳运动表现金字塔

最佳运动表现金字塔（图3.1）有一个宽大的基底，稍小一些的中层以及更小的顶端。它表现的是拥有最佳功能性动作能力的运动员，这类运动员有着完整的动作活动范围，能够在不同的姿态下展示身体控制和动作意识。

这类运动员还具有必备的爆发力。与运动表现数据的平均值相比，这类运动员有着平均或平均水准以上的整体力量输出，有协调良好的动作链接或动力链结构。这意味着，在诸如垂直起跳的测试中，运动员以身体蹲伏的方式准备动作，之后摆动双臂，微展躯干，然后调准时机，以最协调的方式双腿发

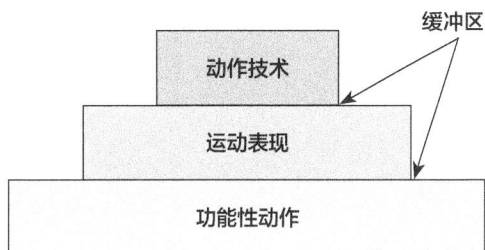

图3.1 最佳运动表现金字塔

力；期间没有任何的多余动作，并能达到理想的动作效率。给予足够的时间、练习和分析，此类运动员具有学习其他动作组合和发力动作的潜力。

第3层展示了一个平均或最佳运动专项技术的水平。注意宽大的底层为中层创造了缓冲区，而中层又为顶层创造了缓冲区。这个缓冲区是非常重要的，如果缺少缓冲区则应引起警示。没有缓冲区，就会有潜在的受伤风险。缺少缓冲区至少会影响力量和动作效率。这里的两个缓冲区表明了运动员的功能性动作足以支撑他所能产生的力量，而他所拥有的力量也足以控制他所需要使用的运动技巧。

最佳运动表现金字塔中的动作模式、动作效率和运动技术都是平衡的。这并不是说运动员不能继续提高，而是说任何提升都不应该改变金字塔的整体平衡和形态。

爆发力过剩金字塔

爆发力过剩金字塔（图3.2）所表现的是一名活动度和稳定性得分很低（第1层级），但有着非常好的力量输出（第2层级）和恰当技术水平（第3层级）的运动员。该运动员由于一些动作模式中的活动度或稳定性不足，而限制了身体在一些简单和基础位置下的动作能力。这使得运动员在功能性动作基础层级的得分不佳，金字塔底层呈现了变小的样子。

爆发力过剩金字塔并不一定意味着运动员过于强壮，而是他产生力量的能力超过了他自由运动的能力。运动员需要在保持当前力量水平的前提下提高动作模式质量。该运动员的图示看起来不像是一个金字塔，底层（功能性动作）和顶层（动作技术）几乎是同样的大小。运动员可以输出很大的力量，但是却在基本的功能性动作上有很多的限制和局限。很多技巧娴熟的高

水平运动员都属于此类，这样的运动员可能从来没有经历过伤病，且具有上佳的运动表现，但是在训练中，仍应强调功能性动作模式的改善。去除功能性动作的限制将给金字塔一个更宽大的基底，从而制造更大的缓冲区。

运动员可能不会马上看到实际的运动表现改善。事实上，随着活动度和稳定性的提升，专项运动表现和爆发力输出可能会保持不变，甚至降

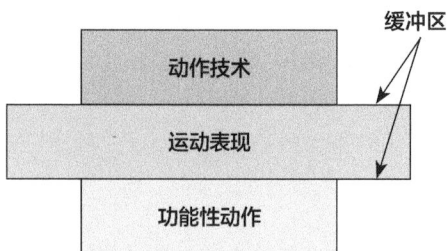

图3.2　爆发力过剩金字塔

低。但是，如果不首先对基础动作模式进行改善，运动员也很难在整体爆发力输出和专项运动表现上获得大的提升。因此，无论运动员是为了预防损伤，还是为了开发未经使用的运动潜力进行了功能性动作模式训练，最终他都会得到提升。

爆发力过剩的运动员想提高柔韧性，应该根据测试所显示出的弱链，采用针对性的柔韧性训练计划。一般来说，瑜伽和普拉提都是不错的选择，但是应着眼于小的进步，而不是大的改变。4周以后，再次测试检查训练进程。相比其他运动员，爆发力过剩的运动员在训练和比赛前需要更长时间的热身环节，身体需要更多的时间来放松和变得灵活。按摩可能也对改善动作模式和柔韧性有所帮助。

在负重训练里，爆发力过剩的运动员应该多关注动作活动范围，而不是重量。应该在上肢训练中使用哑铃而不是杠铃，因为旋转动作可以提供更大的活动范围。钢线设备也是一个很棒的选择。

爆发力不足金字塔

爆发力不足金字塔（图3.3）代表的是底层宽大具有最佳的动作模式，但是金字塔中层的爆发力输出很差，并有正常水平的专项动作技术。这样的运动员具备必要的动作模式能力，可以进行不同任务、活动和运动技术的训练，但是缺乏整体运动能力或在简单动作模式下输出爆发力的能力。

爆发力不足的运动员具有很好的动作自由度，但是动作效率低下，爆发力有待提高。训练和体能计划应该在不影响动作模式的前提下，以

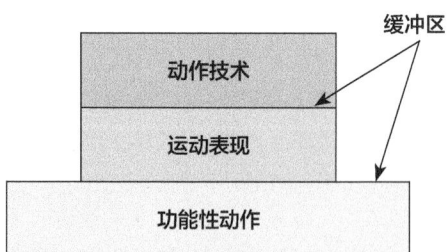

图3.3　爆发力不足金字塔

提高效率和爆发力为主。爆发力训练、增强式训练和负重训练都会对运动员有益。在增强力量、爆发力、耐力和速度的同时，保持功能性动作质量也是非常重要的。由此获得的爆发力预留将会为专项运动技术提供缓冲区。同时也会提高动作效率。

想象一名有着极好活动度和稳定性的年轻棒球投手，他已经通过视频分析和专业指导完善了自己的投球技巧。为了达成高效的投球，他需要在极短时间里产生非常高的能量输出。他不需要参加活动度和稳定性提升训练，也多半不需要调整投球的力学。运动员应该提高身体内部

的力量、爆发力和耐力预留，从而改善整体运动能力，为金字塔第2层和第3层之间创造缓冲区。这一缓冲区将使运动员可以在同样水准下，完成更加高效或更少能量消耗的投球动作。当运动员提升爆发力的时候，他的最大投球速度可能并不会改变。但通常情况下，他投球组间的稳定度、耐力和恢复速度都会相应提高。

爆发力不足的运动员需要一个可以激活神经系统，并使其服务于自己优秀动作模式的训练计划。渐速跑、慢跑、跳绳、俯卧撑乃至武术都是很友好的训练方式，可以帮助提高爆发力的引导和控制能力。训练进阶应该慢速而持续。

在力量训练房里，爆发力不足的运动员应该接受有关自由重量的详细指导。可以使用固定器械，但是自由重量会是更好的选择。固定器械可能看起来更简单也更友好，尤其是对那些不熟悉负重训练的人来说，但是一个真正的运动员是不可能通过坐姿的固定器械获得明显的功能性力量提升的。器械的座椅靠背会使躯干不需要控制四肢传来的力量。

随着运动员力量、爆发力、速度和敏捷的提升，他应该通过测试确保这些改善没有影响原先的专项运动技术。发现专项运动技术减退的运动员也不需要担心，很多顶尖运动员在非赛季增加力量回来后都会发现专项运动技术降低了。可能需要额外的运动专项训练来让原先的运动技术适应新的力量增加。

爆发力不足的运动员可以从一起训练的搭档身上获益。搭档可以帮助运动员观察技术上的问题，并可以帮助其监测疲劳程度。在进行力量和爆发力训练时最好有一名搭档或教练一起训练。训练计划的基本组成应该包含有哑铃、药球、间歇式的冲山训练和跳绳等。确保最弱的一环得到充分的训练。在8周以后，再次进行测试。

技术不足金字塔

技术不足金字塔（图3.4）是指具有良好的功能性动作基础、不错的运动表现水平和低于平均水平的运动技术。这类运动员，不论是天生还是经过后天训练，具有正常的功能性动作模式和不错的爆发力输出，但是却没有熟练掌握运动技术。这类运动员可以从技巧训练中获益，改善动作力学或者增强对动作的感受以便达到更高的技术水平。

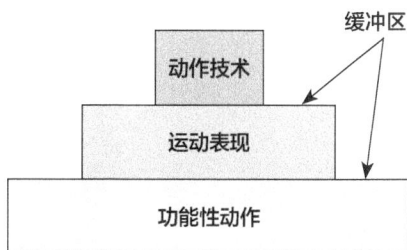

图3.4 技术不足金字塔

通常技术不足的运动员比他们的队友和对手有更好的身体形态。他们可能体脂更低，有更好的柔韧性、更好的力量训练数据，但总是被其他人在赛场上超越。

训练技术不足运动员的关键就是训练的持续性和方法。没有努力完成大量罚球投篮、无数次的高尔夫挥杆、无数小时棒球挥棒练习的运动员，是不应该期待通过力量训练或营养计划就可以改善运动表现的。运动技巧需要通过正确的训练方式来提升。

运动员需要找到自己技术上的弱链。在视频分析或教练的帮助下，运动员应该检视自己好的和差的运动表现，并判断导致这样表现的原因。焦虑可能是原因之一，创造一个放松的方式可能有助于运动员克服焦虑。有时学习一项新的运动或活动，比如网球、武术、壁球或高尔夫，可能对此有所帮助。上述的这些项目都不可能只通过身体素质取胜，控制和必要的技术也是必需的。尝试在新的领域学习技术，哪怕只是当作休闲爱好，都可能帮运动员找到他在自己运动中的不足和瑕疵。

对有些运动员来说，运动表现金字塔会在一个赛季的比赛和训练中发生改变，而对有些运动员来说，运动表现金字塔则不会发生任何变化。有些运动员天生就具有爆发力，但是需要通过训练功能性动作模式才可以获得最佳的动作活动幅度；而有些运动员则有着极好的动作活动范围和动作模式，但是需要通过辅助训练才能维持高水平的运动能力和力量输出。有些运动员需要持续不断地训练基本功和运动技术，而有些运动员天生就有极高的技术水平而需要投入时间进行体能训练。

除非已付出很多的努力，生活或运动中是不会有好事从天而降的。

取道捷径只能带来短暂的成功。

——罗杰·斯陶巴

运动表现金字塔说明了为什么简单复制其他运动员的训练计划是不能带来预期收效的。很多教练和运动员本能地使用了这种方法来发现自己的弱点并对之加以训练。本书中介绍的测试方法将为搭建一个简单运动表现金字塔提供必要信息。测试会帮助聚焦需要训练的区域。运动表现金字塔是检查和保持身体平衡的一种简单而有效的方法。

第4章

发展损伤抗性

在讨论动作、健身、体育、训练和体能时，一定避不开疼痛和伤病的话题。几乎每一名运动员都会在运动生涯中经历一次艰难的伤病。态度很大程度上决定了运动员如何面对伤病和重返赛场。

以沃尔特·佩顿为例，每当需要在持球出界和与防守队员进行碰撞之间做出选择时，佩顿总会放低肩膀向前推进。在他的职业生涯中，他只缺席过一场比赛，那是因为在新秀赛季扭伤了脚踝。佩顿并不想错过那场比赛，那是教练的决定。佩顿认为他可以用受伤的脚踝完成比赛。当1983年赛季结束后，他接受了双膝的关节镜手术，他却轻率地称这只不过是自己在跑完10千米后的常规检查。

佩顿对损伤的抗性来源于他对身体的认知、意识、功能性训练、核心力量以及与生俱来的天赋。每个人至少可以利用其中3个条件。

了解疼痛

有句老话叫"没有疼痛，就没有收获"，年轻运动员总是会曲解这句话的意思。他们认为这是在说任何不适的感觉，无论是剧烈的伤痛，还是轻微的不适，都可以通过忍耐解决。如果这句话被用到耐力训练中来鼓励自己战胜疲劳，或多完成一次重复训练次数，那么这可能是有帮助的。酸痛通常是努力训练的副产品。疼痛预示着哪里出现了问题，需要检查或矫正，以免产生更加严重的危害。但是很多运动员和健身爱好者却在疼痛的情况下迫使自己坚持训练和比赛，并长期通过冰敷和消炎药物来掩盖疼痛。

多数人并没有正视疼痛的意义。身体是聪明的——疼痛是出现问题的信号。在这个充满医学奇迹和笃信快速解决方案的年代，我们认为疼痛不过是让人分心的烦事，但其实这是出现问题的信号。

想象你正在开车，你发现仪表盘上的红灯亮了起来，你一定不会从健身包中拿出一块毛巾盖在仪表盘上，认为这样红灯就不会打扰你了。相反，你会尝试了解到底什么地方出现了问题。你很有可能会在可以的时候停下车，仔细地检查，然后自己修理或者寻求帮助。如果你继续在红灯警示的情况下驾驶，那么就可能损坏车辆或者牺牲你自己的安全。

对于驾车来说，停下来检查警示信号看起来非常符合逻辑。假如你在跑步的时候感觉到了膝盖疼痛，而你选择继续跑步，而不是停下来，试图挺过膝部的疼痛，并且你又这样忍着疼痛跑了两三次，最终你开始购买消炎药和各种产品，如护膝、肌肉按摩膏、磁疗片和冰袋等，尝试掩盖下一次跑步时的疼痛。这样的话，你不过是在仪表盘上盖上了毛巾，而没有真正处理疼痛的原因。膝痛可能仅仅是因为肌肉失衡而导致关节和肌腱受到了不必要的压力。掩盖症状（疼痛）并迫使关节继续运动可能造成更加严重的伤害。你希望疼痛消失，这样就可以去做自己喜欢的事。但是否定疼痛，你就忽略了改善训练的一个最关键的要素。

不良的体态和身体排列会消耗动作中的能量。教练常常把这叫作"浪费的能量"，但是更好的叫法是"误导的能量"，因为丢失的能量一定会去到别的什么地方。误导的能量可能源于不良的身体力学、不良体态、不良技巧，又或者一次与对手、物体或地面的冲撞，这通常会造成身体的损伤或产生不必要的疲劳。

虽然在运动过后应该会感到肌肉酸痛，但疼痛持续的时间不应过长（超过48小时）。在正常的练习和体能训练时，关节是不应该受伤的。在一场体育赛事或艰难的跑步之后，你可能会感觉关节有些僵硬或疼痛。然而，人体的构造是让肌肉承担绝大部分的机械压力，而不是导向关节。因此多数情况下，在剧烈运动之后，酸痛只应短暂地出现在肌肉的部分。

关节为动作创造了框架，肌肉和肌腱则制造拉力和吸收压力来移动和保护身体。肌肉很策略性地分步在人体上，在每一个可能的角度交叉和连接关节，帮助身体完成动作和吸收动作中产生的压力。肌肉里丰富的血流让它即便在接近极限工作后，仍可以快速地恢复。血流带来营养物质，并带走废物。然而关节却没有类似的循环系统，也不能够像肌肉一样高效地处理炎症。

疼痛会改变本体感受，本体感受就是让人可以感知从草地走到了土地（即便不用眼去看），或者在脚踩硬币时完成切线动作的那种能力。体育训练和体能训练需要身体的感受，而这种身体意识让每一次的训练不仅仅只是出出汗。每一次的训练都可以改善动作、学习协调性和动作模式。如果疼痛改变了身体意识，那么运动员很有可能会产生代偿，或采用古怪而非自然的动作来避免疼痛。这样的动作会制造更多的问题。代偿会在身体的其他部位制造压力，因为这些部分需要更加努力的工作才能达到同样的运动表现。当正常的身体部件需要以非正常的方式工作，又或者运动员忍痛完成训练时，就会产生新的问题，从而导致更大的风险和更加复杂的症状。

探究疼痛的根源是极为重要的。如果疼痛只是因为单一的受伤引起的，那么辨别起来就很容易。但是如果是缓慢持续而不易消失的疼痛，那么就需要找到其成因、来源以及解决的方法。

疼痛"不是"敌人

敌人和障碍都需要被征服。虽然你有道理要求摆脱疼痛，但是它却不是敌人或障碍。在你真正了解疼痛之前，你是无法战胜它的。疼痛不过是一种警告你有问题或有潜在问题的信号。

人体具有它的直觉和智慧，并且知道何时出现了问题。它对即便最小的压力、错位和不必要的拉力都非常敏感。同样的感觉系统让高尔夫球手可以精准地挥杆。这个系统通过疼痛告诉我们身体出现了问题，或者再继续下去就将要出现问题。当然，你可以想办法掩盖疼痛，但是你想处理的到底是症状还是其原因？

当今的科学和技术可以掩盖你的疼痛让你继续运动。这是只有你才有权做出的决定，但是重要的是你需要知道疼痛在尝试告诉你一些事情，比如：

- 你的姿势有问题
- 你的技巧有问题
- 你没有进行热身
- 你没有进行拉伸
- 你有一些肌肉发展不平衡
- 你身体的两侧没有协同工作
- 你在这个动作中所产生的能量并没有进入动作，而是对身体产生了压力（能量泄漏）

充分利用你的疼痛。如果你再健身、举重、慢跑或训练，尝试改变你的技巧或步态，或者一些动作的其他方面，可以观察自己的姿势和重心移动的方式，或者运动的方式。想象自己的体态，你在注意运动的基本功吗？你有没有按照教练要求的那样运动？还是你在已经力竭后仍要多完成一次？很多这些小的变化会帮助你发现自己的问题。如果身体已经开始出现炎症或肿胀的状况，那么从技巧上就没有什么可以做的。任何一种活动，即便是高质量的运动（完美地完成动作）也可能引起一些问题。

如果你出现肌腱、关节、韧带和肌肉方面的炎症，那么没有什么比传统的RICE疗法更管用的了。RICE四个字母分别代表休息、冰敷、加压和抬高。当你完成了休息、冰敷、加压和抬高之后，别忘了问一句"为什么"？如果你不是因为摔倒或外创而受的伤，那么很有可能出现微创伤。你可能会有能量泄漏、一个弱链、拉伸或扭伤的问题。如果你仔细聆听自己的身体，从长远看一定会有回报。很多运动员都不愿意因为要解决身体的问题而错过一两次的训练；但当通过休息和简单的学习之后，他们会在一两周之后回来，对自己的弱链有着更好的理解，或改进了自己的动作模式，这是多么让人惊奇！

感知就是一切。如果你知道对手接下来要做什么，如果你知道弯道后会出现什么，如果你知道球会弹向何方，那么你就具有了优势。身体也在寻找同样的优势，它不在任何部位出现紧张或虚弱。紧张或薄弱的肌肉会导致不良的关节排列，而当关节僵硬或没有对齐的时候是不具备支持性和有效性的，同样也无法有效地交流。

关节会讲话，它们会和大脑讲话。肌肉也会和大脑讲话，关节和肌肉之间也会谈话。当关节和肌肉没有很好地协同工作时，大脑就得不到应有的信息来产生和反应正确的动作次序。它会丢失掉一些重要的信息，比如"不要变线那么快，你可能会摔倒"，或者"用左脚急停，而不是右脚——否则你会失去平衡"。很多运动员认为思想和大脑的连接或交流是单方向的。当然大脑会向身体传输信息，但是身体也会反过来和大脑沟通。身体和大脑间存在着持续不断的双向交流。

关节和肌肉感知了双眼以外的所有信息。运动的眼睛只能看向一个方向，而身体告诉你其他所有的信息。关节通过它们的位置和动作来告诉你身体的方位；肌肉则通过张力来告诉你身体如何运动和当前的强度水平。大脑把所有这些信息和听觉以及视觉混合在一起来告诉你你正在做什么。这种感知是很重要的，并且完全不需要刻意去想。思考的时间太长了，也表明了你不相信自己的本能。正确的训练和重复会开发本能，允许你在竞赛中放松而舒适地运用技术动作。任何有经验的运动员都愿意在比赛中凭借直觉。这并不是说计划和准备没有必要。事实上，计划和准备正是运动员实现放松和直觉的方法。因此，保持放松、专注和意识，这样凭借直觉你就知道何时启动和反应。训练也是这样。不要只是训练——有意识地训练。

这种意识哲学也可以被应用于疼痛。如果你有疼痛，仔细感受。不要把它当作障碍，而是当作一个谜题。这应该是你的责任。医生、运动防护师和物理治疗师虽然可以帮助你，但这仍是你需要面对的问题。如果你搞不清楚，就寻求帮助并且持续寻求帮助，直到有人可以给你一个合理的解释和可能的解决方案。投机取巧和掩盖问题只会在将来造成更大的麻烦。

要记住，当你掩饰疼痛的时候你就掩饰了一个弱链或能量泄漏点，并且失去了改善动作和提高身体意识的机会。当医护人员帮助你解决疼痛的时候，你也必须了解是什么导致了问题。让医护人员知道你对如何掩饰问题不感兴趣，询问是否可能是因为弱链的关系造成了问题，询问如何在将来避免类似的问题，做一个聪明的消费者。

有着持续伤病或未解问题的运动员不应该在错误的基础之上加入训练。运动中的损伤和医疗问题通常被分类为肌腱炎、滑膜炎、稳定不足、脱位、拉伤和扭伤。每一个问题都是独特的，而且很少只是一个点的问题。运动员可能只意识到了有症状的部位，但也可能存在其他的力学问题。

有些运动能力出众的运动员只是简单地训练，但四五年后你就再也听不到他们的消息了。

那些聪明的运动员则会努力弄清楚每个问题，然后打上10年或12年。

他们头脑里的思想远多于身体的训练。

——艾哈迈德·拉夏德

本书使用了一种简单的方法来找出那些可能引发问题的主要力学限制。动作模式会显示限制因素，本书中的练习会把它们分解开来，并尝试进行改正，以便再次检查。这是一个简单有效的办法。

但如果这种方法不管用，也不要继续盲目地训练，认为问题会自己消失。多数情况下，问题是不会消失的。积极用智慧去探究问题。对取巧的方法保持谨慎，当方法没有能够解释问题的成因或是没能展示如何控制问题的时候，保持怀疑的态度。运动医学人士就和教练一样，他们有自己的固有想法以及自己的做事方式。做一名有知识的消费者，确保医生提供的解释和治疗方案是合理的，否则就让他们再次解释或者让他们换一个解释。

触发点

如果你做过按摩或物理治疗，那么你可能听说过"触发点"。触发点就是肌肉里和其他部分肌肉表现不同的一小块面积或一部分。很多不同的压力都有可能导致触发点的形成，但是肌肉是不需要，也不应该有触发点的。触发点处的肌肉会对压力异常敏感，当被按压时会出现针刺或烧灼的感觉。这会增加整个肌肉的内部张力，也会引起身体其他部分的疼痛（牵涉痛）。触发点也会在肌肉内部、周边肌肉，或者周边的关节处造成疼痛。在非常紧张或体积大的肌肉中，又或是因为过度拉伸和整体变弱（因此过度使用）的肌肉中都会出现触发点。

触发点被认为与该部位肌肉之前所有的创伤有关。这可能是由于微观的撕裂或撞击导致了肌肉纤维的损伤，以致产生非正常的活动。不正确地使用肌肉也会导致触发点。如果因为身体其他部位的紧张或薄弱，而使一块肌肉代偿或代替其他肌肉的功能，那么这块肌肉就会过劳，必须在某些动作中超时工作，这就增加了肌肉的张力和刺激，持续的肌肉刺激会引发非正常的反应，比如触发点的形成。

受伤后，如果肌肉被要求固定在护具或石膏内，则会很容易形成触发点。过多的运动、过少的运动或者创伤都会形成触发点。在运动按摩里，触发点会变得更加明显。如果在触发点被放松之后，你没有进行拉伸、加强和训练，那么它会再次出现。其实很简单，把肌肉置于最佳状态，在这个状态下训练，并在再次训练之前重新检查。

一个客观地发现并解决触发点的方法，是使用一种叫作按摩棒的滚轴工具在肌腹滚动，来识别敏感度增加的部位。很多情况下，这些敏感部位就是触发点。然而，并非所有的敏感点都是触发点。有明显疤痕组织或瘀血的位置需要运动医学专业人士的评估。

如果某区域是触发点，则可以通过按摩棒来进行治疗。用按摩棒在敏感位置反复滚动。通过在敏感部位滚动按摩棒，你可以在不对其他肌肉产生影响的情况下，扭曲和拉伸按摩棒下的纤维组织。如果你拉伸或按摩整块肌肉，那么很可能不会对触发点造成影响，因为相比正常的肌肉组织它们更难发生改变。通过只处理敏感度增加的区域，我们孤立治疗了问题肌肉组织，并改善了肌肉内部的行为。这种通过拉伸降低慢性触发点的方法更有针对性。

敏感度降低是触发点被有效管理的标志。如果你发现出现触发点的肌肉长度变短了，那么在解决触发点之后使用拉伸技术来增加肌肉的长度。如果在没有解决触发点前就进行拉伸，那么被拉长的肌肉会很快回到原先的状态。这并不是说拉伸方法有误，而是因为触发点抵消了你的努力。

虽然你可能会有一块肌肉感觉紧张，但其实并不紧张。判断肌肉紧张程度的方式不是通过它的感受，而是肌肉是否具有完整的活动范围。比如说，如果你的主动直腿抬高动作（第36页）得了满分，那么就说明腘绳肌具有良好的长度。即便你感觉腘绳肌紧张，只要你是满分，那么这里则不太可能是你最大的问题。肌肉紧张指向的可能是不当的热身，或者试图代偿另一块非常紧张的肌肉。很多运动员在他们下背部紧张的时候，会误认为自己的腘绳肌紧张。如果一块肌肉出现敏感区域，处理问题部位然后再次检查。触发点还可能让肌肉变弱或变得低效，在你开始训练力量、耐力、速度、灵活性和敏捷训练前，进行按摩棒放松是很恰当的。

如果触发点在治疗后没有缓解，那么应该向受过训练的运动医学专业人士求助。运动防护师、物理治疗师或有运动背景的医生都是最佳选择。如果问题部位在治疗、拉伸、必要的训练后没有快速地缓解，那么很可能还存在其他影响因素；又或者你的问题并不是触发点。新近瘀伤和扭伤的部位并不是触发点，敏感是因为有炎症存在。很多顶尖运动员都长期进行运动按摩，但是费用可能非常昂贵。最好的方法是增加对自己身体的了解。

理解损伤与恢复

损伤有其背后的成因，往往与表面看起来的不太相同。数据显示在比赛最后阶段疲劳上升的时候，损伤风险会明显增加。有时通过训练可以避免这种疲劳的发生。疲劳和疼痛一样，会降低身体感受，影响身体反应时间、协调性和引发代偿，从而造成效率降低并对身体施加过大的压力。

在本书的第二部分，我们会通过讨论活动度与稳定性测试，来帮助你快速识别潜在问题。未经发现的僵硬和薄弱可以导致很多本应避免的问题，在受伤之前有一份基于个人的基线测试结果是很有帮助的。这些测试结果可以被用来绘制康复和恢复图形，对受伤前的柔韧性、速度、耐力、爆发力、敏捷和力量，与受伤后的运动表现进行对比。

有时过度训练、超过自己极限的比赛或训练会导致疼痛、酸痛乃至损伤。如果损伤只是一些微小的扭伤、肌肉酸痛或因为运动员的身体不适，那么可以进行一种叫作"积极恢复"的训练来帮助身体减轻酸痛和张力反应，为未来更加辛苦的训练做好准备。

积极恢复可以加速身体恢复的进程，但它并不是休息的替代品。如果运动员没有得到充足的休息，那么没有任何剂量的训练或高级的营养补剂可以起到帮助作用。低强度的有氧训练可以改善循环，提高身体温度，并增加排汗和呼吸。

自然的愈合进程是无法被加速的，但是很多因素会抑制或减缓恢复速度。太多的休息会影响肌肉将高强度训练后的废物循环代谢出身体，而过多的活动则会刺激酸痛的肌肉和僵硬的关节，又或者对代谢造成压力，从而在身体内制造不必要的压力。药物和治疗可以去除一些减慢或延缓正常恢复进程的因素，但是药物并没有魔力。管理症状和使其痊愈是两个完全不同的概念。

这里有4种可以用在训练中的积极恢复形式，同样它们也很适合受伤之后的康复计划。请记住，时间是这里非常重要的因素。时间越长就越容易，效果也越好。

固定单车

大家可能都看过大联盟的棒球投手在赛后骑在单车上，双臂交叉对肩部进行冰敷的画面。运动员通过蹬踏单车来加快身体循环从而控制炎症，并使用肩部冰敷来消除肿胀。

固定单车是一种简单的改善循环的方式，但这不是训练。尝试蹬踏较长的时间，并保证可以随时饮水。在骑车的时候多数时间最好不要使用把手，并尝试改变身体位置，比如坐直身体、交叉双臂、左右扭转身体、在头顶拉伸手臂和在舒服的位置保持脊柱直立。保持脊柱直立会帮助你更好地呼吸。在骑行间歇用10分钟的时间来做对你的运动方式最有益的拉伸。选择舒服的速度骑行，这样呼吸虽然加快，但你仍旧可以进行正常的交谈。

踩水

多数运动员并不能使用良好的游泳技巧在泳池内待上太长的时间。游泳对一些高肌肉含量、低体脂和缺乏技巧的运动员来讲是太过辛苦的训练了。但是大部分人都会踩水。如果你不会，就学习。

如果无法保持漂浮，就在腰上系一个浮力装置或者穿一件救生衣。浮力装置应该仅能让你漂浮起来，还需要一点手臂和腿的动作才可以保持身体不下沉。随着你踩水技巧的提高，可逐步减少浮力装置的支持。设定一个可以完成至少半小时踩水的目标，期间可以穿插必要的休息和拉伸。

多数训练计划都忽视了踩水的作用，但踩水可以在自然的模式下整合手臂、下肢以及脊柱的动作。它还有一个显著的好处：多数人都在一开始踩水的时候浪费了太多的能量。这是学会在放松和用最少力气保持漂浮状态的好机会。深度呼吸、缓慢和更有控制的手脚动作可以节约更多的能量，保持低强度的运动状态。如果你只会用脚或手臂发力，可以通过脚蹼强调腿部运动，或通过手蹼强调手臂活动。如果有条件利用泳池，踩水就是最自然和高效的一种积极恢复方式。

徒步

简单的走路对一个经常运动的人来说并不是足够的恢复方式。你需要更多一点的运动强度，但要避免冲击和疲劳。因此，徒步是一种极佳的备选方式，你可以在凹凸不平的路面上行走，并尝试尽可能多的山丘练习。使用一根或两根登山杖徒步还可以帮助上肢进行运动，有助于保持直立的体态。把徒步当成一种调节呼吸的机会。徒步很容易就让人感觉上气不接下气，当你觉得需要休息的时候，可通过慢速、深度、放松的呼吸来进行调整。让呼吸保持均匀和缓慢，呼气时间是吸气时间的两倍。

徒步是最累的一种积极恢复方式，因此确保你了解自己的路线和熟悉要走的地形。徒步比走路需要下肢更大的活动范围。因为这个简单的原因，徒步正是一种很好的主动拉伸方式，帮助建立身体意识和心肺耐力。和搭档一起徒步是最安全的方式，带上足够的水和一些零食，以及合适的服装。

桑拿浴

不要混淆桑拿（干蒸）和蒸汽浴（湿蒸），桑拿具有和低强度的有氧运动相同的提高身体代谢的用处。热水池和蒸汽浴室可以一定程度升高身体温度，但是不会和桑拿一样产生明显的排汗效果。

干蒸会让贴近身体表面的血管扩张膨胀，从而把热量从身体内重要器官排出至体表。这些热量就可以通过蒸发离开身体进入桑拿房的干燥空气中。为了转移血液和排汗，心脏需要达到和低强度运动一样的工作强度。你在轻松地骑固定单车时的心率水平和蒸桑拿时差不多。多数的桑拿房也会有足够的空间来让你完成一些简单的拉伸动作。

如果你对桑拿不熟悉，那么可能会犯一个常见的错误，就是在温度过高的时候尝试忍耐。

在桑拿期间进行间歇性休息是很有必要的。可以通过淋浴洗去身上的汗水，然后返回桑拿房继续。最好在既舒适又可以产生排汗的温度下进行30~60分钟的桑拿，并根据需要穿插淋浴作为休息。

桑拿长久以来在很多不同的文化中都被应用，作为一种有效的积极恢复、管理压力和促进代谢的方法。学习正确的桑拿方法并加以使用。

多数保持在顶尖水准的运动员都有一套自己的系统来管理压力、恢复伤病、进行积极休息和持续发现自身弱点。跟随他们的脚步来培养自己，不要等待别人来帮你完成工作。

第二部分
活动性与稳定性

第5章

活动性与稳定性测试

作为一名物理治疗师和力量教练师，我追求找到更好的方法把功能性运动和康复，以及体能训练结合在一起。最终我认识到展示功能性训练结果的最好方式就是创建某种功能性评估，这样不但可以展示功能性训练的效果，还可以为某一训练动作是否对功能性运动表现有效提供反馈。

直觉告诉我，在很多我之前做过的评估中，某些基本的考量被忽略了。在朋友与同事的帮助下，我创建并改进了一种叫作"功能性动作筛查"（functional movement screen）的筛查工具，来记录和表达我在运动员骨科测试中所看到的信息。当我在为运动员评估复杂问题和难以解释的损伤时，比起直接关注他们的损伤，我是后退一步对整体进行考量，这样就不会一叶障目。

我突然明白了，虽然我接受过局部和整体的评估训练，但是我对局部的关注却超过了整体。事实上这是一个顺序的问题。比如一个运动员抱怨曾经被医治好的慢性膝痛再次发作，我就会在不同的位置下观察、评估和测试膝关节。接着我可能会让运动员做一些简单的动作，比如单腿平衡、转身、身体扭转或箭步蹲。但是顺序错了！当我在先考虑膝关节的时候，就失去了观察整体动作的机会——而正因为我没有先观察身体运动，我的看法就出了问题。我把面前的运动员当作有膝关节问题的人来进行评估，而不是一名正在经历膝痛（而其他部位可能也有问题）的运动员来进行评估。

于是我调整了顺序。不论运动员有什么抱怨或损伤，在开始功能性训练和运动康复计划前，我会先从整体进行考量。我记录下运动员的经历、损伤类型和之前所接受的治疗，然后我会看着运动员完成几个基本动作。有时这些动作可以引发问题部位的症状，有时会在其他部位引起症状。这就给了我观察动作模式的机会。一旦我建立了运动员可以完成和不能完成的动作地图，以及那些可能引发疼痛的动作，我再来观察损伤。这样的顺序使运动员问题的展现更加清晰。

随着我的观察力和评估技术的提高，我想通过清晰简明的语言和其他运动医学人士沟通自己所看到的。我所设计的功能性动作筛查包含7个基础动作的测试。我使用"基础"一词是因为，这些动作不只是体育运动的基础，它们也是人类动作的基础。这些动作与婴儿自己探索移动、翻身、扭转、走路、攀爬和伸够时的动作非常相似。功能性动作筛查是一种简单的方法，可以显示即便拥有顶尖力量、爆发力、速度、灵活性和运动技巧的运动员，也可能有着数据表上没有反映出来的基本动作问题。

功能性动作筛查里的动作看起来简单，却需要良好的活动性和控制性。如果运动员不能正确完成测试动作，或在某些动作中有着明显的限制，又或者身体左右两侧出现了明显的功能差异，那么就说明我们发现了一些重要信息；而这些信息可能就是帮助运动员降低慢性损伤风险、提高整体运动表现和创建一个提高竞技水平的训练计划或是康复计划的关键。当运动员通过高水平体能和技术训练寻求提高的时候，也不应牺牲基础动作能力。

我把功能性动作筛查里的动作模式作为客观工作，用来显示为什么那些看起来强壮、有力、看似协调的运动员有时却在完成一些最基础的姿势时困难重重。多数运动员都会倾向发展自己的特长，并花费大量的时间训练自己的长处。但是动作筛查把每个运动员推到动作极限，而不只是那些他们喜欢的动作，从而展示：为什么那些在自己的项目里看起来柔韧而有控制力的运动员，却会在基本动作模式中出现明显受限和左右不平衡的问题。他们的技术、速度和敏捷度让他们可以通过代偿掩盖动作中的基础缺陷。这些缺陷影响了运动员的效率，并可能造成不必要的身体负担。当有些运动员尝试从一次撞击或摔倒引发的损伤康复的过程中，他们有可能会经历身体局部的问题。

想象两名正在从膝关节手术中恢复的高训练水平、高技巧水平的运动员。两人都在面对手术和久不活动后带来的肿胀、炎症和虚弱，但是其中一名运动员还有脚踝活动性差和髋关节过度僵硬的问题。这名运动员的膝关节此前一直因为脚踝和髋关节的活动度不足而产生代偿，但是因为膝关节已经无法继续代偿了，除非解决好髋部和脚踝的问题，否则康复进程就会被延缓。

功能性动作筛查包括7个动作：

- 下蹲
- 跨步
- 弓步
- 伸够
- 抬腿
- 控制躯干的俯卧撑
- 旋转稳定性

被测试者遵从严格的标准给每个动作计分。运动员有3次机会成功完成每种动作模式。完美地完成动作可以得到3分；表现有代偿和不够完美的动作则得2分；因为僵硬、失去平衡或其他原因无法完成动作的得1分；动作中如果出现疼痛，无论动作多么完美都得0分。

当我一开始介绍功能性动作筛查的时候，"功能性"一词引起了很多困惑，因为有些人希望看到类似于体育专项动作的练习或动作。他们希望看到那些看起来感觉更像体育运动的更加动态、有力的动作，他们不懂为什么是一些简单的动作。他们没有意识到的（或者我没有效沟通的）是所有体育项目的基础动作都是建立在可以无限制的运动这个基本能力之上的。目前观点存在的问题是它是一个两层的金字塔，而不是三层的金字塔。通常运动员的评估方式都是通过看他们在运动中的表现和健身、灵活性、爆发力、力量与耐力测试的结果。这种方法只看到了运动表现金字塔的上两层。通过添加第三层（功能性动作），就可以更简单地评估运动员所遇到的问题。

我并不认为这里的7个动作是组成功能性动作基础的砖石，它们更像是组成砖石的泥土。这些动作把所有体育项目联系到了一起，因为它们是人体的运动基础和表现形式。当今运动医学和体能训练最大的问题就是太着急开始运动专项的动作训练。

动作筛查并不是一个定理或绝对原则，它只是一种展示人体运动表现最基础元素（自由活动的能力）的一种方式。如果你翻回第3章里讨论过的运动表现金字塔，你就会发现金字塔第1层代表的是自由活动的能力；第2层是具有一定原生运动能力或整体运动表现的活动能力；而第3层是把原生运动能力或整体运动表现转化为具体技巧的能力。功能性动作筛查让运动表现金字塔的实现成为可能。

为了这本书的本来目的，我制定了一个改良版本的功能性动作筛查，它虽然没有那么详细，但却更加友好，其中的测试都可以自行完成。后面介绍的自我筛查，如果使用正确，依旧可以提供足够的关于动作的信息。

理解活动性和稳定性

活动性和稳定性的基础概念并不难理解。活动性与稳定性需要同时存在才可以产生高效的人体运动。

柔韧性是肌肉可以延长的能力，比如体前屈时被拉长的腘绳肌；活动性则是一个更加广阔的概念，其中包含了肌肉和关节。当描述动作自由度的时候，活动性一词也更具包容性。一个很好的描述活动性的例子就是：当下蹲时大腿超过和地面平行时，保持足跟不离开地面的能力。要注意下蹲的动作中包括了多个关节和肌肉。

力量可以被定义为产生力量或动作的能力，而稳定性则是控制力量和动作的能力。多数情况下，稳定性是力量的先决条件。

人体的运动系统和杠杆系统很相似。肌腱把肌肉和骨骼相连，并把骨骼拉向不同的位置来产生运动。想象把一只手举到头顶的动作。首先，肌肉和关节内必须具有足够的活动度，手臂才能达到头顶的位置。其次肩胛附近的肌肉必须可以把肩部固定在身体上，并保持在相对稳定的位置，这样手臂的肌肉才可以收缩把手臂举过头顶。首先收缩的肌肉是那些并不产生大幅度动作的肌肉：它们的作用是稳定肩胛骨。其实肩胛骨也在运动，但是比起手臂动作慢得多，因此不容易被察觉。首先收紧的肌肉是稳定肌，其次是动作肌。

活动性和稳定性通常是自然发生的。举例来说，想象一个孩童学习移动的方式。孩童一般没有活动性和柔韧性方面的问题，但是他们缺乏稳定性。他们不只是缺乏力量，他们还缺乏控制力。这是学习动作的最佳机会。当孩童移动的时候，他们通过反复尝试和感觉发展身体控制力。婴儿会自然地翻滚、爬行或尝试迈步。如果他们正确地稳定了身体某些部位，而移动了其他身体部位，他们就会向自己想去的方向前进。如果他们做错了，或者没有平衡或协调好身体，他们就不能去自己想去的方向。通常他们不会重复那些没有达到预期效果的动作。随着孩童慢慢地掌握身体控制，只有那些正确的动作程序会得到强化。孩子没有代偿的必要，因为他们的活动性没有受限。因此，孩童可以通过反复试错发展高效的动作程序。

青少年或成年人在学习一个动作模式或技术时会首先建立一个动作程序，而身体当前的活动性和稳定性水平会影响到动作程序。如果一个动作的问题是因为活动性降低（肌肉紧张或关节僵硬）或稳定性降低（力量、协调或控制不足），那么动作模式就会改变从而发生代偿，从而产生不理想的动作程序。这会引发问题，尤其是当有其他的动作程序或动作模式与之关联的时候。这就好像在一个不牢固的地基上继续搭建房屋一样。

习惯、活动、惯用手（或脚）和过去的损伤都会影响动作模式。习惯是指那些不断重复的行为方式；活动会发展出特定的动作模式，就如同缺乏运动会让某些动作模式退化；而过往没有完全复原的伤病则会造成活动性或稳定性受限。

即便伤病完全康复了，恢复期间也会出现临时的代偿想象。设想一次需要进行手术的膝伤。在进行手术之前和之后的几天，运动员可能需要通过拐杖行走。即使在恢复后，运动员也可能暂时因为伤侧的疼痛或僵硬在走路时一瘸一拐，这样的行走方式在一段时间后会改变髋或踝的正常功能。有可能因脚踝或髋部的僵硬或薄弱造成"硬件"上的改变，也有可能由于髋和踝的肌肉募集次序改变而产生"软件"问题。

李小龙曾经说过："训练力量和柔韧性是必需的，你必须用它们来支持你的技术。技术本身在没有力量和柔韧性支持的时候，是没有用的。"他的这一番话意义深重，也说明了基础动作是如何支持特定动作的。活动性和稳定性是力量、耐力、速度、爆发力和敏捷的基础组成模块。如果这些基础模块没有准备好，运动员就会代偿，而代偿会增加不良运动表现和损伤的风险。

因活动性或稳定性不足而产生的错误生物力学会造成动作效率下降、更多的能量消耗和在应用技术动作时更加费力。显而易见，这会对运动技巧造成怎样的影响。优秀的运动员都是通过活动性、稳定性和动作程序建立起高效动作，从而使用最少的身体能量达到最大的可能效果。不佳的生物力学不但影响运动表现，也会造成不必要的内部压力从而导致损伤。在没有良好的活动性和稳定性的情况下，练习或训练将会发展出错误的动作程序，让人产生挫败感，极大影响了运动表现的提高，并增加了受伤的风险。

核心训练之前

活动性与稳定性测试是一个均衡的体能训练计划的起点。随着负重训练的流行，多数训练方法都会强调某些特定的肌肉或肌肉群，这叫作"孤立式训练"，它也确实会产生肌肉的增长。但是人体运动表现是关于动作的发展，这与肌肉发展不是一回事。运动表现的关注点是整合，让所有部位一起工作。在人体运动中，整体大于各部分的总和。简单来说，如果你训练肌肉，那么可能没有全面地发展动作；但是如果你训练动作，肌肉就会得到正确的发展。

通过孤立的肌肉或肌肉群测试，是几乎得不到任何有价值的动作信息。测试和训练动作比测试和训练肌肉更合适。但你在学习理解那些代表活动性和稳定性的基础动作时，你会建立起更强的身体意识，并学习如何改善自己的训练。

活动性和稳定性是建立自由动作和运动控制的基本关键因素。活动性和稳定性的训练要从脊柱开始。脊柱必须足够灵活以适应不同的情况和动作，并且足够稳定来支撑身体和传导力量。大多数产生爆发力、速度、灵活和敏捷的发力动作都要求四肢（手臂和腿部）自由运动时，脊柱可以保持延长直立的姿势。

即便最好的运动员也不会一直保持着完美的姿势。多数情况下，当你看到运动员的脊柱弯曲或扭向肢体一侧时，都是在动作的末尾阶段或是爆发力动作的完成之后。当脊柱稳定的时候，手臂和腿部只需简单地被拉向或远离身体就可以产生动作。在产生高效运动时，保持脊柱稳定是非常重要的。

很多运动员认为卷腹和仰卧起坐一类的腹肌训练可以增强脊柱的稳定性。的确，一个强壮的身体中段是脊柱稳定的基本组成模块，但是脊柱稳定性是不可能通过卷腹或仰卧起坐这样在脊柱运动的状态下被训练的。要训练脊柱稳定性，需要当脊柱周围（通过手臂和腿部）产生动作的时候保持脊柱的稳定。大脑和肌肉只能记住自己被训练的方式，因此必须用运动或活动中所要使用的方式来训练它们。

腹肌孤立工作的时候，可以使脊柱前弯、屈曲或者扭向一边。但是腹肌通过和强壮的髋部肌群以及背部伸肌协同工作建立了脊柱的稳定性。当髋部与躯干的肌肉一起工作的时候，就形成了叫作"核心"的功能性区域。

　　核心训练试图把力量、柔韧性、协调性和爆发力全部集中到身体最强有力的区域——髋部和躯干。人体的重心，也就是稳定点就在这一区域。在美式橄榄球运动中，当防守队员在防守对方的外接手时，教练会告诉他不要被进攻队员的头部晃动欺骗，应该关注外接手的身体中段，因为这里不会骗人。身体中段正是重心所在，因此当这里失去平衡的时候整个身体就失去了平衡。如果这个区域强壮而稳定，那么身体就有了一个发力的平台。不要局限于只关注腹肌训练，而是要关注核心。髋关节必须灵活，而躯干必须强壮，两者必须协同工作才能产生爆发力。

　　最佳的核心表现首先依赖于一个既可活动但又稳定的身体。如果活动性和稳定性欠缺，那么核心就会通过某种方式代偿。你想活动手臂和腿部，但是你的核心却是基于你的动作、你的平衡和你的任务产生反射（自动）反应。如果你的核心需要代偿紧张的左侧髋关节、不良的腹部力量、右腿的平衡性不足，又或者左侧躯干的旋转紧张，那么这些反射功能就不能正常工作。当你没有花时间来调整自己的身体平衡时，那些自动控制你核心的反射功能就会被改变或延迟。让你感觉腹肌燃烧的一组练习并不一定能训练到你的核心：它只是让你变得更擅长完成一个躺在地上的动作而已。平躺在地上训练所获得的力量和耐力并不能完全转换到站立位，因为这时你身体的不平衡就开始起效了。将下面的动作筛查想象成一种帮助你清理动作的方式，这样你就可以更好地训练核心了。

自我动作筛查

　　自我动作筛查是功能性动作筛查的简化和改良版。它是测量自己完成基础动作模式能力的一个快速参考。如果你希望进行更深入的动作模式分析，请找一名正在使用这种方法的专业人士。请记住自我动作筛查和功能性动作筛查都只是筛查，而不是医疗评估。如果你正在从损伤中恢复，或者经历疼痛，那么筛查是不适合你的，你需要进行一个完成的肌肉骨骼评估来识别和解释你的问题。如果你没有疼痛或之前的问题，但是在进行动作筛查的过程中出现了疼痛，那么你应该在开始进行体能训练前进行一次完整的肌肉骨骼评估。

　　自我筛查前可以进行少量的热身，几个开合跳（不超过20个）就可以了。你需要找一个80厘米或90厘米宽的门和一根长约1.2米的木棍。最佳完成动作筛查的时间就是在训练前和没有前一次训练酸痛的时候。

　　评分系统很简单。如果按标准完成动作就会得到"通过"。如果不能按标准完成动作就算"失败"。如果感觉到疼痛，那么在接受完整的评估并进行有效的治疗解决疼痛前不要训练。自我动作筛查包括以下的测试。

1. 深蹲：检查蹲这一对称动作——身体左右两侧完成同样的动作。要通过这个测试，你需要理想的踝、膝、髋和肩部的活动性，还有整个脊柱的稳定性。
2. 跨栏步：检查迈步这一非对称动作——身体的左右两侧完成不同的动作。要通过这个测试，你需要一侧的踝、膝、髋具有理想的活动性，而在另一侧的踝、膝、髋以及脊柱表现出理想稳定性与平衡能力。这个测试需要在左右两侧分别进行。

3. **直线弓步**：检查弓步这一非对称动作。要通过这个测试，双腿需要在髋屈和髋伸这两个相反的位置下，展示理想的活动性、稳定性和平衡能力。弓步同时也需要最佳的脊柱稳定性，这个测试需要在左右两侧进行。

4. **主动直腿抬高**：检查直腿抬高这一非对称动作。要通过测试，你需要理想的腿部活动性和仰卧位的最佳核心稳定性，测试需要在左右两侧进行。

5. **坐姿旋转**：检查双腿交叉坐姿的位置下躯干上部左右旋转的能力。要通过测试，你需要理想的躯干上部活动性和理想的髋关节活动性，测试需要在左右两侧进行。

深　蹲

在门框下的地面上贴一条胶带，使胶带距离门框的距离和自己的脚长相等。双脚分开与肩同宽站立，脚尖位于胶带位置，让门框正好平分身体左右两侧。双脚应该朝向正前方向，不要转向内侧或外侧。将一根木棍举到头顶，肘与肩之间成90度夹角。向上推起木棍，让肘部完全伸直（图5.1a）。如果碰到了门框顶部，那么就在下蹲的过程中完成肘部伸展。

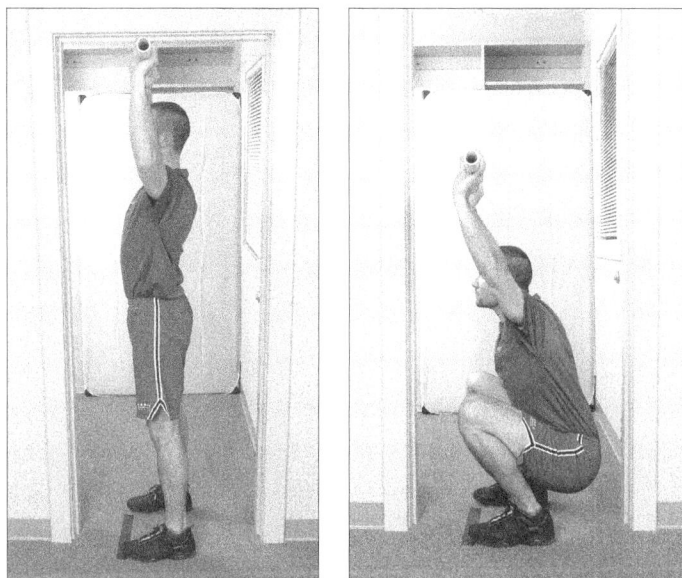

图5.1　深蹲：a. 将木棍举过头顶；b. 降低至完全蹲下的姿势

找到合适的位置，慢慢下蹲到完全蹲下的姿势，越深越好（图5.1b）。你的足跟应该平行贴紧地面，在你降低到全蹲位置的过程中，双脚不应该转向外侧或出现滑动。动作全程木棍都应该保持在头顶上方，木棍、面部和头部都不能碰到门框。成功完成动作的标准就是：足跟必须贴紧地面，头和胸必须朝向前方，木棍必须最大限度地举在头顶之上。你有3次机会来完成动作，但如果你在第一次就完成了深蹲，那么就没有必要进行后面的重复。

如果足跟保持接触，足部没有滑动或扭转，髋部低于膝关节，膝与足部的方向一致，以及木棍没有碰到墙，那么就视为通过。上述5项中任何一项没有达成则视为失败。如果动作导致了疼痛，则不计分。此时建议找一名医疗专业人士，对疼痛部位进行彻底评估。

跨栏步

将一条胶带横向固定在门框上制造一个跨栏。胶带应该固定在你完成动作时所站位置一侧的门框上。调整胶带的高度，使胶带正好在膝盖下方小腿胫骨上的突起处（胫骨结节）。双脚并拢作为起始姿势，将一根木棍横在肩膀上，注意不是脖子上。当木棍置于肩上身体直立时，木棍应该正好位于门框的后侧。调整脚尖的位置，使其与胶带的正下方对齐（图5.2a）。

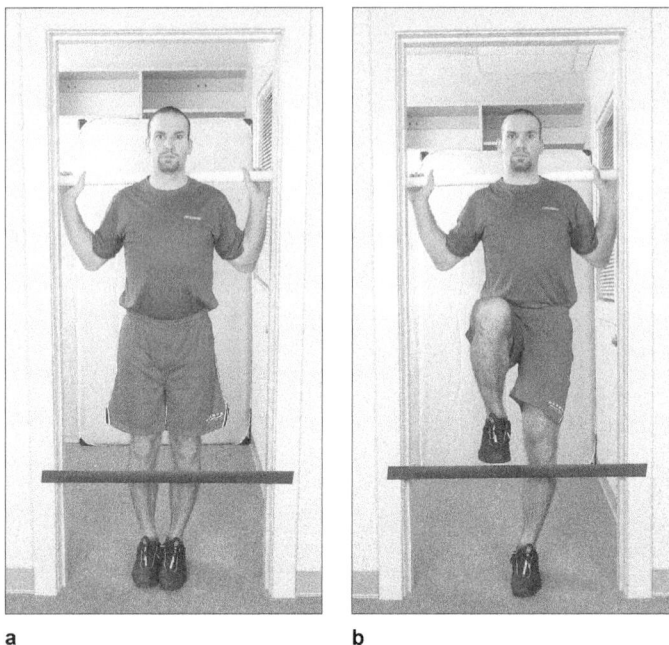

图5.2 跨栏步：a. 双脚并拢面对胶带站立；b. 单脚跨过胶带

单腿跨过胶带，使足跟接触地面并保持平衡（图5.2b）。不要把身体重心放到足跟上，让足跟轻轻触碰地面并返回到起始姿势。在跨步动作过程中不要碰到胶带。跨栏步的动作需要慢慢完成，每侧最多有3次完成机会。

在左右两侧都完成跨栏步，如果髋、膝、踝始终能够保持正前的方向，木棍可以保持和胶带平行（没有左右倾斜），动作中木棍没有接触到墙壁（如果身体向前倒可能会发生这个情况），而且保持了平衡，则视为通过。动作的目标不仅是迈过障碍，腰部以上不应该有任何动作。在给自己评分的时候严格要求。如果你在跨步的时候发生身体扭曲并通过代偿完成了动作，那么你就发现了一个可能需要改进的问题。上述任何一个标准在任何一侧的动作中没能完成，则应记为失败。如果动作中产生了疼痛，则测试不计分，找一名医疗专业人士对疼痛部位进行彻底评估。

直线弓步

剪一条胶带，长度等于膝盖下小腿上的凸起到地面的距离，这和前面跨栏步中的测量标准一样。将胶带贴在地上正好经过门框的中心，让门框正好位于胶带的中点（胶带各有一半在门框的两侧）。双脚一前一后站在胶带上，后侧脚脚尖正好碰到胶带的末端，前侧脚足跟碰到胶带的前端。木棍的放置位置和前面的跨栏步相同（放在肩上，见图5.3a）。

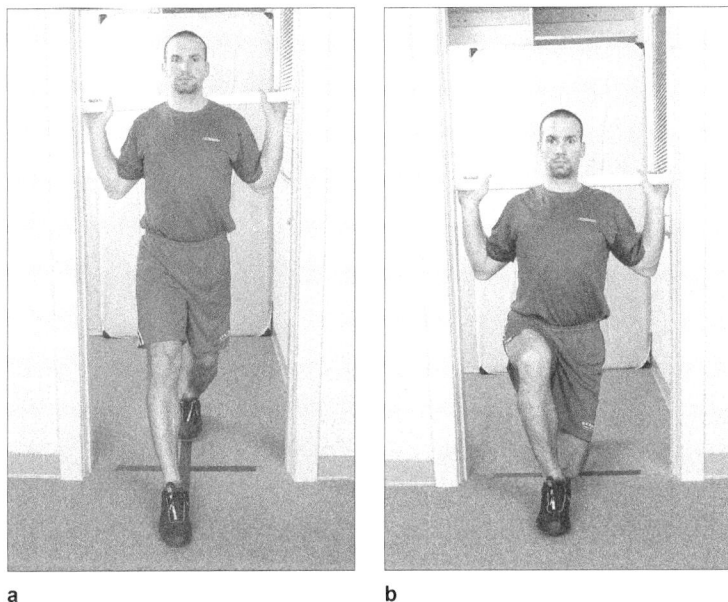

图5.3 直线弓步：a. 双脚站在胶带上，木棍置于肩上；b. 降低身体至后侧腿膝盖与胶带接触

降低后侧腿膝盖，直到可以在前侧脚的后方碰到胶带（图5.3b）。前侧脚足跟应该贴紧地面，双脚在动作过程中保持在一条直线上。在身体两侧完成最多3次，慢速、有控制地做弓步蹲。

如果上半身没有或只有微小的动作，双脚一直保持在胶带上，后侧膝盖可以在前侧脚的后方碰到胶带，木棍没有接触墙壁，且全程保持平衡（木棍没有左右倾斜），那么则视为通过。如果上述5项中的任何一项没有完成，则记为失败。如果动作中产生疼痛，则不计分，找一名医疗专业人士对疼痛部位进行彻底评估。

主动直腿抬高

背贴地面，身体与门框所在的平面垂直，手臂放于身体两侧，掌心向上，头部放平，以此作为动作起始姿势（图5.4a）。髋关节和膝关节弯曲处的中点正好位于门框的位置。

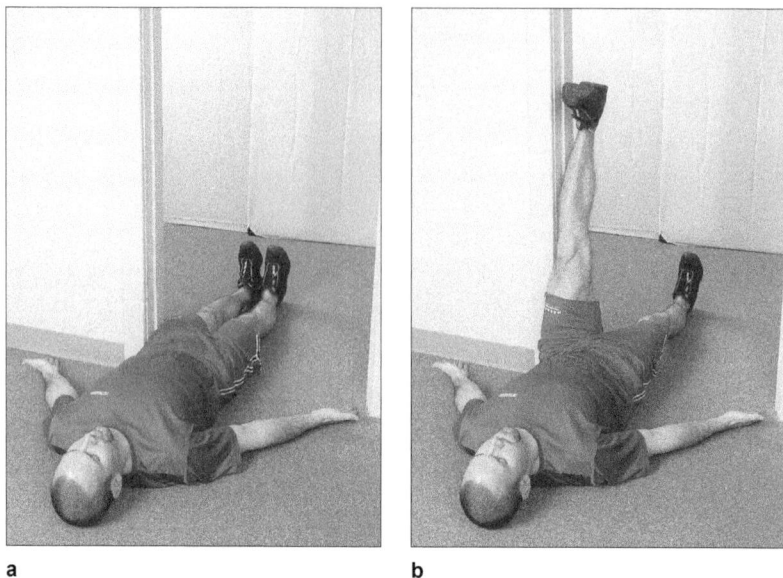

a   b

图5.4　主动直腿抬高：a. 平躺于门框侧面；b. 向上抬腿

抬起靠近门框一侧的腿，保持足部勾起和膝关节伸展（图5.4b）。测试过程中，另一侧的腿应始终贴近地面不产生动作。头部应平放在地面上，手臂不应该移动。此测试可以在身体两侧进行最多3次。

如果抬起一侧脚的踝骨（外踝）超过了门侧柱，且地面一侧的脚没有移动，则视为通过。测试中，地面一侧脚的脚尖应始终指向正上方，膝关节还应保持伸展，没有一点弯曲。任何上述指标在任意一侧没有达成则记为失败。如果动作中产生疼痛，则该测试不计分，找一名医疗专业人士对疼痛部位进行彻底评估。

坐姿旋转

坐在地面上，后背挺直，双腿交叉，两脚各自放在门框两侧。木棍保持在肩膀前的胸部位置（图5.5a），动作全程木棍都应接触锁骨和两边肩膀的前侧。

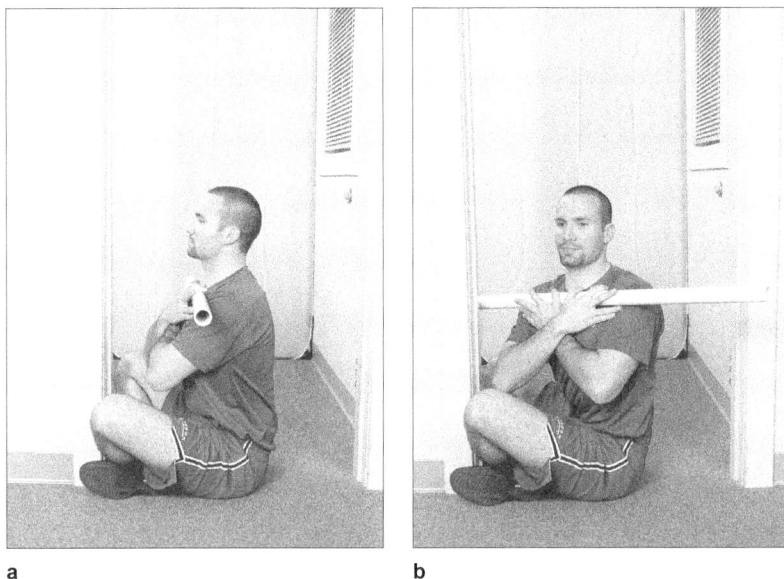

a   b

图5.5 坐姿扭转：a. 两腿交叉盘腿坐在门框处；b. 旋向身体一侧

保持背部挺直的情况下，分别向两侧旋转（图5.5b），尝试使木棍碰到门侧柱的位置。测试过程中，保持直立的姿势并控制身体向门的方向前倾或向任何一侧转体。

如果木棍可以碰到墙壁，全程保持木棍水平并贴近胸部，同时脊柱保持平直，则视为通过。如果上述3项中的任何一项没有达成，则记为失败。如果动作中产生疼痛，则不计分，找一名医疗专业人士对疼痛部位进行彻底评估。

评分与动作进阶

书中的第6章可以找到关于前面自我筛查中5个动作的推荐训练进阶。但是，我建议你只选择其中的一个矫正训练进阶。计算好动作筛查的分数，根据得分选择最合适的训练进阶。你会有一个关于下蹲的分数和两个关于其他每项筛查的分数（因为需要记录左右两侧的数据），用下面的表5.1来记录自己的分数（通过/失败）。

最好选择困难最大的动作模式开始训练。同时，应首先关注那些暴露了左右不对称性的动作模式。比如：你的下蹲测试失败，跨栏步的左侧失败但右侧通过，其他测试全部通过。下蹲和跨栏步都显示了问题，但是最好首先关注跨栏步，因为它显示了不对称性。当你针对跨栏步进行训练的时候，因为调整了对称性，下蹲的动作也有可能得到改善。如果后续的测试显示下蹲的分数没有变化，那么在跨栏步的对称性问题得到解决后，开始针对下蹲进阶。再举一个例子：如果你通过了深蹲动作，跨栏步左侧通过但右侧失败，直线弓步两侧都失败而其他动作都显示通过，那么你还是应该先从不对称的动作开始。

如果你有多个筛查失败，就从困难最大的动作开始训练，然后再次测试查看是否改变。如果动作进阶难度过大或没有带来满意的结果，就从你觉得最舒适的训练开始，并尝试从这里开始进阶。

没有必要为了矫正一个动作模式就放弃你当前的训练，但是当条件允许的时候，可以把矫正训练当作热身或冷身运动来做。另外也要考虑，你当前的训练计划可能有部分内容对矫正动作模式是起反作用的。通过矫正训练，大部分动作模式会在两个月的时间内得到改善。有些动作模式会进步得非常快，有些则变化不大。把你的精力放到矫正动作和维持尽可能高的动作筛查分数上。千万不要对"不对称性"视而不见。矫正训练进阶也是维持动作模式质量的好办法。

表5.1 自我活动性筛查评分表

测试			总成绩	
	通过	失败	通过	失败
深蹲				
跨栏步	左 右	左 右	左 右	左 右
直线弓步	左 右	左 右	左 右	左 右
主动直腿抬高	左 右	左 右	左 右	左 右
坐姿旋转	左 右	左 右	左 右	左 右

第6章

平衡训练

虽然本章的标题叫作"平衡训练",但是却与提高、保持平衡的能力无关。这里的平衡是用来描述创建身体两侧对称性的、以及提高身体内部活动性与稳定性平衡的训练。活动性和稳定性应该是一个训练计划的起点。虽然活动性和稳定性听起来意思是相反的,但是两者必须同时存在才可以形成动作和活动的有效基础。如果测试结果显示了不良的活动性和稳定性,那么必须在开展任何训练前,首先关注有效改善活动性和稳定性的基础训练计划。这一类型的训练,如果应用正确,可以很大程度地提高动作感受,尤其是对身体左右两侧。

皮特·德拉科维奇是一位受人尊重的物理治疗师、训练师和力量体能教练,他曾在多项体育项目中与运动员合作。在过去的几年里,他曾在多个场合使用功能性动作筛查工具。他的成功案例之中就包括帮助一名经历了踝关节OCD损伤(一种软骨缺陷)手术的职业篮球运动员。在急性康复期后,他开始进行积极大胆的非赛季体能训练。功能性动作筛查显示了深蹲、跨栏步、直线弓步和直腿抬高几个动作的失败。在接受了8周额外的临床护理和特别针对髋和腿不对称性的平衡训练(活动性和稳定性训练)之后,运动员就可以开始无痛地跑步和跳跃了。运动员在两周半的时间里改善了深蹲技巧,并且可以在蹲和弓步的动作上添加重量。运动员甚至反馈说用那条腿跳跃完成灌篮的时候可以比以前跳得更高了。"如果可以在职业生涯早期就测试动作质量,那么他可能就不需要进行手术了",皮特说道。平衡活动性与稳定性是康复与运动表现训练的基础元素。

最好的方案就是一次解决一个动作问题。同时,最好在着眼其他限制因素前,首先改善左右两侧的差异性。当出现多个不平衡问题时,先解决限制最大的不平衡问题或左右两侧区别最大的问题。经常性的重复测试可以提供反馈,以便知道还需要进行哪些工作。可以每周或每两周进行再次测试。经常性的测试可以帮助我们确认改善效果,并重新定位其他问题部位。在损伤康复后也可以进行测试,以了解康复训练是否维持了必要的活动性和稳定性。

姿势习惯与活动习惯

姿势习惯和活动习惯会影响身体的运动方式。姿势习惯可以被定义为身体在静态和活动中所保持的位置。"姿势"一词用来描述一个人的脊柱位置，但是脊柱并不是唯一的因素。手臂和腿也会保持在某些位置上：有些人在站立时会膝关节超伸，而有些人即便在伸直腿的情况下也不会这样。有些人会自然地使肩膀向后，而有些人会向前圆肩并让头部前伸到身体前面。

姿势习惯是在运动和活动中形成的，比如，高尔夫选手击球的方式，棒球击球手在击球位的站姿，篮球运动员在罚球线上的姿势，橄榄球后卫在准备姿势下的体态。身体所保持的位置跟它的运动方式有很大关系；开始的位置会影响之后的动作。当身体从不理想的位置开始运动，大脑会通过不必要的身体力学改变来试图跟上或改变动作，从而弥补问题。针对动作和静态姿势的简单拉伸和热身动作就可以显示出姿势习惯是如何影响身体运动的。

"活动习惯"就是运动习惯。身体有很多种不同的运动方式，这其中有些高效，有些则不是。有些正确，而有些不是。有时候感觉自然的动作是错误的，而感觉非常奇怪的动作却是正确的。千万不要以为感觉自然的动作就是最佳的运动方式。即使世界上最好的运动员也会养成不好的习惯、变得粗心，或者失去基本功。

肌肉不会无缘无故地变紧或变弱。肌肉变紧是因为它们的使用方式。如果肌肉紧张是因为运动员选择在缩短的范围内使用它，而动作也没有把肌肉拉长到它全部的潜力，久而久之，结果就是运动员形成了依赖于缩短肌肉的动作模式。仅仅在某天拉伸了肌肉并不代表它会一致保持拉长的状态。肌肉会回到它最熟悉的和被最多使用的长度。

同样的理论也适用于变弱的肌肉。那些运动员平时避免使用、没有被充分利用的肌肉，或是曾经受伤的肌肉都属于这个类别。损伤之后，动作模式就会改变，以避免使用可能被扭伤、挫伤或有肌腱炎的肌肉。当肌肉恢复后，却已经形成了避免使用或减少使用某些肌肉的动作模式。这时身体已经适应了这个新的动作模式，没有理由再变回去。

身体里的每一块肌肉都会对应一块功能相反的肌肉，通常在关节的另一侧。当一块肌肉变得紧绷，它的对侧肌肉通常就会变弱并拉长从而适应紧绷的肌肉。这种情况发生时多数是因为神经学的原因，而不是力学原因。相对的两块肌肉通常可以抑制对方的功能，这样才可以产生高效的动作模式。保持良好的动作模式可以维持肌肉的强壮和柔韧。记住，肌肉变得紧绷是因为它们被使用的方式，肌肉变弱也是同样的原因。

准备开始

本章中的各种练习都是针对某一特定动作问题而专门设计出来的。如果在你进行第5章的自我筛查时出现了疼痛，那么这些动作并不是治疗的方法，你需要找一名医疗专业人士检查问题并进行处理。然而，如果你感到紧张、僵硬、失去平衡，又或者难以完成测试动作，那么这里就是你开始的地方。

　　这套训练方案从几个有益的拉伸开始，帮助身体改善两侧差异和整体限制的感受。拉伸后进行的基础训练是特别设计的，便于大脑适应新的活动性和获取稳定性。这套方案可以改善动作记忆并有效提供功能性动作进步带来的好处。

　　最终动作训练将替代拉伸的位置，因为它们实际上是更加动态的拉伸。那些有明显柔韧性问题的人可能需要继续进行被动拉伸和动作训练。同时进行这两种训练会带来额外的强化效果。

　　如果筛查中的某一动作看起来不可能完成，那么这正显示了你最弱的一环。你可能永远不会获得完美的分数。继续改进动作模式，因为哪怕是最微小的进步也会被身体所感知，从而提高动作效率并降低损伤风险。

深　蹲

　　深蹲是自我筛查中的第一个动作。成功完成深蹲的能力是衡量整体动作质量的一个很好的指标。无法成功完成深蹲动作通常有两种可能：全身性的整体僵硬或不对称。这里的"不对称"一词指的是身体两侧有关活动性、稳定性和协调性的不平衡。虽然下蹲并没有具体强调身体的左右两侧（不像其他的筛查动作），但还是需要双腿和两臂在与其放松或站立位完全相反的方向上有最大活动的范围。

　　改善深蹲动作并在完整活动范围内蹲得更低，会有助于需要左右移动重心的动作模式，还会提高快速进入通用运动准备姿势的能力，也就是介于深蹲和站立位之间的位置。如果下蹲严重受限，那么准备姿势就不是介于下蹲和站立之间——而是介于站立和下蹲限制点之间，从长远来讲这不会是最理想和最有效率的，也不一定可以满足某项运动的所有动作需求。

　　如果限制只存在于身体其中一侧，多数情况下身体会自动控制你只蹲到限制允许的高度，这样看起来就好像整个下蹲动作都受到了限制而不是一个点的问题。身体其他部位也会不正常地运动，以此代偿限制部位的运动能力缺失，如此使用身体就会感觉非常难以完成下蹲动作。如果这正是你目前的状况，而且其他评估动作没有发现明显的左右不对称，那么就建议进行下面的训练进阶。

　　如果其他测试显示了明显的不对称或非常低的分数，那么建议先对测试中发现的那些不对称性进行改善。之后如果下蹲依旧难以完成，那么就使用下面所推荐的训练方案来改进深蹲的动作模式。

　　训练方案包含了几个非常简单的动作来帮助改进深蹲。这套方案通过提高身体意识和协调性来改进深蹲。下蹲困难很少只是柔韧性问题。下蹲是一个复杂的动作，需要在不断改变张力和位置的情况下保持脊柱的稳定性和四肢的活动性。躯干和四肢肌肉之间的张力必须在整个动作中完美协同——当一个放松的时候，另一个必须收紧，以保持平衡和脊柱的直立。如果协调性出了偏差，那么深蹲时就会感觉非常奇怪和受限。

触摸脚趾进阶

触摸脚趾是一个用来为深蹲提高身体感受的简单训练。摸脚趾进阶是深蹲所需训练中的基本组成部分，不应轻视这个训练。这个动作可以教会你如何放松下背部的压力，以及流畅平稳地把重心从足跟转移到脚趾。

双脚并拢站立，双脚前脚掌应借助一块木板或配重片以抬离地面2.5~5厘米。微屈双膝，双膝内侧夹一条卷好的毛巾或泡沫轴，分开腿时不要改变脚的位置（图6.1a）。毛巾卷或泡沫轴应该足够粗，这样膝关节不会超伸或锁在向后的位置上。这个姿势会感觉有些罗圈腿，但是不要改变位置。如果脚的位置改变了，那么毛巾卷可能太大了；打开一到两层，再继续尝试。背部应该放松且没有张力。你应该会在膝关节外侧到髋关节外侧的方向上感觉到张力。

双手伸向天花板，掌心向上尽可能向高处拉伸手臂。腹肌发力尽可能深地向内收紧，使腹部中空。这不应改变你的呼吸方式。如果对呼吸有影响，那么继续练习动作直到它不会明显地影响你的呼吸。

身体前屈使指尖与脚尖或地面相触（图6.1b）。如果指尖无法完全接触脚趾，记得把腹部向内收紧。此外，轻轻挤压毛巾卷来放松大腿外侧和后背的某些肌肉，这样就可以碰到脚尖了。如果还是不能碰到，那么在第一次动作中可以微屈双膝。

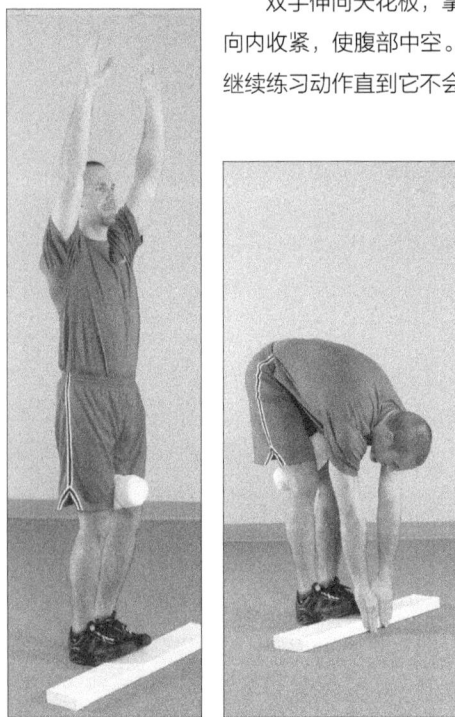

a   b

图6.1 触摸脚趾进阶，第一阶段：a. 前脚掌站在平台上抬高，双膝内侧夹一个泡沫轴；b. 触碰脚趾

还原回到起始位置，保持足跟接触地面，掌心向前，双手在头上方尽量高举。保持腹部内收然后重复动作。如果第一次动作中需要微屈膝关节，那么在下次重复中尝试少弯一些。每次重复都要减少膝屈并尽可能多向下一点，完成10~12次重复。你会感觉到膝关节后侧的小腿的紧张，大腿后侧的紧张，可能还有下背部的紧张。

触摸脚趾进阶训练的第二阶段使用同样的动作，只是起始位置不同。第二阶段动作中，将足跟抬高2.5~5厘米（图6.2a），脚趾应与地面保持接触。在不改变双脚位置的情况下在膝内侧插入毛巾卷。重复完成摸脚尖的动作，手臂向上指向天花板，腹部内收，然后用指尖接触脚趾（图6.2b）。相比第一阶段的动作，此时下背部和大腿后侧的张力可能更大，而小腿处的张力变小。尽可能少地弯曲膝关节并触碰脚尖，随着动作重复逐渐减小屈膝的幅度，直到可以几乎伸直双腿。动作中的任何时候都不应该出现膝关节超伸或改变双脚位置的情况。在这个训练完成后，你应该会感觉可以更容易地摸到脚尖，或者更加轻松。在开始深蹲进阶前，你应该可以轻松地碰到自己的脚趾。

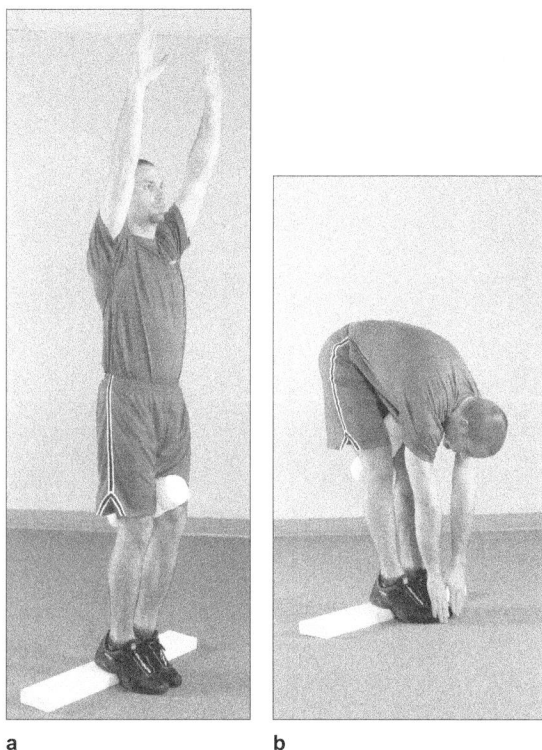

a　　　　　　　b

图6.2　触摸脚趾进阶，第二阶段：a. 站在抬高足跟的平台上；b. 触碰脚趾

深蹲进阶

　　足跟踩在2.5~5厘米的平台上，双脚开立与肩同宽或稍宽于肩部。身体前屈直到整个手掌可以平放在前方一个5厘米、10厘米或15厘米的平台上（图6.3a）。根据需要逐渐降低平台高度，或者直接去掉平台。可以使用配重片、木块或小砖块。整个手掌必须完全平放在接触面上，所以最好选择高一些的健身砖或类似物体，以免因过度伸够而失去平衡。足跟需要与平台接触，膝关节伸直但是不要超伸。头颈部应该放松，自然看向下方。

　　保持双手接触支撑面的情况下，慢慢屈髋、屈膝和脚踝，降低身体直到深蹲位，这时两膝向外侧

打开置于双肘外侧（图6.3b）。在整个下降过程中不要改变脚的位置。如果在降低身体的时候难以控制双脚的位置，可将两膝打开或者稍微站宽一些，但是全程都要保持双脚向前。

　　双手平放在平台上，足跟与2.5厘米或5厘米的平台保持接触，保持深度下蹲。运动员应集中力量，使双膝保持在双肘外侧，并尽可能保持放松。如果这种姿势造成了拉伸感，运动员可以保持这种拉伸感20秒左右。与在脚尖接触训练中一样，运动员应该尝试内收腹部，使动作更加轻松。

　　如果你不能达到舒服的下蹲姿势，可以使用更高的足跟垫和稍高一点的手掌支撑。

a

b

c

图6.3　深蹲进阶，第一阶段：a. 身体前屈，双手放在平台上；b. 身体下降至深蹲姿势；c. 一只手伸向天花板

一旦深蹲姿势变得舒服，尽可能高地向头顶上方举起一只手臂，在向上伸的过程中不要改变髋、膝或者踝关节的位置（图6.3c）。不要平移身体重心。保持双脚位置，双腿也要保持同样的姿势。眼睛跟随手移动的方向，头转向举起来的手臂一侧。不要尝试将手臂伸向身体后方；而是向上举过头顶，在整个动作过程中保持尽可能长时间的延长脊柱。

这个动作应该会用大约20秒的时间：向上的过程需要8~9秒，保持拉伸尽可能向上延展保持2~4秒，然后用8~9秒还原。换另一侧重复相同动作。你应该可以注意到哪一侧更紧张或者感觉更难完成。试着达成两侧平衡的动作，可以在紧张的一侧做3倍于另一侧的训练。

一旦可以在下肢完全放松、上肢可以自由活动、左右两侧没有明显差异的情况下完成动作，就可以进阶到下一阶段的训练。

从深蹲双手置于平台上的位置开始。上举双手呈Y字形，并尽可能地向后向上伸展，保持平衡以及下肢完全放松（图6.4a）。这时双脚、髋和膝的位置都不应该发生改变。如果双手在头的正上方，向上伸展手臂然后从下蹲位站起来（图6.4b）。一开始可能会感觉很难，因为这个动作在一个全新的位置上使用了髋和大腿上最强壮的肌肉。多次重复训练此动作，可以提高动作记忆并改善动作协调性。

向前屈体回到起始位置，双手平放触碰前方的5厘米、10厘米或15厘米的平台。再次降低到下蹲位，然后手臂上举过头顶呈Y字形，然后再慢慢站立起身。进行10~12次该项练习。逐步降低足跟和手掌下支撑的高度，直到可以平放到地面。一旦你可以用轻松、容易的方式完成动作，尝试用和自我筛查中一样的动作（第31页），手持木棍双脚踩实地面完成深蹲。在完成10~12次练习后，再次进行评估。

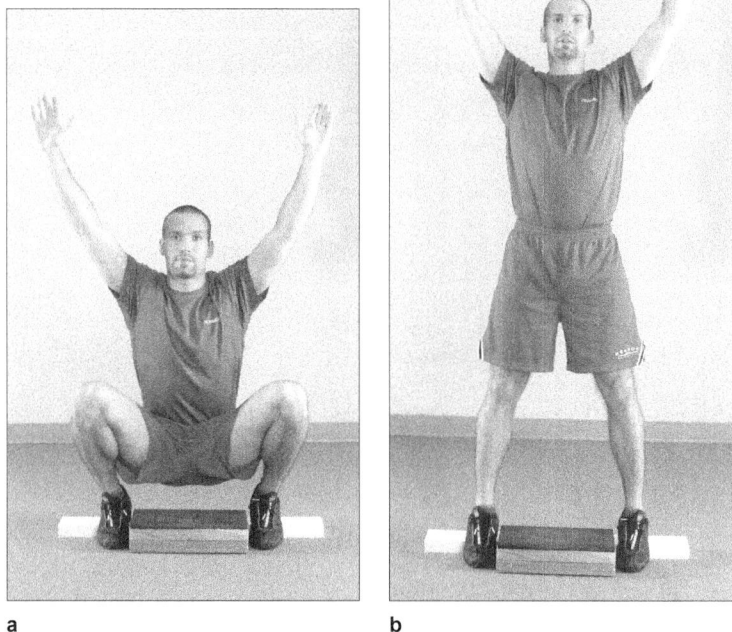

a   b

图6.4　深蹲进阶，第二阶段：a. 手臂上举；b. 站立起身

这个训练进阶可能看起来有些别扭，但是这是学会身体深蹲所需的发力顺序和肌肉协调最快速的方法之一。传统的负重训练很少会让髋部低于膝关节的位置，但这样却强化了动作限制。

最终，是否在负重训练中使用深蹲模式完全是个人的选择。不管你的偏好如何，都应该保持最佳的关节和肌肉功能，以获得深蹲所需的髋关节活动度，同时保持良好的身体意识、平衡感和身体控制。触摸脚趾首先放松了下背部。下背部一旦可以放松，保持两手不离开地面的情况下降低身体到下蹲位。这样在保持了背部放松的同时，也使腹肌处于发力优势位置。一旦进入深蹲姿势，让背部自然直立起来。在这个脊柱屈曲同时屈髋的位置上，只有当腹肌被正确募集后才应收紧背部肌肉。

后蹲动作时将杠铃扛在上背部和肩部是一个流行的负重训练动作，可以使用较大的重量来有效地促进髋部以及腿部的发展。但是后蹲不应该是训练髋、腿和躯干的唯一下蹲训练方式。在后蹲被人们当作一种训练以前，很少有人类在背部负重的情况下蹲到这么深。人们经常是弯腰达到下蹲姿势，抓起物体，紧贴于胸前，然后站起。因此，人们是在脊柱放松、无负重的情况下达到下蹲姿势，然后以直立和收紧保护脊柱的姿势站立起身。当脊柱在动作顶端就开始负重时，脊柱周边的肌肉就有可能不正确地收缩，把脊柱拉到过度伸展的位置上，这就降低了其他核心肌肉创造脊柱平衡稳定力的能力。从低位开始进行深蹲是不现实的；但是通过前蹲而不是后蹲的姿势就可以解决大部分的问题。

孩子不是用从上到下的方法学会下蹲的——换句话说，他并没有在某一天突然做出有意识的决定要进行下蹲。事实上，孩子是在某天蹲着的时候做出了一个要站起来的自主决定。在动作发展序列里下蹲是发生在站立之前的，这正是儿童的大脑在发展动作模式时，学习使用身体的方式。因此，一个孩子可能正在爬行，接着在背部和髋部完全放松的情况下向后进行到下蹲的姿势，然后当他感觉髋部力量足够的时候就会站起来。这种方法更加合理，因此也可以应用在深蹲动作模式异常而需要重新学习的时候。如果一个人不能良好地完成下蹲评估测试，那么他就不会知道深蹲的正确感受。通过触摸脚尖放松下背部并进行深蹲训练进阶，髋、膝、踝关节就可以达到与深蹲匹配的位置，脊柱也可以在双手离开支撑平台后保持正确的姿势。这样可以让下蹲的人体会动作的正确感受。

一旦提高了深蹲能力并通过深蹲动作筛查，你就可以追加其他辅助训练来进一步巩固深蹲能力（请看第三部分的力量与耐力训练）。

跨栏步

在进行跨栏步测试时，注意左右两侧是否出现不对称的问题是非常重要的。如果存在对称性问题，那么你可能需要对弱的一侧做3倍以上的训练。很重要的一点就是：对较为熟练的一侧也要进行一些训练，以此感受相对弱的一侧更加精细的动作、更好的协调性、稳定性与活动度。

例如，如果右腿支撑左腿跨栏的动作表现出困难，但左腿支撑右腿跨栏的动作正常，那么就先从左腿支撑右腿跨栏的动作开始训练以增强正确动作的感受。然后在另一侧（右腿支撑左腿跨栏）加量做训练，以此减轻身体左右两侧的不对称差异。不要把测试只是归结于单一的肌肉变弱、肌肉紧张或者关节僵硬，要关注动作模式。

跨栏步动作中涉及很多肌肉和关节，它们一致的行动为单腿进行完整活动范围动作提供了身体的平衡和稳定。支撑腿的平衡较差或抬起腿的活动性不足都会给动作带来困难。通过练习，问题就会得到解决。知道哪块肌肉紧张或薄弱，或者哪个关节僵硬只会分散对当前问题的注意力——这是一个动作问题，而不是结构问题。

高级拉伸技巧

虽然看起来像拉伸，但这组动作所需要的却不只是拉伸的能力，你必须将脊柱保持在一个稳定的位置。和大多数拉伸动作不同，注意力不应该只放在被拉伸的部位，还应关注那些保持稳定的区域。你需要在保持脊柱和一条腿稳定的时候，放松和拉伸另一条腿。很快你会学会关注身上那些稳定的部位。

桌面跨步拉伸

站在与大腿中部等高的桌子或长凳旁，将一只脚放在桌子或长凳上，另一只脚站在地上并保持足跟与地面接触。支撑腿的膝关节微屈并最大程度屈曲抬高的腿。两脚在不同高度上指向相同的方向。保持脊柱直立，通过弯曲支撑腿让身体下沉。保持脊柱直立，通过收紧腹肌来减轻背部压力。腹肌的内收不应影响呼吸。如果确实影响呼吸，那么在开始拉伸前，先在腹部内收的情况下进行正常的呼吸练习。保持拉伸30秒，然后回到开始双脚着地的位置上。这样重复拉伸3次，保持平衡和放松是完成这个拉伸动作的关键。

想要做更高阶的拉伸，可以加入躯干的扭转。保持脊柱直立延展，手臂与肩呈90度角并向两侧伸开，手心向上，把躯干转向抬起腿的一侧。躯干旋转时转移重心，轻微调整以保持平衡。这些微调应该是自然的，不要过于用力。保持拉伸20秒，回到起始位置，重复拉伸两次。这个拉伸对两侧腿的重要性是一样的。这不仅是被动的肌肉拉伸，也强调了放松和平衡感。学习放松肌肉，让它们自然延长。记住，不要试图收紧正在拉伸的肌肉。

桌面髋部拉伸

这个训练只针对抬起一侧的腿。选择和桌面跨步一样标准的桌子或长凳，将一条腿平放在桌子上，将髋部外旋。为了保护膝盖，可以在小腿、膝关节和桌子之间垫一块毛巾。保持踝关节处于中立位，或者尽可能多地勾脚。如果膝关节不能舒服地放在桌面上，可以找一块厚一点的毛巾垫在腿部，使得膝与踝的受力相同。调整髋部的位置，让所有张力都位于臀部和下背部。大腿应该微微向内移动，使其与放在地上的脚呈一条直线。通过手臂辅助，让身体转向抬高一侧的髋的方向并保持拉伸。保持20秒，然后回到起始位置。再重复两次。

站立髋伸股四头肌拉伸

单腿直立，抓住另一侧的脚踝，膝关节最大屈曲并指向前方。慢慢把髋向后伸展并保持30秒，随着髋的伸展，膝关节应该指向正下方。在拉伸动作全程中保持平衡。学会在拉伸中放松大腿。保持30秒后，换到另一侧重复。

站立髋屈臀部拉伸

单腿直立，将另一侧的膝关节拉至胸前。两手抱膝并将大腿压向胸口的方向。保持30秒，全程注意保持平衡。在保持髋屈的时候，不要弯曲脊柱。每条腿进行2~3次，以训练对称性。如果需要，可以在其中一侧多做几次。

基础练习

每一侧各完成下面的练习8~10次，每次只训练一条腿。如果你有不对称的问题，在有问题的一侧多做两组8~10次的练习。如果没有，每侧各做两组。

抬高版登山者循环

利用一个长凳做一个俯卧撑的姿势，手臂在肩膀的正下方。想要降低难度，就增加长凳的高度；想要增加难度，就降低长凳的高度。后背与腿部必须完全伸直。脊柱尽可能地延长且没有明显的移动，通过屈膝、屈髋将一侧膝提向胸部（图6.5a）。膝盖要尽可能地贴近胸部，然后再伸直腿部。使腿部尽可能地延长，脚尖只需轻轻地接触地面。现在将膝关节弯曲至大于90度（图6.5b），不要让这个姿势改变脊柱的位置。脊柱和未移动一侧的腿应该呈一条直线。如果该动作让你感觉到明显的大腿拉伸，那么你就做对了。如果觉得动作难以完成，那么继续在这两个动作之间练习。如果不是太难，加入第三个动作——在不改变背与另一侧腿位置的情况下尝试伸髋。

要增加难度水平，可以去掉长凳，在地面上做一个俯卧撑的姿势。双手应该放在胸和锁骨的正下方，然后完成同样的动作模式。你也可以尝试更紧凑的姿势来增加动作难度：将两手间的距离拉近，或者将手向正前方移动，再缩小双手距离也会增加动作难度。

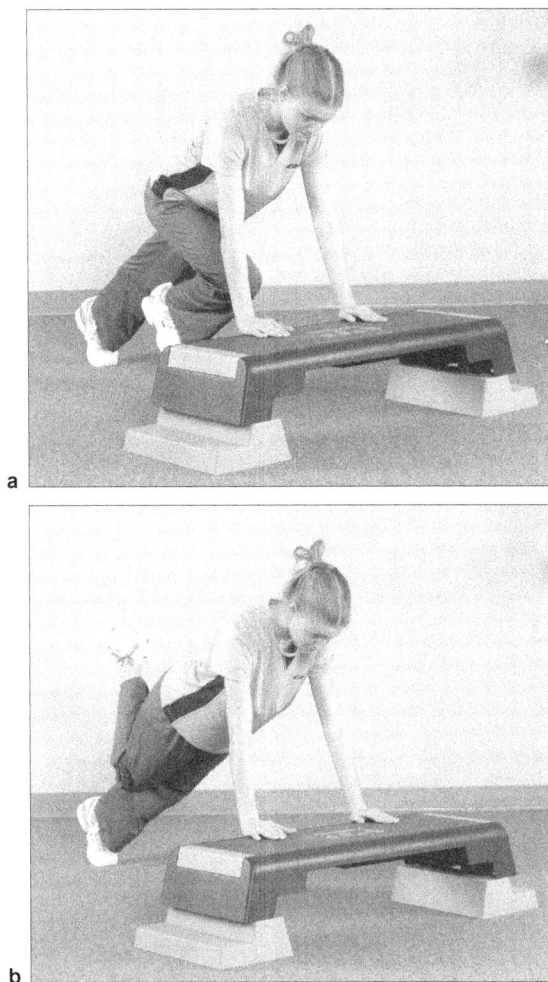

图6.5　抬高版登山者循环：a. 将一侧膝关节抬向胸部；
b. 屈膝将腿向后移动

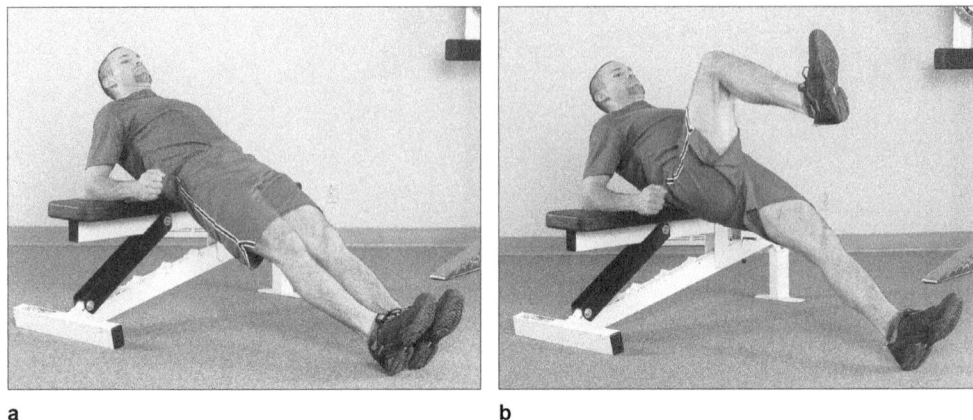

图6.6 抬高版点地循环：a. 上身向后靠在长凳上；b. 将膝抬至胸部

抬高版点地循环

抬高版点地是登山者动作的反向动作，腿部动作相同但身体位置相反。背靠长凳，屈肘将前臂放在支撑面上（图6.6a）。如果要降低难度，就增加长凳的高度；要增加难度，就降低长凳的高度。两腿伸直，脊柱始终保持伸直的状态。将其中一侧的髋和膝抬向胸前，同时另一侧腿保持伸直（图6.6b），然后将腿放回到伸直的位置来完成这次动作。

如果要增加难度，可以去掉长凳，伸直手臂，将手撑在地面上，指尖向前，完成同样的动作模式。

弓　步

弓步是运动中极为重要的一个动作模式。在加速和切线动作中都会一定程度地用到弓步动作模式。能以良好技巧有效地完成弓步的运动员，就能展示出上下身既能独立活动，又能相互补充、保持平衡与重心转移的能力。

弓步属于较难的动作模式。要改进这一模式，你必须提高进行这个动作模式时的身体感受。之前谈论下蹲的时候，我们介绍了一个自下而上学习下蹲动作的训练计划，这让参与者可以在几乎没有帮助的情况下达到下蹲位置，并体会到深蹲动作所需要的身体感受。弓步是一个复杂的动作模式，所以最好还是采用自下而上的方式来学习弓步动作。

基础练习将利用你从拉伸中获得的活动度，通过动作学习来获得稳定性。这些练习动作都需要在动态中完成，因此可以为身体带来协调性。如果你希望在当前的动作中融入更加完整的弓步模式，那么协调性是非常必要的。

你可能需要一段贴在地上的胶带，长度和前面测试中提到的一样。胶带可以帮助你确定脚的位置。站距要紧凑，因为身体力学结构必须是接近完美的。虽然没有体育项目需要如此窄的站距，但是你应该在极限条件下（非常窄的站距）训练这个动作技术，这将迫使身体与大脑协同工作。你需要为自己制造一些压力并克服这些压力。当采用较窄的站距时，你的身体会有晃动——所有人都会，尽量保持不晃，这就是活动性与稳定性同时作用的状态。如果你用对待力量训练、速度训练和敏捷训练一样的态度来面对这些练习，你一定会有所收获。

半跪木棍转体

采用半跪姿势，尽量保持脊柱伸直（图6.7a），髋部不要超伸。让身体与下方的膝盖呈一条直线。如果你使用了胶带（长度同"直线弓步"所用的胶带），将前侧脚放在距离胶带前端10厘米内的位置。后侧腿的膝盖应该位于胶带的后侧一端。前侧脚的足跟必须位于胶带前端的位置，但是可以往前移动最多10厘米来加宽站距，这样可以降低你在开始这个训练时的难度。

将一根木棒横在肩膀上（不是脖子）并向前侧腿的方向转体（图6.7b），脊柱尽可能保持伸直，不要倾斜。尽量多地旋转，但不要破坏身体姿势和初始的腿部位置。不要和拉伸较劲，放松并保持这个姿势至少30秒。

现在转向后侧腿的一侧。这个动作应该会更加容易，但是这个位置会比之前更难保持。髋关节会想要旋转，但你要保持动作不要产生旋转。维持不旋转的姿势，保持至少30秒。

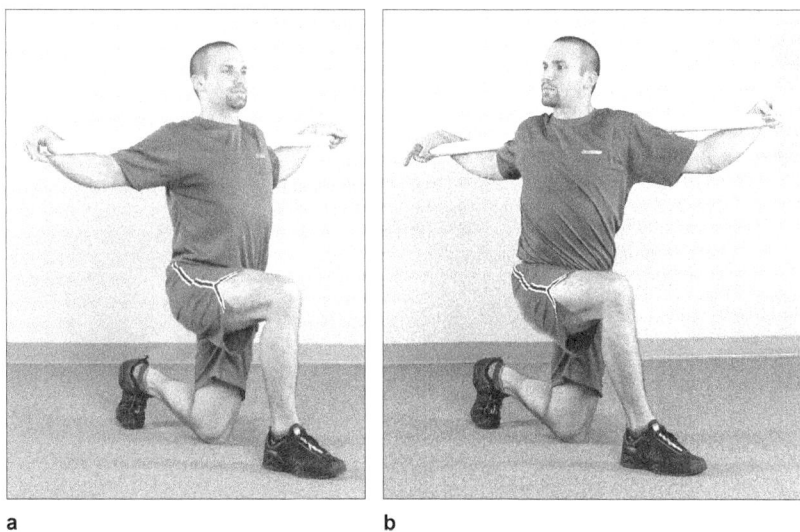

a　　　　　　　　　　　　　　　　b

图6.7　半跪木棍转体：a. 从半跪姿势开始，木棍置于肩胛骨上；b. 转向身体一侧

比较两侧的旋转，记住其中的不同之处。使用这个简单的主动拉伸来减少两侧的差异。不要只是用力旋转，而要保持脊柱伸直的状态、呼吸和放松身体。可以给动作的困难程度打分，从而帮助自己了解所面对的问题。这里有4个姿势：右膝在下，向右旋转；右膝在下，向左旋转；左膝在下，向右旋转；左膝在下，向左旋转。其中的一个或两个姿势可能比其他的更难，那就多进行2~3次的训练。如果所有动作感觉相同但却僵硬，那就在保持姿势的情况下慢慢放松，不要强行完成拉伸动作。拉伸训练在不被强迫的情况下会更加有效。你只需多做几次就会感到有明显的改善，而不只是拼命用力。随着你的进步，可以把前侧脚移向胶带，更窄的站距将进一步提升你的稳定性和协调能力。

直线弓步

两脚一前一后站立，两脚处于同一条直线上。把木棍放在背后，让它贴住头部、上背部与臀部（图6.8a）。与后侧腿同侧的手抓住木棍的上部，约在脖子的高度；另一个手在下背部的高度抓住木棍的下部（注释：只有这两点，木棍可以不和身体接触）。放低后侧膝盖直至与地面接触（图6.8b）。在整个动作中，两脚应该在同一条直线上并指向前方。

用慢速有控制的方式在每侧完成10~15次弓步动作。如果失去平衡，那就重新开始练习。如果其中一侧感觉吃力，就在这一侧多做一组。不论从正面还是侧面来看，在整个弓步动作的完成过程中，木棍都应该保持竖直。同时木棍还应该与前面提到的身体的三个点保持接触。

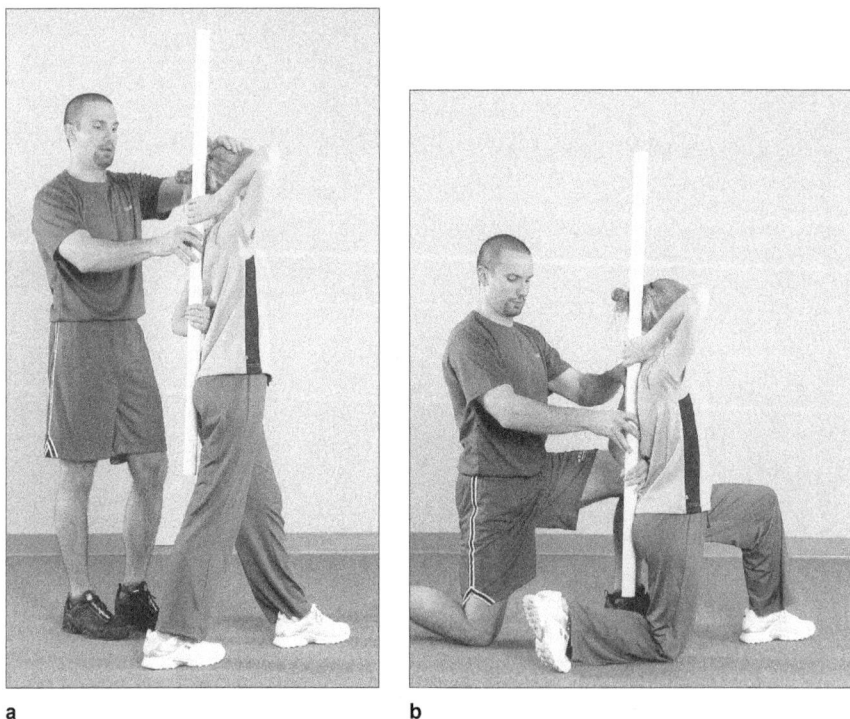

a　　　　　　　　　　b

图6.8　直线弓步：a. 站立，将木棍放在背后；b. 降低身体至后侧膝盖与地面接触

和下蹲、跨栏步一样，弓步是一个基础的动作模式。但记住，它并不是用来模拟某个特定的训练或体育动作的，而是通过把身体推向几个极限，来展示运动员在涉及左右两侧身体平衡时的动作能力。在弓步动作模式中，手的特殊位置是为了利用上背部和肩关节的特定活动范围，需要运动员在稳定下背的同时不失去平衡地完成一个极限的迈步动作。许多参加了弓步评估的人都说："我的身体感觉很紧"，或者"感觉身体哪里被卡住了，没有办法下得更深"。通常来说，这并不像人们开始设想的那样，仅仅是一个柔韧性或者力量的问题。只是这个动作模式把运动员放到了他所不熟悉的位置，因此运动员无法合理地收缩和放松特定肌肉，以协调的方式完成动作。你可能会把不好的测试分数归咎于某块肌肉的紧张或薄弱，但这通常不是原因。你的习惯，经常性活动，惯用手或脚，以及身体健康水平都会对此有所影响。但是，意识到动作模式限制可以使运动员进行必要的努力，从而恢复应有的模式，还能提高一些动作效率。

主动直腿抬高

主动直腿抬高，第一眼看起来可能并不像深蹲、跨栏步和弓步那样具有功能性。主动直腿抬高被选为评估动作并非因为它与体育动作相似，而是因为这一简单动作可以帮助我们理解身体左右两侧的差异或者发现没被注意到的身体限制。它将腿部活动性与躯干力量结合在一起。如果在完成测试时出现困难，通常是由于力量和柔韧性的不平衡或者发力时机不对所导致的。如果一个人可以轻松地完成触摸脚趾的动作，但是却在主动直腿抬高中出现困难，那么他可能是在触摸脚趾时通过过度伸展脊柱来代偿下身本身的灵活性问题，也有可能是由于他的腹肌协调性不良，进而导致抬腿能力受限。

核心，也就是身体中段，应该是首先被激活的肌群。几乎所有运动都是通过核心稳定脊柱从而让四肢运动的。在主动直腿抬高动作中，可以直接看到这种协调的缺乏：因为髋屈肌会被首先激活，把骨盆拉到前倾位从而使下背部离开地面形成弓形。这样的姿势会降低腹肌以及其他肌肉稳定躯干的效力。当核心有效工作时，躯干和骨盆的稳定肌群应当在髋屈肌之前被激活。在不改变躯干位置的情况下，髋部有效屈曲，这才是核心稳定的真实表现。

主动直腿抬高需要腿部的柔韧性，因此很容易认为大腿后侧柔韧性是完成动作的限制因素，但它并不是。如果你只考虑抬高一侧的腿，那么你就会忘记另一条腿。另一条腿必须在伸展方向具备柔韧性；抬起一侧的腿需要在髋屈的方向具备足够的柔韧性。这样的跨步动作并不只是依赖一块肌肉，而是身体两侧的多组肌肉，从而在不同方向上完成完整且不受限制的动作。

在这个简单的测试里，最容易被忽视的因素就是核心稳定性。稳定性意味着动作控制，意味着四肢发生运动的时候要保持核心不动。

如果你希望核心移动更多，那么就做卷腹、仰卧起坐和罗马椅伸展。如果你希望核心变得稳定，就做那些可以提高稳定性的练习，例如主动直腿抬高。移动四肢的时候观察核心是否移动。如果核心动了，那么它就没有稳定。不要回避这个简单的测试，通过进行下面的练习来提高你的分数。

腿部下放进阶

背部着地平躺，双腿抬高，尽可能形成直角（图6.9a），绷紧脚尖。手臂与躯干呈T字或Y字形，以帮助身体在双腿下放的时候保持平衡。下放一侧的腿的时候，保持另一侧直立（图6.9b）。

在一开始，使用15~20厘米的台阶或高台。这里重要的不是腿的下降幅度，而是你如何保持直立侧腿的位置。保持脊柱和腿部尽可能地延长。放松，不要收得过紧。如果你觉得过度紧张，把动作变得容易一点（增加盒子、椅子或长凳的高度），然后多做几次。

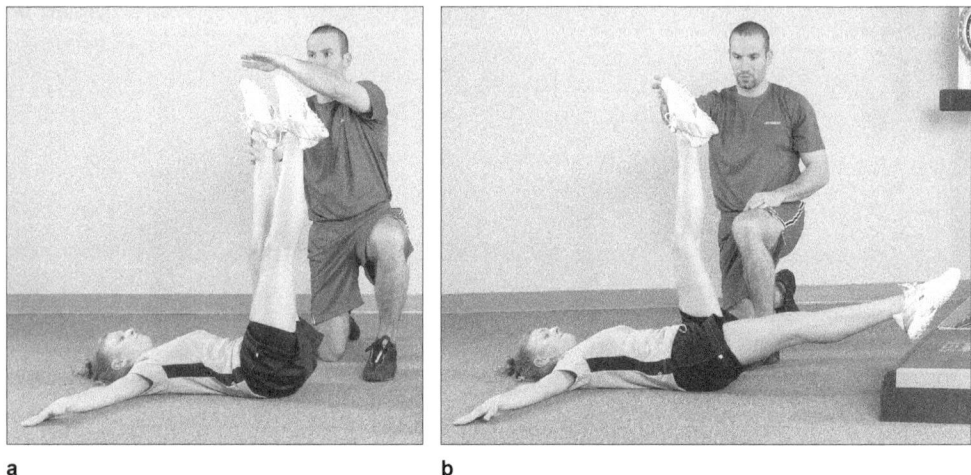

a　　　　　　　　　　　　　　　　　　b

图6.9　腿部下放进阶：a. 躺在地上双腿抬起；b. 下放一条腿

确保左右两侧有对称的能力和控制力。一旦你感觉左右两侧相同了，就可以通过对称活动来加强这个新模式下的力量，例如卷腹。

卷腹与改良版卷腹

卷腹只应作为腿部下放进阶的辅助训练，它有助于维持下肢柔韧性、改善动作学习、促进腿部放松和提升躯干的控制力。

背部着地平躺，双手过头，脚趾指向天花板的方向（图6.10a）。保持肩胛骨贴近地面。慢慢抬起头，让下颌触碰到胸部（图6.10b）。保持肩部向后，然后将脊柱逐节向上卷起，手向脚趾的方向延伸。收紧脚和膝关节，不要有明显的摇晃，双脚不应离开地面。

如果你感觉动作困难，尝试在动作开始前将脚趾指向外侧并夹紧双腿，腹肌回收使腹部中空，试着放平后背，然后再次尝试进行卷腹。如果这样仍旧觉得困难，可以在背后设置一个小斜面，直到你可以完成12次重复动作。

卷腹是为了让腹肌为后面的动作做准备。背朝下躺在门边，右腿放在墙上，左腿穿过门的中间，从这个动作开始。身体向墙面的方向移动直到你可以感觉到大腿后侧的拉伸，收紧腹部。这时左腿屈膝，左脚平放在地面上。慢慢抬起并伸直左腿，让左腿靠近右腿。背部平直，肩部放松。把手放在头上，然后慢慢放下左腿直至可以碰到地面。放松，完成一次呼吸，再慢慢将左腿抬回原位。

图6.10 卷腹：a. 躺在地上双手过头；b. 双手伸向脚趾的方向

如果做动作时下背部离开地面或者大腿后侧的拉伸感变强，说明你没通过核心保持稳定。最快的解决方法就是用一条小毛巾卷垫在左膝下，这样左腿就不用在地面上完全伸展。逐步减小毛巾卷的体积，直到有一天你不再需要它。这个动作为你训练腹肌提供了一种全新的方法，同时可以解决协调性和身体感知上的左右差异。

有支撑的单腿下放进阶

背朝下躺在门边，双腿伸直支撑在墙面上。向墙面方向滑动身体，尽可能多地移动，直到身体与门柱形成直角。手臂放松置于身体两侧，保持脊柱尽可能地延长。双脚应该尽可能拉伸，两脚放松或绷住脚尖。

将一条腿下放，保持另一条腿支撑在墙上（图6.11a），下放腿的足跟落在一个15~20厘米的砖块上。如果需要，你也可以选择更大的砖块。随着柔韧性和控制力的加强，逐步降低砖块的高度。下放的腿碰到砖块后，抬腿回到初始位置，重复10~12次。然后换到另一侧重复上述动作。

当两侧具有相同的能力和控制力时，尝试直接在地面上完成动作（图6.11b）。如果在一开始时腿与身体不能达到直角，就向墙壁的方向靠近一点，然后再进行腿部下放。这样可以确保你从此动作中获得最大收益，也可以更好地观察自己的左右差异。

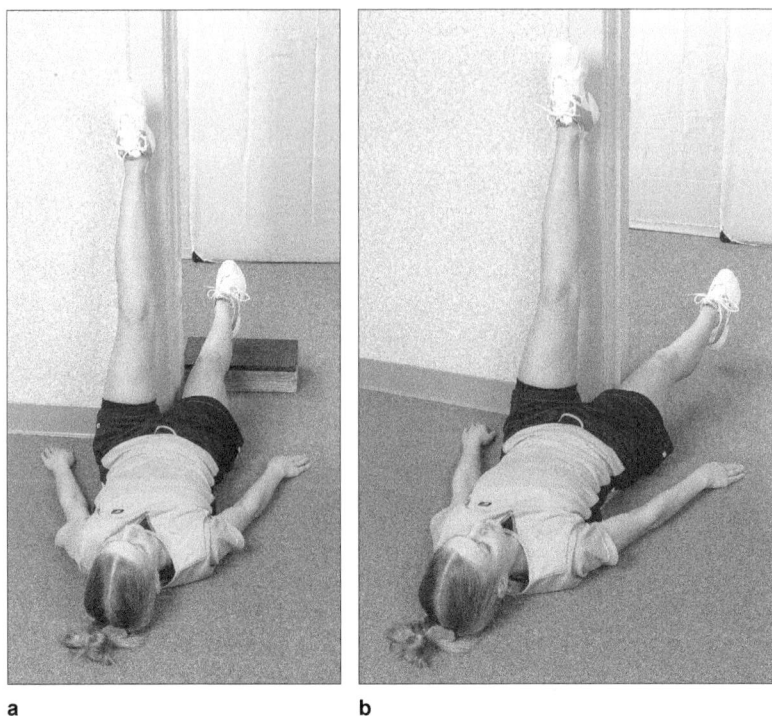

a   b

图6.11 有支撑的单腿下放进阶：a. 降低足跟至支撑平台；b. 降低足跟至地面

坐姿旋转

坐姿旋转可以评估显示身体一个部位的紧张在多大程度上影响其他部位的运动。如果一个人在盘腿的时候感觉有些僵硬，那么就可能在无意识的情况下弯曲和扭曲脊柱以便分担髋部的压力。这样做会降低脊柱左右旋转的能力。如果没有髋部紧张的问题，但是坐姿旋转仍然受限，那么通常可以说最受限制的动作来自于脊柱，表现就是左右旋转的整体僵硬。

正确完成坐姿旋转的秘密就是保持脊柱伸直，腹部内收，并保持肩膀向后。在开始这个部分前，最好先完成动作筛查，因为知道身体自然的动作是非常重要的，而不是根据引导去主动完成动作。身体与生俱来就具有良好的力学特性。而不好的习惯、不必要的压力、久坐的生活方式和不平衡的训练则是导致自然效率损失和身体代偿的原因。改善坐姿旋转的能力可以降低脊柱压力并改善整体姿势。

侧卧旋转

躺向右侧，屈曲左膝与左髋略大于90度，将右膝置于左侧脚踝上方，使身体锁定在旋转体位。如果需要，可以在左膝下垫一个球或者毛巾作为支撑。将肩部向左侧旋转。左膝保持与球、毛巾或者地面的接触，稳定施压。

左臂向上向外伸展（图6.12a）。不要强迫身体把肩部平贴到地面，从而变成一个向后的旋转动作。伸起右臂指向天花板的方向（图6.12b），这样可以激活腹部。不要移动身体下半部。使用腹肌帮助指向天花板的右手延长，从而加强身体向左侧的旋转。全程保持与球或毛巾的持续压力。

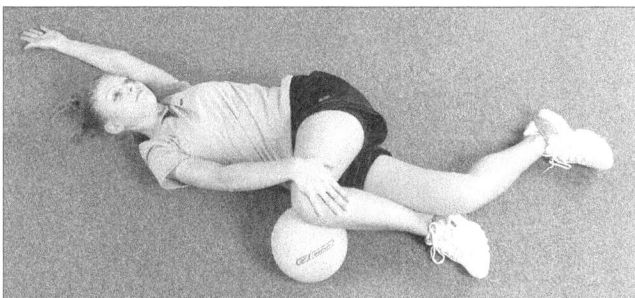

a

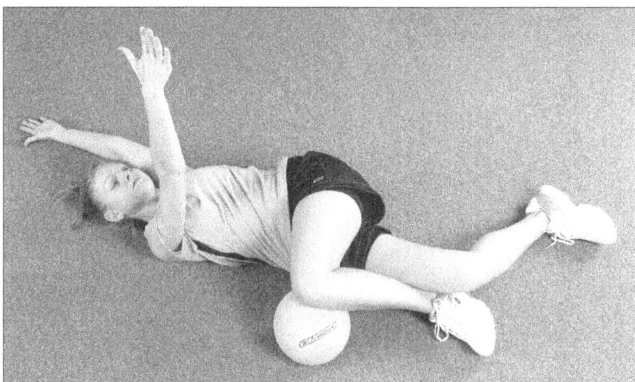

图6.12 侧卧旋转：a. 伸展左臂；b. 伸展右臂

b

肩部旋转

躺向左侧，屈曲右膝和右髋略大于90度。将左膝置于右侧脚踝上方，使身体锁定在旋转位。如果需要，用一个球或毛巾垫在右膝下方作为支撑。将肩部向右侧旋转。右膝与球、毛巾或者地面保持接触，稳定施压。

右臂伸直向外伸展（图6.13a）。不要强迫身体把肩部平贴到地面，从而变成一个向后的旋转动作。旋转右前臂，使手掌朝向地面，放在臀部上方（图6.13b）。保持前臂平放在地面然后把手滑向中背部，保持肩胛骨回缩与脊柱旋转的姿势。

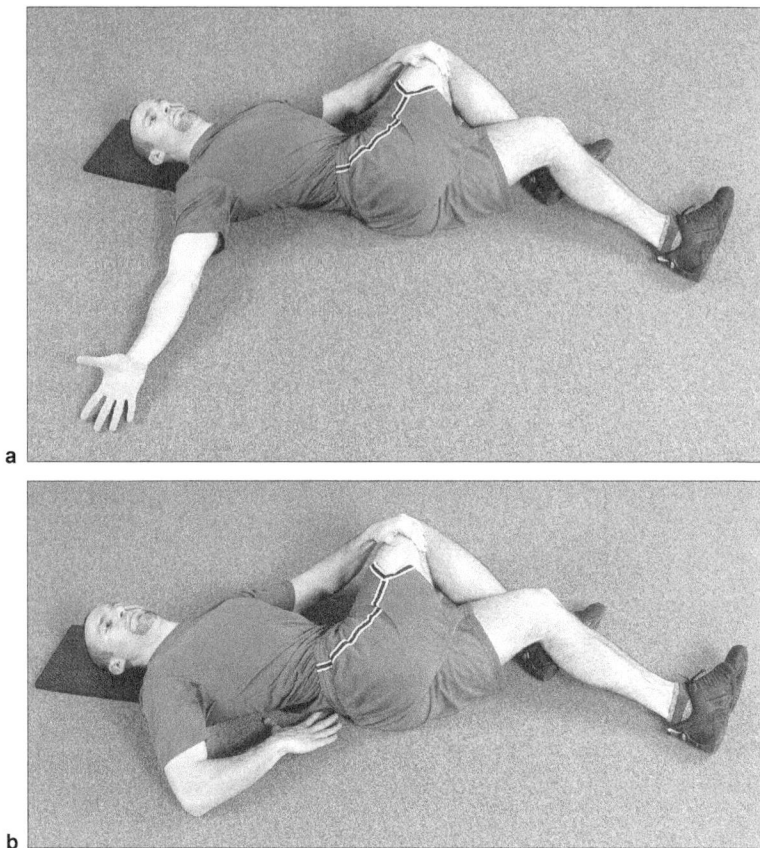

图6.13 肩部旋转：a. 伸展右臂；b. 将手滑到中背部

躯干旋转

平躺在地上，手臂向两侧打开掌心朝上（图6.14a）。肩部回缩，腹部收紧。髋部与双膝屈曲至90度。在两膝间夹一个小枕头、泡沫轴或者药球。如果需要，可以在头后垫一块毛巾。

保持双臂打开的情况下，将双膝旋向一侧（图6.14b）。保持两膝与髋部屈曲，确保髋关节屈曲角度略微大于90度。保持肩部回缩并放平，颈部放松。向两侧伸展手臂有助于稳定姿势。保持下背部与地面间的接触。动作中躯干应保持放松的状态。要特别注意左右两侧是否有对称性问题，如果有则通过放松与核心稳定训练来解决，然后回到中心并重复动作。

确保髋部的弯曲程度稍微大于90度。双肩水平放在地面上，并保持收缩，颈部放松。伸展双臂可以帮助运动员保持姿势。下背部与地面保持接触。躯干保持放松状态。特别注意左右两侧是否有对称性的问题，如果有则通过放松与核心稳定性来调整。恢复至初始位置并重复该动作。

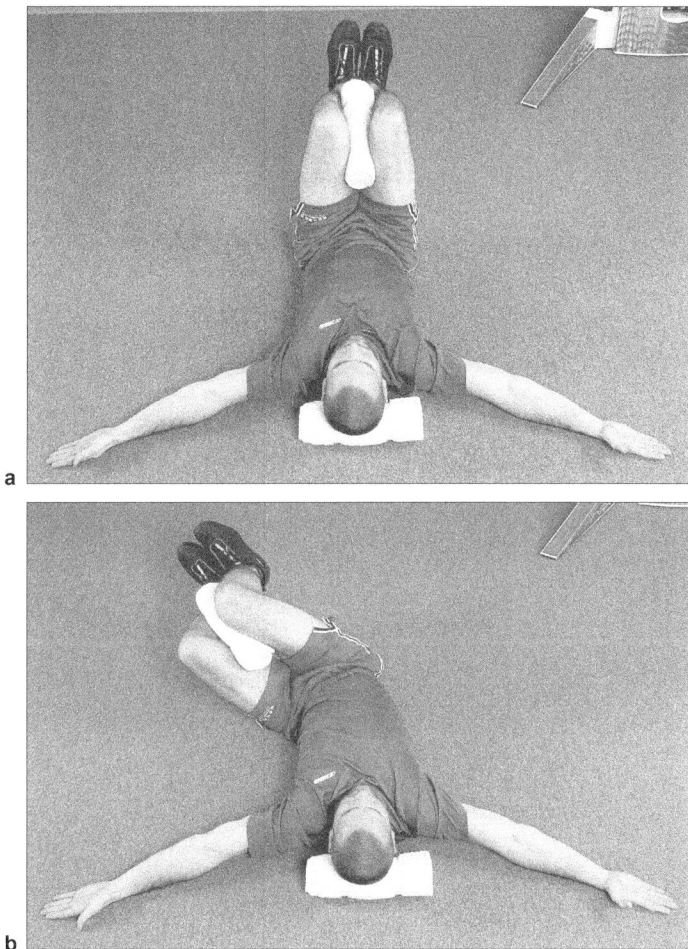

图6.14 躯干旋转：a. 平躺时手臂放在身体两侧，掌心朝上；b. 将两膝旋向身体一侧

躯干稳定性

如果躯干有一侧的稳定性比较差，那么这个动作可以巩固活动度，改善及提高身体意识。躺在地上，双臂打开，手臂与下肢夹角略大于90度（图6.15a）。一手掌心向下，另一手掌心向上。肩部回缩，腹部内收。要增加肩关节的活动性，将右掌心尽可能地向下旋转，左侧手掌尽可能高地向上翻转。双臂尽可能向远处延长，双手五指张开。

向掌心向下的一侧旋转双膝（图6.15b）。保持肩部回缩和放平，颈部放松，如有必要可以在头下垫一条毛巾。手臂尽可能地向两侧伸展，手指也尽量张开。脚趾向天花板方向伸展，尽可能将双腿延长。保持脊柱平直，腹部内收。记住，这不是一个活动性练习，而是一个稳定性练习，因此，臀部需要全程贴紧地面。将两膝向左右旋转的动作应当来自于髋关节的内收和外展。肩部放平在地面上，肩胛骨回收，颈部放松。

这个练习相比前面的练习（针对活动性）减少了动作幅度。这是为了强化稳定性和改善使脊柱稳定的动作程序。如果难以保持腿部完美的垂直角度，可以在尾骨下放一小块叠好的毛巾，帮助背部放平。随着动作的改善，逐步减少毛巾的辅助，直到你不再需要它。

a

b

图6.15 躯干稳定性：a. 平躺，手臂在身体两侧，一手掌心向下，一手掌心向上；b. 旋转两膝

使用3~4个拉伸或基础练习作为热身或冷身放松，或是把它们作为你一周训练里的一部分，然后重新测试。检查所有动作，而不仅仅是目前正在关注的那一个，看看有没有变化发生。有时会有明显的不同，有时则不然。保持耐心与恒心，你就会看到改变。根据要求，先处理对称性问题（左右差异），然后再处理限制因素（身体左右两侧的整体僵硬）。

第7章

核心训练

核心训练已经是运动和健身领域里的热门话题。很多健身大师都会说：如果想变得强壮，就需要更大重量、更多次数和更多组数的训练。但是背部的深层肌肉和最深层的腹肌是在人体反射层面工作的。这就是说，它们不会像肱二头肌和股四头肌那样被主动孤立出来进行训练。动作程序控制着这些肌肉，它们因为动作和阻力，自然地被激活使用。如果有不良的柔韧性、肌肉失衡、错误的训练方法，或者单一维度的训练习惯改变了动作，那么也就会改变这些核心肌肉的反应和稳定身体的方式。

功能性动作筛查是一种判断核心力量与平衡是否有缺陷的绝好方法。萨克拉门托国王队的力量教练艾尔·比扬卡尼通过功能性动作筛查给很多正要开始进行训练计划的运动员进行评估，以判断按照运动员和队伍的需求，哪些方面需要改善。当筛查发现了罗戴尔·怀特的不平衡性问题时，艾尔教练就使用了核心板与核心训练方法来帮助怀特获得更好的身体均衡。

我的力量来自我的腹部，这里是身体重心与真正爆发力的源泉。

——李小龙

虽然很多力量教练和健身专家都会谈论核心训练，但自然的核心训练实际上从早期的婴儿发育期就开始了，并不需要任何教授，这是一个自然现象。多数婴儿在开始走路前，都会用上大约6个月的时间进行积极的核心训练，这通常是通过活动脊柱和髋部的方式来实现的。只有当熟练掌握了脊柱和髋关节的运动后，才能发展更高水平的身体控制。他们翻滚，用肘部撑起身体，并最终撑起身体到四肢支撑的位置。他们爬行并尝试站立，只是为了跌倒和再次尝试。所有这些简单的动作都在建立和发展核心。婴儿并不是通过多次完成动作来打造力量，因为核心训练并不是力量，而是稳定性与协调性。力量是产生力的能力，而稳定性是控制力量的手段，这是极为重要的区分。

核心指的是身体的中心、躯干和髋关节，它是身体力量的发电站。虽然腹肌是核心的一个重要部分，但是核心训练并不等于腹肌训练。腹部永远不应该在训练中被孤立出来，因为它从来不会在运动中完全独立。腹肌在运动过程中总是与髋部和背部肌肉协同完成动作。

核心训练的两个很好的例子就是基础瑜伽和约瑟夫·普拉提设计的垫上训练。两者都是流行的训练方式，因为它们都是基础合理的运动方法。在使用正确的情况下，需要更多的核心发力，而不是四肢发力。很多在力量方面展现出优秀力量体重比的运动员（就是说他们可以举起相对体重很大的重量）会感觉很难完成一些基础的瑜伽和普拉提核心动作。这看起来好像是缺乏柔韧性的关系，但也不能忽视核心稳定也是重要的影响因素。这些运动员并不弱，他们也展示了力量上的能力，但是他们却无法在平衡身体和发展核心方面获得成功。四肢的力量不应该超过核心的力量，核心是力量与爆发力的基础。

想象有一名武术家，他将拳头灌满力量的唯一方法就是：把腿部产生的力量传输到躯干和肩部旋转上，从而完成肩部、手臂和拳头的爆发力动作。这也可以应用到其他体育项目中。几乎每一个体育动作都需要能量转移——从手臂到手臂、从手臂到腿部、从腿部到手臂，或者从一条腿到另一条腿——而核心就是共同基础。

核心稳定性可以变成自动发生的。一名跑步运动员，并不需要在跑步的时候意识到他的腹肌和背肌，只要动作正确，这些肌肉就会自动完成应有的工作。肌肉是受身体反射行为控制的，但不良动作模式、柔韧性缺乏、肌肉失衡、不良体态或错误热身都有可能改变一个人的反射行为。

核心训练可以为力量、爆发力、速度和灵活性训练打下良好的基础。然而，在展开核心训练前，成功完成第6章里所提到的柔韧性计划和基础练习是非常重要的。这可以降低左右两侧的柔韧性或动作的差异性，并使不必要的身体紧张最小化。你不需要完美的动作筛查分数，但是你的确需要关注那些被判定为限制性因素或不对称的身体部位。简单来说，在进行核心训练前尝试消除主要的不对称或限制，但如果你决定带着缺点和限制开始核心训练，那请使用拉伸和基础练习来弥补你的核心训练。核心如同身体的陀螺仪，它会尝试平衡施加在身体上的外力并重新合理分配这些外力。核心会尝试对左右两肩的柔韧性差异、左右侧髋的柔韧性差异或不良的脊柱柔韧性进行代偿。如果没有正常的柔韧性，核心就不得不吸收掉这些力量。这就可能造成损伤和爆发力流失，专业的运动员需要尽力避免上述两点。

在开始进行核心训练前，你需要对自己的目标和需求有正确的理解。你还需要通过动作筛查来获取自身的信息，并理解自己对功能性动作模式的需求。关注动作筛查的个人分数，以及任何问题、对称性或动作困难。很多问题都可以通过一个针对性的柔韧性训练计划得到解决。动作筛查应该已经提高了你的身体意识，了解了自己的动作限制或身体某一侧的紧张程度。开始核心训练前的身体平衡越好，你的核心就会越快地变得稳定，让你可以继续进行后续的训练计划。如果柔韧性和功能性动作没有得到足够的关注，那么核心训练就会变得难以完成。即便运动员可以完成常规训练和动作，他也不会从动作中得到最大的好处，因为身体会在不被察觉的情况下产生代偿。

扔掉所有事先形成的有关核心训练的想法。之前最大的错误就是认为需要对特定肌肉进行多组数和多次数的刻意训练。然而核心训练是关于动作模式和稳定性的训练。如果训练中脊柱产生的运动，如同卷腹、仰卧起坐和罗马椅练习那样，核心肌肉的力量确实变强了，但核心本身却变得更具活动性，而不是稳定性。要记住，稳定性的定义是控制动作和力量的能力，而不是产生动作或产生力量。因此，最好的核心训练要求脊柱保持在一个自然或者中立的位置，让四肢伴随呼吸完成功能性运动动作。

下面的核心训练计划可以成为一个体能训练的转折点，它并不需要进行跑步、跳跃或者投掷药球等练习。你不需要保护者，不需要双手涂满防滑粉，也不需要镜子或配重。保持耐心，你就会进入每一个武术家、体操运动员、摔跤手和杂技演员的世界——核心是爆发力的来源，创造更好的核心稳定性就可以提高运动表现。

当全部理解以后，学习的东西才能算数。

——约翰·伍登

核心计划进阶

以下的训练计划是基于前面所提到的内容。与其任意地完成本章中所提到的全部核心训练计划，我更建议你进行与动作筛查中最显著的问题所对应的核心训练内容。在开始核心训练前，要注意任何明显的柔韧性问题，并尽量平衡动作筛查中所发现的特定的对称性问题。如果只存在一些柔韧性、对称性或者平衡性方面的小问题，也是可以开始核心训练的，但是需要在核心训练动作之间穿插一些拉伸练习。如果柔韧性问题持续存在，那么改变你的训练计划，可以每完成一次核心训练配合两次拉伸训练。如果动作筛查显示没有严重的柔韧性或者对称性问题，那么根据分数和备注，选择完成难度最大的动作模式开始核心练习。

每一个动作模式的核心训练都被表现为一种特殊的顺序，我们把它叫作"进阶"。应该依次进行这些动作，因为它们之间互为基础。可以多次完成这个训练循环，但是注意关注疲劳度。疲劳可能导致失去稳定，使运动难以使用正确的技术完成动作。要记住，大脑不仅会记住正确的技术，也会记住不正确的技术。不正确的技术动作经常出现在一个训练的结尾，这样就让它变成了大脑最后记住的信息。不要让这样的情况发生，完成10次好的重复动作远远胜于25次不好的重复动作。

完成选定的核心训练一周以后，再次进行动作筛查，看一看分数是否有变化。如果完成目标动作模式还是有困难，那么继续针对该动作序列进行练习。如果动作筛查分数有所改变，而另一个动作模式变成了目前最大的问题，那么转换训练目标开始针对新问题的核心训练。

这些核心训练是绝佳的热身练习，可以放在体能训练、负重训练或比赛前完成，当你以中等强度进行训练时可以激活（而不是疲劳）核心肌肉和强化核心稳定性。这些练习也可以作为冷身训练，放在一次训练的最后，用来检查训练结束前是否还有剩余的核心稳定能力，这可以表现出稳定性的留存状况。稳定性留存可以在疲劳时发挥作用，帮助身体达到极限。如果在训练结束后，核心动作技巧变得非常差或者看起来质量下降，那么你有可能是过度训练了（此时需要给身体复原与休息的时间）或者有明显的动作效率问题。这也有可能是核心耐力不足或效率缺失的问题。动作效率问题可以通过继续提高柔韧性或者增加核心训练的频率和训练量来解决。但是此时最好暂停其他形式的训练，确保不会因疲劳引起动作姿势的变形。

另一种加入核心训练的方式就是在早上进行训练，通过关注核心来开始你的一天。在这一天后面的时间，完成几个练习来作为开始正常训练前的热身。这些练习在设计前参考了瑜伽，因此不太像一种训练，而更像是针对身体的调整和平衡。用核心训练开始一天的活动可以激活基础动作程序，从而为所有之后的活动奠定正确的基础。这些动作就是为了揭示左右两侧的差异和稳定性问题。急于求成不会带来良好的学习效果。随着动作熟练程度的提升，你只需要把这些动作当作一次训练或晨练套路的热身。

在开始核心训练前，通过拉伸、原地慢跑、跳绳或者进行开合跳来热身。使用拉伸和基础练习来针对动作筛查中所发现的问题部位。每次开始训练前，用5~10分钟的时间来进行热身。

核心板下蹲进阶

核心板（core board）是这套训练计划所建议使用的器材，但是同样的练习也可以在地面、台阶或者任何抬高的平面上完成。核心板可以提供倾斜和扭转阻力，给身体更丰富的反馈。但是通过向台阶或地面施以很小的力量也可以达到相似的效果，虽然你不会感觉到使用核心板时才有的动作效果，但是应该可以同样感受到张力的产生，而这种张力可以帮助核心更好地稳定。

触碰脚趾深蹲

站在核心板前，双脚打开，略大于肩的宽度。如果需要，可以在足跟下垫一个毛巾卷或其他物体来辅助深蹲。双臂向天花板伸展，收腹并保持身体尽可能拉长（图7.1a）。虽然腹部内收，但是不要因此就改变了你的呼吸方式。

身体前屈，双手放在核心板的边缘上，保持双膝尽可能地伸直但不要超伸。让脊柱舒服地弯曲并同时按压核心板，使其倾向你的方向（图7.1b）。

保持持续的压力（足以使核心板倾斜）尽可能深地下蹲，双膝打开足够的宽度，不要碰到两侧的肘部（图7.1c）。脊柱尽可能拉长，双脚贴近地面，重心位于足跟处。动作全程保持核心板的倾斜角度。

双手离开核心板，向头顶上方尽可能高地延长，此时不要改变足跟的受力，脊柱保持延长（图7.1d），然后回到起始姿势并放松双臂。重复上述动作10~15次。

图7.1 触碰脚趾深蹲：a. 手臂指向天花板；b. 身体前屈并按压核心板；c. 进入深蹲姿势；d. 双臂举过头顶

深蹲上举

　　一旦你熟练掌握了前面的深蹲进阶，就可以加入单臂上举的动作。采用和深蹲进阶相同的起始姿势。身体前屈然后完成下蹲，保持核心板上的压力，与之前双臂上举不同，这里两手分别按在核心板的外侧边缘上，向下按压左侧使核心板扭转（图7.2a）。保持两侧足跟受力，通过腹部的力量按压核心板，而不是通过身体重心的前移。

　　右手向后上方举起，看向右肩上的方向，尽可能使肩部旋转，但不要改变核心板的扭转幅度（图7.2b）。也就是说，你必须全程用另一只手臂保持向下的旋转压力。

　　深蹲上举可以作为深蹲进阶训练的最后一次动作重复。你可以在左右两侧间交替进行或每侧各自完成10次重复。

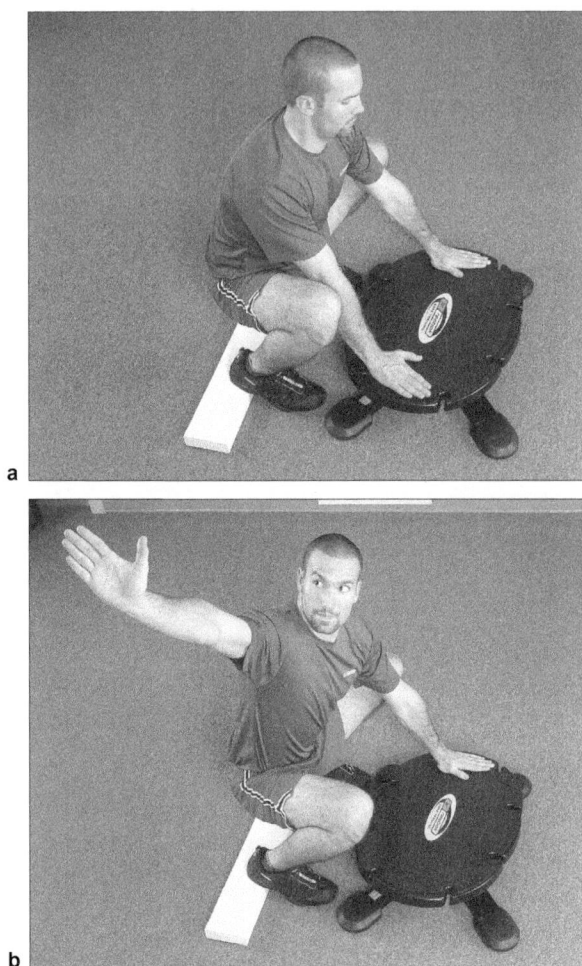

图7.2　深蹲上举：a. 使核心板扭转；b. 右手上举，看向右肩上的方向

滑动板深蹲

在滑动板上深蹲这可能听起来有些疯狂，但其实并不会太困难。当你下蹲的时候，你只会更多考虑身体的向下运动，但是下蹲动作通常会对髋部、膝部和脚踝处施加扭矩。因为鞋子或脚掌可以抓住地面，因此这个扭矩并不总是那么明显。当你站在滑动板上时，摩擦力不再存在，如果脚趾有相对于足跟向外侧的动作，你就会马上感知到。在滑动板上完成下蹲时，你需要髋、膝、踝周围肌肉的持续平衡才可以保持关节的正确对位。

如果你不能完成一个完全舒服的深蹲，那么就不要在滑动板上尝试深蹲动作。如果你感觉双脚哪怕有一点向外打开，立刻停止。你的双脚必须保持平行，如果需要，可以在足跟下垫一个毛巾卷，并随着熟练程度的增加慢慢减少毛巾卷的厚度，只要你还能保持同样的动作质量。

用一个垂直立在地上的木棍来帮助你在第一次深蹲动作中保持平衡。站在滑动板上，如果需要在足跟下垫一个毛巾卷。下降身体至深蹲位，保持膝关节与脚趾方向一致（图7.3a）。你可以在滑动板上粘贴胶布，以保证双脚没有出现相对于膝关节或脚趾的外旋和滑动。回到站立姿势，其间双脚不要有动作或旋转。

现在把木棍举至头顶，在没有脚部动作和滑动的情况下完成深蹲（图7.3b），重复10~15次。

在滑动板上深蹲是极好的下蹲稳定性练习。这同时也是结合前蹲与后蹲进行超级组的好方法，或是用来完成推举、高位高翻和跳跃训练的超级组；这其中结合了柔韧性和稳定性元素，以及身体控制与平衡。很多年以来滑动板被用来模拟滑冰训练，但是多数运动身体是不滑动的。这个练习是提高下蹲动作感受的极好方法，因为不必要的扭矩会产生不必要的能量消耗。

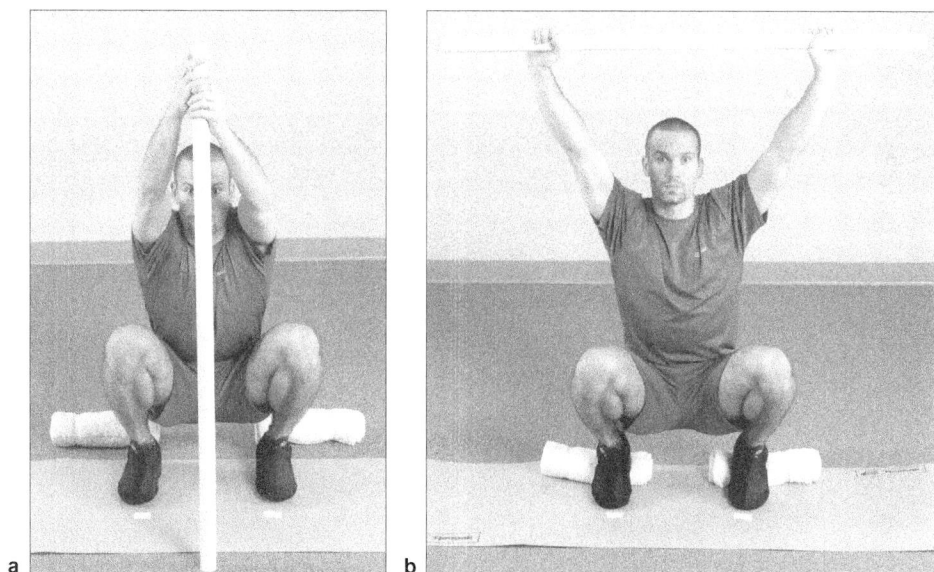

图7.3 滑动板深蹲：a. 木棍垂直，下蹲至深蹲位，然后站立；b. 木棍置于头顶，下降至深蹲姿势

核心板跨栏步进阶

针对跨栏步的核心训练将帮助你学习：当力量从一条腿转移到另一条腿时如何变得更稳定。俯卧撑的姿势是为了激活躯干上的肌肉，并稳定脊柱与骨盆，这会减少核心代偿，帮助你更加专注于跨栏步或迈步中的髋部位置。

双腿拉伸

从俯卧撑的姿势开始，双手与肩同宽，用脚趾和双手支撑身体的重量（图7.4a）。

双脚向前移动，保持足跟和地面的接触（图7.4b），双脚间的距离应略大于肩宽。也可以将双手分开放在核心板最宽的位置，保持对核心板的压力使其向自己的方向倾斜，使腹部参与到动作中。双腿后侧和臀部会整体感受到轻微的拉力。放松并重复动作10~15次。

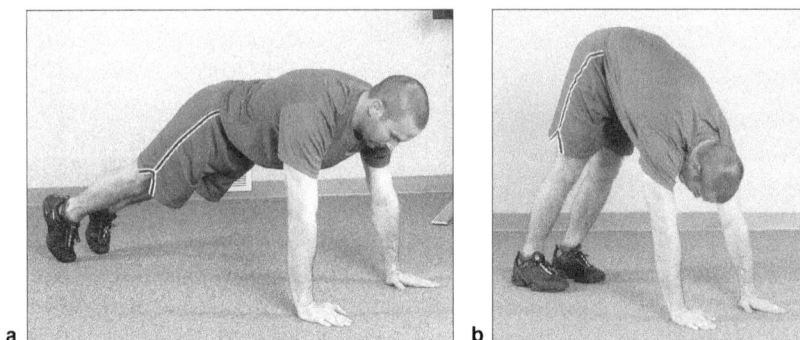

图7.4 双腿拉伸：a. 俯卧撑姿势；b. 双脚向前移动

慢动作登山步

从俯卧撑位置开始，双手打开与肩同宽，用脚趾和双手支撑身体重量，双手放在核心板最宽的位置上（图7.5a）。不要让核心板产生任何扭转或动作。

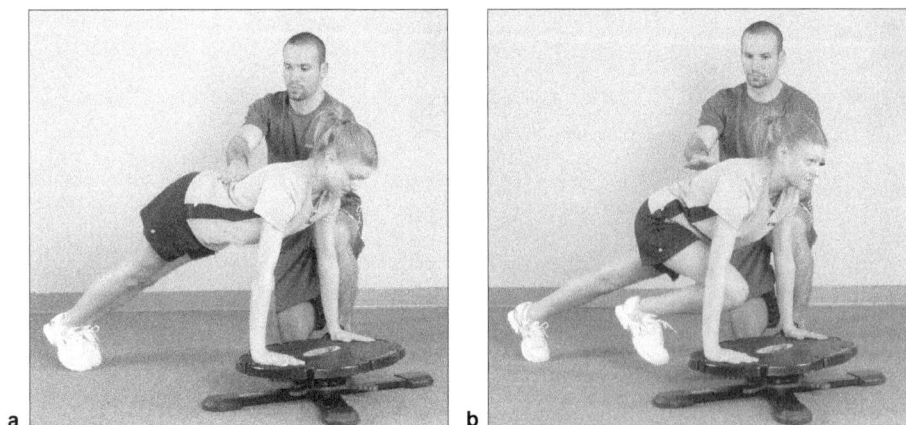

图7.5 慢动作登山步：a. 双手在核心板上保持俯卧撑姿势；b. 将膝盖抬向胸部

屈右髋及右膝，但不要碰到地面（图7.5b）。勾脚，保持脊柱平直与核心板的倾斜角度。尽可能多地屈右膝并保持最大化的髋部伸展。保持脊柱伸直，伸直右腿回到俯卧撑位置，绷起右脚趾。下背部不要有摇晃或超伸。在左侧重复同样的动作，每侧完成10~15次。

滑动登山者

这个练习中的动作与第6章中使用的抬高版登山者循环（第48页）相似。双手放在滑动板一端的外侧，穿着袜子或者滑动板自带的专用训练鞋（图7.6a）。

脊柱尽可能延长，屈膝屈髋将一侧膝关节靠向胸口的方向（图7.6b）。让膝关节尽可能近地贴向胸口，然后重新将腿蹬直。因为使用了袜子或者专用鞋，所以可以在不引起下背部挤压的同时，让双脚进行活塞式的前后滑动。如此一来应该会更容易保持下背部的位置，但是也可能让滑动脚变得难以稳定，这样就给经典训练带来了全新的挑战。

为了获得最佳效果，可以用重复间歇的方式来完成训练以提升运动表现。选择一个间歇时间，例如20秒、30秒或40秒，在限定时间内尽可能多地完成重复动作。选取一个固定的休息时间，可以是60秒或120秒，并尝试在同样的训练时间内完成2~3组同样（或更多）次数的动作。为确保动作技巧质量，可以把一个水瓶放在脊柱的最下端部位，保持水瓶的稳定，不要让它掉下来，这样可以帮助你学习如何在髋部运动的时候保持脊柱的稳定。

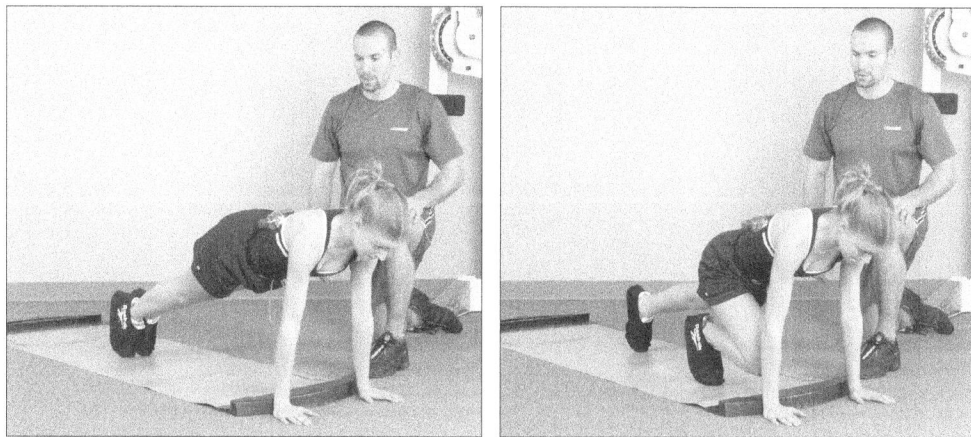

a b

图7.6 滑动登山者：a. 在滑板上保持俯卧撑姿势；b. 将膝盖贴向胸口。将一个水瓶放在下背部用来帮助你保持背部的稳定

核心板弓步进阶

弓步的重要性在于髋部与躯干在运动中的分离。髋的紧张以及不良的核心稳定性会很大程度降低弓步的动作表现。弓步所需要的最大步幅不应引起躯干或髋部的旋转，而应该是通过髋关节的屈和伸来完成动作。使用下面的练习来保持髋部与腿部的活动性，以及核心的稳定性。

跨步扭转

从体前屈的位置开始（图7.7a）。双手放在核心板的边缘，两膝在不超伸的情况下尽可能伸直。让脊柱以舒服的方式屈曲，按压核心板使其向自己的方向倾斜。保持腹部内收。

右腿后伸形成弓步，保持脊柱延长，目视前方，通过左侧的髋、膝、踝，使身体尽可能深地向前弯曲（图7.7b）。左足跟需要保持和地面的接触，左膝应位于胸口下方。

左臂做举起的动作，右臂向下推并使核心板发生扭转，同时继续保持弓步姿势。

保持右臂向下的压力。抬起左臂、转头并旋转脊柱（图7.7c）。在手臂完全伸直的情况下，让左手指向天花板，掌心向上方旋转。不要扭转髋部，只从肩部发生旋转。保持左膝在一个稳定的姿势。回到起始位置，完成10~15次的重复，然后换到另一边。

a

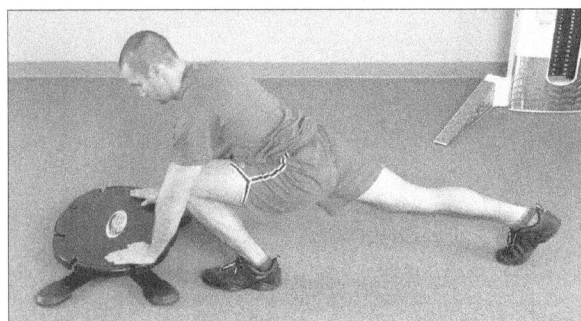

b

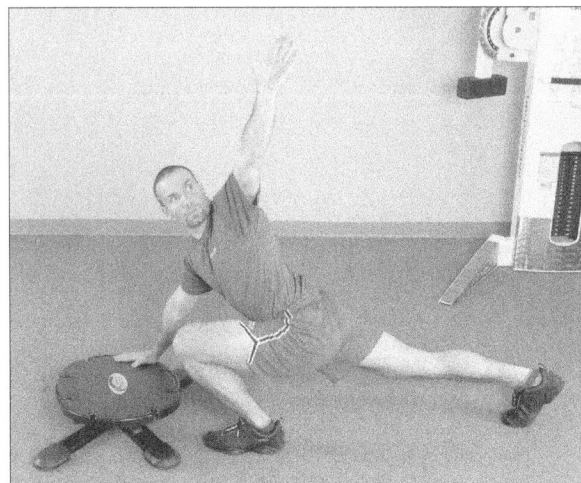

c

图7.7 跨步扭转：a. 前弯位置；b. 右腿伸直；c. 抬起左臂

70

木棍弓步转体（动态弓步）

完成这个训练你需要一根木棍和一条与你小腿长度相等的胶带。双脚分开站立，将木棍横放在肩部肩胛骨上方。迈步呈弓步（图7.8a），两脚间中间的距离不超过10厘米。和之前半跪木棍转体（第51页）里介绍的一样，两腿围成一个方形，唯一的区别是后侧腿的膝盖不能着地。让膝关节距离地面2~3厘米。保持脊柱拉长并将躯干转向前侧腿的方向（图7.8b）。回到站立位，用平滑和可控的方式再次重复此动作。迈步呈弓步，在弓步的最低点开始转体。想象木棍是一杆枪，而你需要瞄准位于你身体正前方的目标，身体不要前倾或后倾，旋转，瞄准，然后返回。

先转向前侧腿的方向，然后再转向另一侧，感受两侧的差异。努力调整差异，尝试尽量平衡左右两侧，为更高级的动作打好基础。

a   b

图7.8 木棍弓步转体：a. 弓步姿势，木棍置于肩上；b. 向前侧腿方向旋转

核心板主动直腿抬高进阶

主动直腿抬高的核心训练动作与众不同。对于下蹲、跨栏步和弓步来说，下肢是完成动作的基础，而主动直腿抬高是一个开链动作。与开链动作相反的闭链动作是指：当上肢或下肢处于固定或稳定位置时，身体围绕与某稳定物体接触而产生的稳定轴或稳定点进行运动的动作。在一个开链动作中，身体必须通过自我稳定。主动直腿抬高的核心训练正好可以强化这类稳定性。

单腿桥式

坐在核心板上，臀部和双脚分别放在核心板的两端。双手置于地面，手臂略微放在肩的后方。

脚向下发力，抬起臀部直到髋部完全伸展，使身体呈桥式动作（图7.9a）。靠近你一侧的核心板边缘会向上翘起。让髋伸角度达到最大，臀部完全离开核心板。不要让脊柱出现超伸，在动作中保持腹部内收。

伸直右腿并绷起脚尖，不要改变髋关节的位置或者降低背部（图7.9b）。不要让臀部碰到核心板的边缘。

通过右侧的髋屈完成一次主动直腿抬高（图7.9c）。保持臀部的伸展，不要让脊柱出现超伸，不要左右倾斜失去平衡。保持左膝和左脚的对线，腹部内收。在左侧重复同样的动作。

a

b

图7.9 单腿桥式：a. 抬起臀部形成桥式；b. 伸直右腿；c. 抬起右腿

c

斜板桥式

坐在核心板的一端，双脚平放在地面上，屈膝。两手放在核心板的另一端。

双手向核心板施压，伸展髋部，使臀部抬离核心板，屈膝呈90度角（图7.10a）。保持双脚平踩在地面上，腹部内收，伸展肘部，保持脊柱正直。

伸展右腿至水平位置与地面平行，绷直脚尖（图7.10b），不要失去平衡。腹部内收，保持髋与脊柱的伸展。动作的关注点是在保持左髋伸展的状态下完成右腿抬起。

屈右髋，绷直脚尖，保持左腿支撑、髋部伸展和脊柱位置的前提下，尽可能高地向上抬腿（图7.10c）。不要让颈椎弯曲，左膝应始终稳定地保持在起始位置上。完成10~15次重复，让臀部回到核心板上，然后进行另一侧的训练。

注意这个动作中的两个常见错误:（1）颈部超伸;（2）髋部伸展不足。这可以通过抬高双手位置和使用更加稳定的平面来解决。

b

图7.10 斜板桥式: a. 抬起臀部呈桥式; b. 右腿伸直; c. 右腿抬起

c

直腿抬高

两脚放在地面上，躺在核心板上，此时核心板会微微向头的方向倾斜。双手垫于头下作为支撑。保持正确的下背部位置，腹部内收，让整个脊柱的背侧都可以平放在核心板上。

屈髋屈膝抬腿，然后伸直双腿脚尖指向天花板，保持髋屈的角度（图7.11a）。保持腹部收紧。

左腿下放，右腿保持原有姿势——伸直、髋部屈曲、脚尖指向房顶。与此同时，右臂向后侧伸展，左手继续支撑头部（图7.11b）。

抬起左腿，这样两侧髋都处于屈曲的位置，脚尖指向天花板，保持膝关节伸展。动作全程都要保持脚尖的方向，完成10~15次重复，然后在另一侧继续。

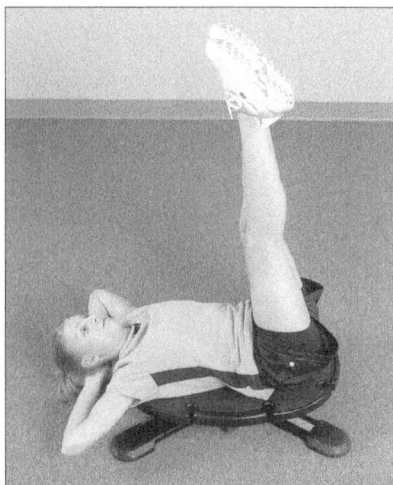

图7.11　直腿抬高：a. 抬起双腿；b. 左腿下放，右臂向后伸展

核心序列

核心训练是一套如链条般相互关联的连续动作流程。太极和瑜伽都是由相互关联的练习或动作所组成的运动形式。瑜伽中最常见的形式就是拜日式，它由一系列需要手臂、下肢、脊柱活动性和稳定性的不同功能性动作模式组成，并以动作序列的方式相互关联。

下面介绍的是更高层次的动作训练。核心序列改良了前面提到的训练动作进阶，并以连续动作流程的方式予以关联。流程中从一个动作到另一个动作的转换对于动作学习是非常重要的。当完成一套如太极或瑜伽的动作序列时，首先要关注动作顺序，让其进入记忆；然后把注意力从动作顺序转移到在放松状态下的呼吸上。动作序列应该是自然发生的，当注意力慢慢从动作顺序转移到呼吸、平衡和动作转换中的姿态时，身体也会变得更加高效。

对于有些美国运动员来说，这样的动作序列和之前的训练方法相比可能看起来有些愚蠢或陌生。这么想也没有问题，但是记住——大部分的冠军和顶尖选手都会创造他们自己的拉伸或训练仪式，而这有时只是基于自己的想法或信仰。训练常规应该基于那些你完成起来困难程度最大的动作模式。

有时仪式感比训练常规更加重要，因为当你在完成一项熟悉的活动时，不论什么活动，可能都会对训练和比赛起到平静效果。这有助于保持专注和放松的状态，避免运动员因过度思考而分散注意力。你的训练常规越有仪式感，也就越有自动性。不要把动作训练看作需要掌握的技巧，而是把它想成针对动作模式限制或困难的一个系统检查。

下面的动作序列是基于深蹲、跨栏步和弓步动作的。选择可以代表最大动作模式障碍的动作序列进行练习。如果你的深蹲、跨栏步和弓步动作的得分很高，那么就可以从前面提到的核心练习中选择5~7个动作来设计自己的训练常规动作。选择5~7个可以顺畅转换的动作，这样你就不需要浪费太多时间来改变身体位置，所以要选择那些可以让身体转向不同方向的动作。更好的方法就是，选择那个与你后面将要进行的运动模式最为相似的动作序列。

下蹲序列

下蹲序列对游泳、攀岩、排球、奥林匹克举重、高尔夫、划艇、美式橄榄球、雪板、滑雪和棒球接球手这些运动员来说是最有好处的。如果你没有核心板，可以站在地上或者用一个踏板或盒子来作为替代物。

a

双脚分开使其略大于肩宽，距离核心板大约一脚的距离。如果需要，可以在足跟下放置毛巾卷。双手向天花板方向伸展，腹部内收，让身体尽可能地延长（a）。

身体前弯，双手放在核心板的两端，两膝在不超伸的情况下尽可能地伸直。使脊柱舒服地前屈，按压核心板使其向你的方向倾斜（b），这是体前屈的位置。

b

c

保持稳定压力的同时（足够让核心板倾斜的压力），下蹲至尽可能低的深蹲姿势，两膝打开足够宽度但不要碰到手肘（c）。保持足跟与地面接触，身体重心在足跟上，尽可能地延长脊柱。动作全程中保持核心板的倾斜角度。

两手移至核心板的外缘，向下按压使核心板转向身体左侧（d）。保持重心在足跟上。腹部用力从而向核心板施压，而不要向前移动身体重心。

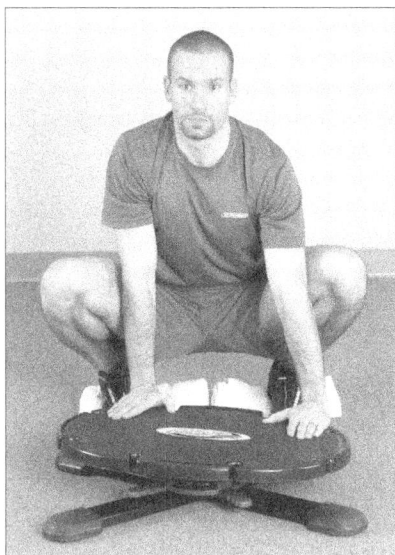

d

右手向后、向上举起，眼睛从肩膀向后看，保持核心板扭转的同时尽可能多的让肩部旋转（e）。将手收回至核心板上。

e

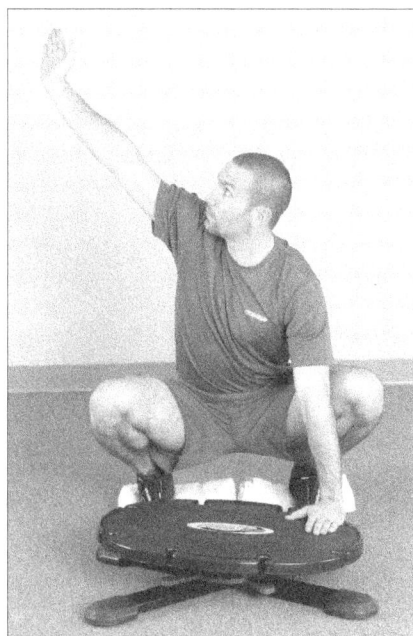

f

伸右腿呈跨步姿势，保持脊柱的伸展，目视前方，尽可能多地弯曲左膝与左踝（f）。

77

将左脚放到右脚旁边，让整个身体伸展，呈俯卧撑姿势（g）。

g

h

保持俯卧撑姿势几秒后，慢慢地屈膝使其触碰地面。此时身体的重量由两手和两膝承担。身体向后让臀部坐在足跟上，胸部贴近大腿，让手臂得到拉伸（h）。两手保持在核心板上。如果需要，可以在足跟和臀部间垫一个枕头或软垫以保证舒适。

在不改变身体位置的情况下，通过右臂的前推与左臂的后拉尽可能多地旋转核心板（i），身体保持稳定的核心。

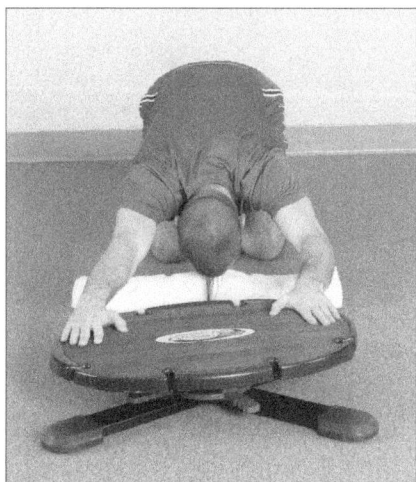

i

通过旋转左臂使左手掌朝向天花板的方向，同时保持右臂对核心板的扭转（j）。在另一侧重复动作，然后回到俯卧撑姿势。右腿向前回到跨步姿势，然后左腿向前，此时你应该处于深蹲姿势。

j

双手抬离核心板并举过头顶，身体重心放在足跟上，保持脊柱延长（k）。回到站立姿势（l）然后放松手臂。

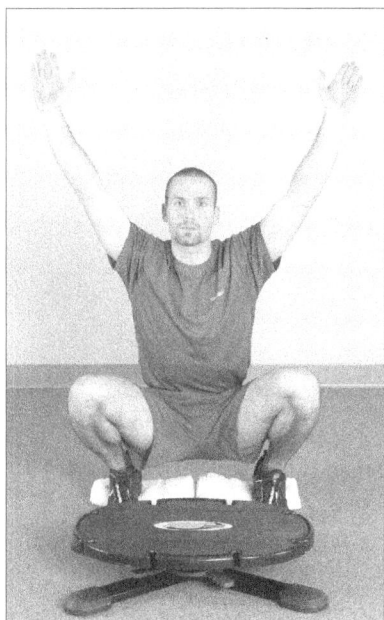

k

l

跨栏步序列

跨栏步序列对跑步运动员、骑行运动员、登山者、武术家和跳跃运动员来说最为有益，有助于改善平衡能力，可以提高重心转移与重量转换的能力。在没有核心板时，也可以站在地上完成。

双脚并拢站在核心板正中，手臂置于身体两侧（a）。屈左髋和左膝，使屈髋角度大于90度（b）。

用右手向右侧拉动左膝和左髋，使左腿越过身体中线（c）。右侧支撑腿膝关节微屈，不要转动肩部，保持延长且直立的脊柱。保持拉力直到感觉左腿髋部后侧有拉伸感。不要旋转身体，放松髋部，使左腿回到身体前侧还原。

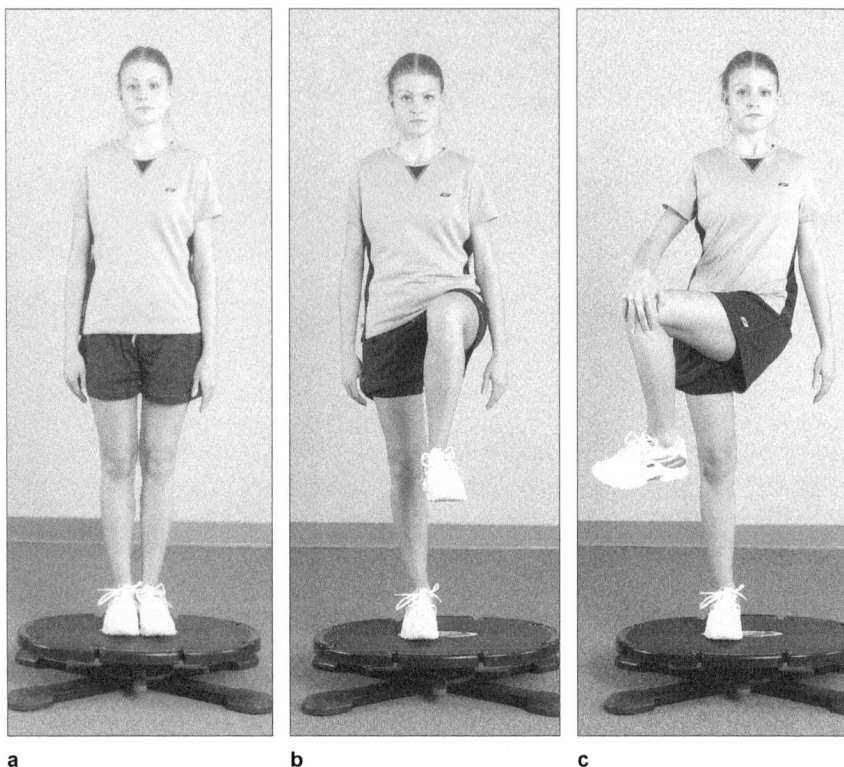

a　　　　　　　　b　　　　　　　　c

用左手向外拉左腿（d），髋部弯曲大于90度，打开髋关节，不要转动身体。保持左腿高度，脊柱伸展。不要转动肩膀，返回初始位置。然后右髋也完成同样的动作（e）。

d

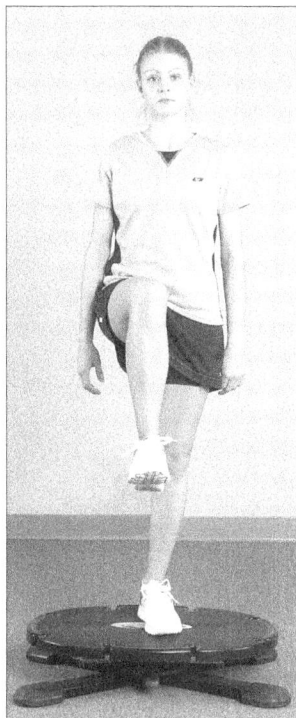

e

如果使用了核心板，则向后退一步，右脚与核心板保持一脚的距离，伸直左腿，面向核心板方向屈体（f）。此时你身体的重心应该位于右脚上，左足跟、膝、髋与肩部呈一条直线。

f

双手放在核心板离你近的一边。伸直左腿，保持脊柱平直的同时按压核心板。身体下降，右腿在前，左腿在后呈跨步姿势（g）。接着右腿后撤，变成俯卧撑姿势（h）。

g

h

从俯卧撑姿势伸展脊柱，让髋部贴向地面的方向，但不要接触地面（i）。保持这个姿势几秒，然后返回到俯卧撑位置。

i

两脚向前，直到双腿出现拉伸感，此时足跟依旧保持与地面的接触，两脚间的距离略大于肩宽（j）。按压使核心板倾斜，这样可以激活腹部。然后返回到俯卧撑姿势。

j

左腿向前，右腿向后，再次呈跨步姿势（k）。

k

移动到体前屈的位置，保持核心板上的压力（l），然后站直身体，足跟、膝、髋、脊柱和肩部应该呈一条直线。放松手臂。

l

弓步序列

　　弓步序列对田径运动员和需要进行快速变向、加速与减速的曲棍球运动员来说是最有益处的，同时也可以用来作为速度和灵敏性训练的准备环节。如果你没有核心板，也可以在地面完成这些动作。

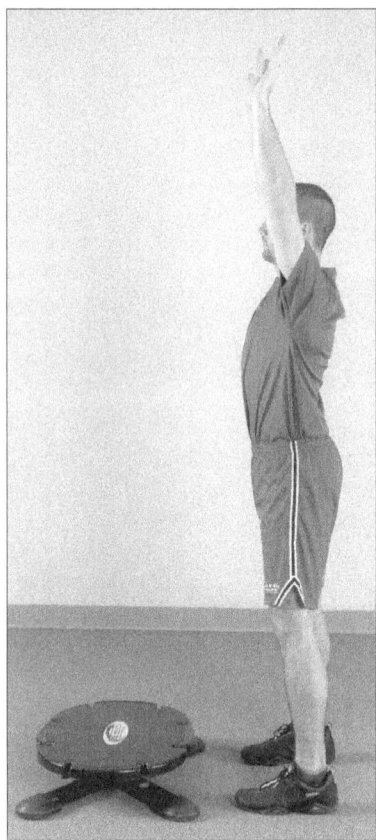

站在核心板前，手臂上举指向天花板的方向（a）。如果需要，可以在足跟下垫毛巾卷来帮助你完成深蹲。下蹲时双脚站距应略大于肩宽，与核心板保持约15厘米的距离。腹部内收，身体尽可能站高。

身体前屈，两手放在核心板的边缘，两膝在不超伸的情况下尽可能伸直（b）。让脊柱舒适地前屈，按压核心板使其向你站的方向倾斜。保持腹部内收。

伸直右腿呈跨步姿势，保持脊柱伸展，目视前方，左膝与左踝尽可能多地屈曲（c）。左脚足跟保持与地面的接触。

在保持跨步姿势的情况下，左臂后拉，右臂前推核心板。保持右臂向下的压力。抬起左臂，旋转脊柱并转动头部（d）。手臂完全伸展指向天花板的方向，掌心向上。髋关节不要产生旋转。保持左膝的稳定。回到跨步姿势。

双手放在左膝上，挺直脊柱（e）。这是一个髋屈肌群拉伸的姿势。双脚在一条直线上保持平衡，屈膝并伸髋。保持腹部收紧和躯干直立。不要让脊柱超伸。

在保持脊柱伸直的情况下，双臂举过头顶（f）。避免脊柱出现超伸。

f

将躯干转向屈膝屈髋的一侧，下肢不要出现任何动作（g）。保持屈膝和髋关节的稳定。躯干尽可能多地旋转，转头，手臂向上伸展，并保持脊柱的延长状态。

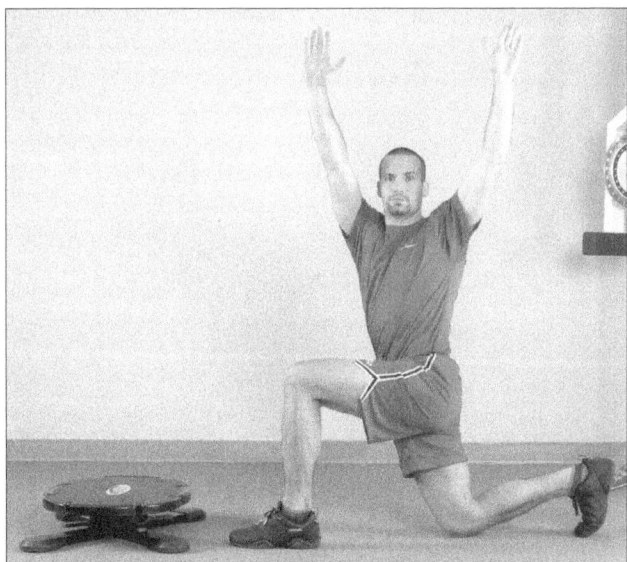

g

　　回到髋屈肌群的拉伸位置。双脚在一条直线上保持平衡，屈膝并伸髋。保持腹部收紧和躯干直立，不要让脊柱超伸。然后回到跨步的姿势。

　　向前移动至前屈姿势，双脚依次向前移动直到进入体前屈位置。保持双手在核心板的边缘，双膝在不超伸的情况下尽量直。让脊柱舒适地前屈，按压核心板使其向你站的方向倾斜。

　　在保持足够的压力让核心板前倾的情况下，尽可能低地深蹲，双膝分开足够宽度，不要碰到手肘。脊柱尽量延长，同时保持双脚贴近地面，重心在足跟上。保持核心板前倾。

　　将双手从核心板上抬起，在不改变足跟承重的情况下尽可能高地上举。保持伸直的脊柱。回到站立姿势，保持两臂向上的伸展，然后放松手臂。

第三部分

力量与耐力

第**8**章

力量与耐力测试

　　雪莉·沙拉曼博士在她的《动作障碍综合征的诊断与治疗》一书中提出：在没有首先考虑动作模式的情况下，就把力量不足作为肌肉衰弱的原因进行治疗是不够严谨的。她在书中写道，"动作模式中有无数微小的细节可以造成肌肉衰弱。被改变的动作模式与特定肌肉衰弱之间的关系要求矫正治疗方案必须考虑到动作模式本身的变化，仅仅通过力量训练是不太可能影响功能性运动表现里的募集时间与募集方式的。"

　　基于同样的道理，我也把动作模式测试与矫正训练放在了力量与耐力测试和训练之前。很多力量和耐力方面的问题可以通过纠正基本动作模式而得到非常大的改善。你很可能已经针对自己有问题的动作模式开始了矫正训练。想要跳过过程直接开始后面的负重训练是人的本性，然而，如果可以先精练动作模式然后再展开训练，那么力量和耐力的增长会远远超过你的预期。在矫正错误的动作模式前开始力量和耐力训练只会强化已经存在的代偿。如果你已经正确处理了自己的错误动作模式，那么就可以开始准备进行力量和耐力的测试了。

　　活动性和稳定性是有效训练的基础，力量和耐力则是训练里的两块基石。力量和耐力训练可以为身体建立更大的能量预留空间。更大的预留不会自动训练更好的运动员，但是却可以让运动员训练和运动更长的时间，为身体提供更多学习运动模式的机会。身体在疲劳状态下是很难学习技巧性动作的。

力量和耐力

　　力量和耐力应当被看作是做功。力量乘以距离等于做功，这一阶段的目标是用最少的力产生最大量的功。这不是指在最短的时间里产生最大的功，那指的是爆发力，我们会在后面的章节再讲。这里说的只是活动性与稳定性应该在力量和耐力训练之前，而力量与耐力应该在爆发力、速度和敏捷训练之前。

　　力量是做功的能力，通常被认为是短时间内的训练强度与训练量。有效的抗阻训练可以产生肌肉肥大或肌肉增长。肌肉生长并不简单只是肌肉细胞的增加，而更大的肌肉含有更多的水分，可以储存更多作为肌肉燃料的糖原。同时肌肉内部也会有更好的循环。进行力量训练可以让肌肉内的毛细血管生长和扩张，从而在运动和恢复中保持必要的血液流动。

耐力是长时间完成做功的能力，通常被认为是长时间里的训练强度和训练量。耐力训练通常不会产生明显的肌肉肥大，但是从心血管功能的角度看却是极为有效的训练方式。

很多人认为耐力训练不过是进行如慢跑、骑车或游泳一类时间较长的有氧运动。事实上，由短回合的训练与短暂休息组合而成的间歇式训练才是增加耐力的最好方法。间歇式训练可以增加抗疲劳性和改善恢复能力。

大多数的团体运动本质上都是无氧运动，而非有氧，它们通常是由短回合的激烈运动与之后的低强度运动组成。负重和耐力训练也许有助于运动专项表现，但力量和耐力训练的真实目的却是提供训练量与训练强度，或者说在更长时间进行更高强度训练和比赛的能力。

肌肉力量与心血管耐力的提升为打磨运动专项技巧和承受运动专项训练提供了更多的机会，同时也让身体可以更快恢复，因为两者都依赖于正常的身体循环和更好的细胞效率（或新陈代谢）。

最大力量评估

有效的力量和耐力测试可以为可监控的训练进步设定基线。即便是曾经在力量和耐力测试上得分很高的运动员，在休息一段时间后准备重返训练的时候，也应该再次进行测试。在没有建立基线分数就按照习惯回到之前的水平训练是不明智的。

本章中的测试方法简单有效。最好让对测试原则和安全流程有经验的教练来指导和监控这些测试。教练也能够提供关于弱链的反馈，并针对力量和不足给出整体评估。

这些测试可以提供特定种类的运动来给出反馈。它们只代表了评估运动表现的众多测试中很少的一部分，但也足以提供一份有关运动表现、力量和弱点的基础画像。测试可以显示运动员相较其他个体的排名情况。很多高中和大学都会保存这些测试的成绩，并根据性别、年龄和运动项目进行分类评分。研究者也会使用同样的信息建立数据库。你可以用本章中的图表与自己情况相近的人群进行对比。如果里面没有你的运动项目或分组，那么也可以使用最能代表你所在分组的数据进行比较。

在评估整体运动表现时还有很多其他需要考虑的因素，但是你需要了解自己的基础力量和耐力。这些简单测试里表现出的力量和耐力并不能完全等同于你在竞技时的力量和耐力。运动技巧、竞技精神、经验、情绪状态和很多其他因素都会在比赛中发挥作用。只需要把这些信息当作一个指引，要记住不论你的分数是很好、平庸或者很差，都不能代表你的全部能力。分数只是你部分能力的体现。测试分数不过是一个你目前需要遵循和考虑的指引而已。

最大力量评估中的测试并不需要特定的顺序。你应该通过简单标准化的热身让身体做好准备，根据测试的不同找一人或多人来参与协助。最大力量评估包括以下几项测试：

1. 单次极限卧推
2. 单次极限深蹲
3. 局部肌肉耐力
4. 有氧能力

　　选择这些测试是因为它们可以被广泛接受并且被大部分教练所熟知，可以简单地使用标准化的器材完成，所获得的标准化数据可以用来对比你与其他年龄、性别、运动项目相似的人群。如果某项测试表现出较差的成绩，那么它可能是你的运动能力中最弱的一环。

　　后面两章里提到的训练建议将帮助你打造力量和耐力。当你专注于这些练习和动作模式的时候，也要进行周期性的重新测试，尤其是针对那些表现平庸或不良的测试项目。这些练习非常具有功能性，旨在关注身体平衡以及力量和耐力的基础元素。这些练习也会对本章中提及的四项基础测试成绩的提高有明显的效果。

单次极限卧推

单次极限（1RM）卧推测试的是上肢力量。选择这项测试是因为有相关数据可以帮助你对比与自己年龄、性别和运动项目相近人群的排名情况（表8.1）。

你需要一套有足够配重的奥林匹克举重器材来测试自己的最大能力。最好有不同尺寸的配重片，从最小的5磅（1磅约0.5千克，此后不再标注换算关系）依次递增。你还需要一个标准的卧推凳和可调高度的杠铃承重架，以及一名保护者。

卧推动作要求背部贴于长凳，眼睛在杠铃杆的正下方。在远离自己的方向握住杠铃，两手间距与肩同宽。整条脊柱，包括头部，都应该贴近长凳以获得支撑。屈膝至90度，双脚平放于地面。手肘应完全伸直，让保护者帮你把杠铃从承重架上提起。把杠铃放至胸口（图8.1a），手腕保持紧绷并与肘部在一条直线。继续保持脊柱平直，双脚平放于地面。在动作中身体不要移动，只有手臂在做动作。保护者应该靠近杠铃杆，但不要与之接触。杠铃在被推起前，在动作最下端的位置与胸部接触。随着杠铃升高（图8.1b），手肘完全伸直，此时身体不应该有任何动作或者位置的改变。在保护者的辅助下把杠铃放回承重架。

表8.1 卧推单次最大重量数据

运动员的种类	单次极限（磅）	单次极限（千克）
NCAA第一分区大学橄榄球运动员：		
进攻线	385	175
防守线	377	171
线位	358	163
进攻后卫	335	152
近端锋	333	151
防守后卫	307	140
外接手	280	127
四分卫	277	126
大学棒球运动员（男）	233	106
大学篮球运动员（男）	225	102
大学篮球运动员（男）	207	94
大学径赛运动员（女）	103	47
大学篮球运动员（女）	113	51
NCAA二区大学篮球运动员（女）：		
后卫	95	43
前锋	105	48
中锋	105	48

*数据信息为平均值或中位值。男子和女子篮球的两组数据来自于多个样本。

来源：T.R. Baechle and R.W. Earle, *Essentials of Strength Training and Conditioning (2nd ed.)*, 2000, Human Kinetics, page 309.

在进行单次极限热身的时候，先进行一组轻重量的卧推，完成5~10次；然后再进行两组每组2~3次更大重量的热身。热身结束后，休息2~4分钟。因为这两次较重的热身组应该已接近最大负荷，所以完成2~3次后，你应该已经可以预期自己的极限重量。如果你成功完成了预期中的第一次推举，休息2~4分钟，增加10~20磅的重量，再次进行尝试。重复上述环节直到你找到自己的1RM（单次极限）。理想状况下，你会在5次测试内找到自己的单次重量极限。

图8.1 单次极限卧推：a. 将杠铃放至胸前；b. 向上推起杠铃

单次极限深蹲

单次极限深蹲测试的是下肢与核心的力量。使用表8.2中的数据来对比自己和其他运动员。你需要一套奥林匹克举重器材和一个深蹲架。这个测试不应在没有保护者的情况下进行，最好能有两人同时进行保护。准备好足够完成1RM深蹲的配重。穿着合适的训练鞋，站在平坦且稳定的平面上进行测试。

将深蹲架上的杠铃调至适合自己的高度，两名保护者站在深蹲架杠铃的两侧。握住杠铃，掌心朝向自己正面的方向，两手间距要大于肩宽。你可以使用低位或者高位完成深蹲。低位姿势里，杠铃直接置于三角肌后束；高位姿势里，杠铃则需要放在三角肌后束的上方。如果感觉不舒服，可以垫一块毛巾或软垫。杠铃不可置于后脖颈处。尽可能高地抬起手肘使其指向后方，为后蹲动作提供足够的支撑。身体站直，目视前方，微微抬头。给保护员信号抬起杠铃。向后走两步，双脚微微打开，与肩同宽或大于肩宽（图8.2a）。下蹲，保持后背平直肘部抬高，胸部朝前，目视前方（图8.2b）。不要让足跟抬起，也不要弓背。在下蹲位继续屈髋屈膝，直到大腿平行于地面。如果这个位置出现问题，保护

表8.2　单次极限深蹲数据

运动员的种类	单次极限（磅）	单次极限（千克）
NCCA第一分区大学橄榄球运动员：		
进攻线	531	241
防守线	502	228
线位	476	216
进攻后卫	471	214
近端锋	464	211
防守后卫	415	189
外接手	380	177
四分卫	379	172
大学棒球运动员（男）	308	140
大学篮球运动员（男）	302	137
大学篮球运动员（男）	233	106
大学径赛运动员（女）	150	68
大学篮球运动员（女）	182	83
NCCA第二分区大学篮球运动员（女）：		
后卫	165	75
前锋	185	84
中锋	220	100

*数据信息为平均值或中位值。男子和女子篮球的两组数据来自于多个样本。

来源：T.R. Baechle and R.W. Earle, *Essentials of Strength Training and Conditioning (2nd ed.)*, 2000, Human Kinetics, page 309.

者可以进行协助。一旦达到下蹲合适的深度，伸髋伸膝，同时保持后背平直与肘部的位置。站起来后，向前移动，在保护者的辅助下将杠铃放回深蹲架。

在进行单次极限热身的时候，先进行一组轻重量的深蹲，完成5~10次重复；然后再进行两组每组2~3次更大重量的热身。热身结束后，休息2~4分钟。因为这两组较重的热身应该已接近最大负荷，完成2~3次后，你应该已经可以预期自己的极限重量。如果你成功完成了预期中的第一次深蹲，休息2~4分钟，增加30~40磅的重量，再次进行尝试。重复上述环节直到你找到自己的1RM（单次极限）。理想状况下，你应该在5次测试内找到自己的单次重量极限。

图8.2 单次极限深蹲：a. 双脚站立与肩同宽；b. 下降至深蹲位

局部肌肉耐力

在这个测试中，你需要完成1分钟的卷腹。使用表8.3中的数据来与同年龄组的人群进行对比。如果你有测试搭档，让搭档使用标准的秒表计时。如果选择自我测试，找一块较大的有秒针的时钟。在地上铺一块训练垫或体操垫。

背靠地面，屈髋至45度，膝盖微屈略大于90度，双脚平放在地面上。双臂交叉置于胸前，双手放在可以摸到锁骨的外侧边缘（图8.3a）。弯曲颈部让下颌移向胸口的方向，向大腿的方向卷曲躯干直到上背部离开垫子（图8.3b）。在完成卷腹动作过程中，双脚、臀部和下背部应该贴近地面，并且没有任何动作。手臂始终保持交叉于胸前。在下降过程中，让躯干平放回垫上。

开始测试前先完成4~5次卷腹练习。当搭档喊出开始的口令或时钟秒针走过12点时，开始进行测试。进行1分钟的卷腹，并记录动作次数。背部下放让整个上背部与肩部接触垫子。下颌依旧保持回收的姿势，手臂不应出现任何多余的动作。

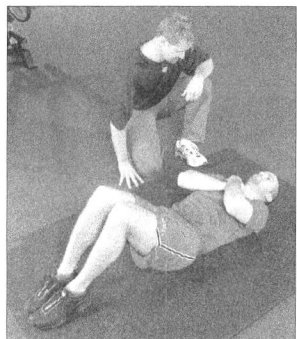 

图8.3 卷腹局部肌耐力测试：a. 双臂胸前交叉躺在地上；b. 向大腿方向抬起躯干

表8.3 卷腹次数（1分钟）

百分比	年龄（20~29岁）		年龄（30~39岁）	
	男	女	男	女
99	> 55	> 51	> 51	> 42
90	52	49	48	40
80	47	44	43	35
70	45	41	41	32
60	42	38	39	29
50	40	35	36	27
40	38	32	35	25
30	35	30	32	22
20	33	27	30	20
10	30	23	26	15
01	< 27	< 18	< 28	< 11

来源：E. Harman, J. Garhammer, and C. Pandorf, 2000, in *Essentials of training and conditioning (2nd ed.)*, Human Kinetics.

有氧能力

1.5英里跑（约2.4千米）是用来测试有氧能力的。用表8.4来与同年龄组的人群进行对比。你需要一块秒表或跑步专用的电子计时表来记录时间，以及四分之一英里（约400米）的跑道或有1.5英里标记的平坦地面（最好是沥青或其他适合跑步的路面）。

开始测试前先进行一些热身和拉伸。如果有测试搭档，当搭档按下秒表喊出开始口令时开始奔跑。让搭档在终点等候以便准确记录时间。如果你是用有计时功能的秒表自行记录，确保在正确的时间按下开始和停止按钮。记录时间，精确到秒。

表8.4 1.5英里（约2.4千米）跑时间数据

百分比	年龄（20~29岁）		年龄（30~39岁）	
	男	女	男	女
99	< 7:29	< 8:33	< 8:11	< 10:05
90	9:09	11:43	9:30	12:51
80	10:16	12:51	10:47	13:43
70	10:47	13:53	11:34	14:24
60	11:41	14:24	12:20	15:08
50	12:18	14:55	15:51	15:26
40	12:51	15:26	13:36	15:57
30	13:22	15:57	14:08	16:35
20	14:13	16:33	14:52	17:14
10	15:10	17:21	15:52	18:00
01	> 17:48	> 19:25	> 18:00	> 19:27

时间以"分:秒"的方式呈现

来源：E. Harman, J. Garhammer, and C. Pandorf, 2000, in *Essentials of training and conditioning (2nd ed.)*, Human Kinetics.

第9章

不平衡动作训练

在《运动医学》杂志1992年刊登的一篇文章中，克纳皮克和一些研究人员指出：没有明显的证据可以证明某单一肌肉的紧张或虚弱与损伤之间存在关联，但是伤病却经常出现在那些左右力量与柔韧性不平衡（不对称）的运动员身上。通过7项下肢的柔韧性测量，作者发现当运动员两侧髋关节伸展柔韧性的差异达到15%或以上时，其受伤风险将增加2.6倍。

几乎没有研究者花费时间钻研有关动作模式和左右不平衡性的问题。更多的人都倾向于通过微观角度来审视人体，仿佛只要了解了所有部件就可以构想出整体。但是，这并不是人体工作、运动或生活的方式，整体永远大于部分的总和。

你已经学习了动作筛查，力量和耐力测试的相关知识。在开始深入进行功能性训练之前，抓住最后一次机会，解决任何目前仍有可能存在的动作不平衡问题。

本章将涉及两个本体感觉神经肌肉促进（PNF）动作模式：下劈与上提。这两种模式结合了上肢动作里相反的螺旋与斜线动作。这些动作通过不同的下肢位置来针对性地强调和鉴定核心的不平衡性。通过基础的螺旋与斜线模式来减轻核心的不平衡性可以为后续的力量与耐力训练建立最好的基础。

如果想检查某一肌肉的不平衡性，通常需要进行全面的肌肉骨骼评估，并借助特定的训练来改正或矫正。不平衡性可能引发很多问题，其表现形式也非常复杂。为了更好地实现本书的目的，可以把我们的主题理解为不平衡动作训练。

至此，我们已经讨论了很多不同的身体动作模式，也了解了左右差异是如何影响运动表现并增加受伤风险的。简而言之，我们知道任何不能被测试的，都不应该被训练。因为在我们所讨论的层面上，动作是可以被测试的，而肌肉的平衡性却不可以，因此我们应当专注于——动作。

动作训练也是更加具有功能性的：因为如果测试到了具体肌肉的不平衡，我们针对其进行训练，而动作问题依然存在，那么还是要进行针对动作问题的训练。反过来看，针对动作不平衡性的训练通常也会处理肌肉失衡的问题。基本可以确信，通过这种方式来进行训练可以解决大约90%的潜在问题，把这理解为高级版的核心训练。至此，所有的训练都是在没有阻力的情况下完成的，而后面的练习将会开始引入阻力。熟练掌握这些动作将会为之后第10章中所要讲解的力量和耐力训练奠定良好的功能性基础。

下劈与上提

虽然有很多不同的动作模式可以供我们选择，但是为了更好地诠释不平衡性动作训练，我选择了下劈与上提两个动作。

下劈与上提是现实中常用的动作。截至目前，我们已经对运动或专项训练前的评估弱链和问题识别进行了集中介绍。本章中，你会了解为什么训练本身也是一种评估。当进行单侧身体动作时，要关注身体的反馈，感受动作中微小的错误和困难。当正确执行这些动作时，你会感到非常费力，因为需要使用很多不同的肌肉来完成这些动作模式或在动作中稳定身体。但因为这些动作如此基础，所以你很难忽略那些出现的不平衡问题。记住，训练的目的是为了弱链，而不是练习自己所喜欢的动作。下劈与上提动作可能在一开始做起来很奇怪，但是继续练习，你就会慢慢适应。

这些动作都是基于本体感觉神经肌肉促进法（PNF），而PNF的中心设想就是身体以动作模式的方式运动。这些动作模式是三维的，通常被描述为斜向或螺旋动作。下劈与上提通常被认为只是上肢或只是躯干的动作。不同的足部与腿的位置会制造不同的平衡与中心转移反应，帮助识别和改正下肢动作的不平衡问题。

通常运动员在第一次尝试这些动作的时候都会说：“我感觉不到燃烧感”，又或者“我感觉不到腹肌在发力”。这是因为这些运动员习惯了孤立式训练。当运动员长期对某一身体部位进行孤立式训练后，他会开始认为所有的训练都应该有类似的感觉，但这并不准确。当棒球投手投出棒球时、当篮球后卫发力准备上篮时、当橄榄球弃踢员准备踢球时、当冰球前锋进行击球时，或者短跑明星进行百米冲刺时，运动员会感到身体某个单一部位有燃烧感吗？他会感觉到腹肌发力吗？不会，因为运动员完成的是整个身体的功能性动作模式。

在下劈与上提训练中，在完成多次重复动作后身体某些部位可能会感到劳累，但这只是疲劳而已。通常控制完成次数的原因都是因为整体的疲劳或不良姿态。

下劈与上提中的动作模式和身体位置有着特殊的要求。严格遵守其中的规则，这不只是无意义地增加难度，而是为了在观察左右平衡状态时提供客观性。希望这种客观性可以战胜你需要感受燃烧感的渴望。

准备开始

在开始前，遵循本章前面的建议。注意身体的反馈，观察那些微小的错误和左右两侧的差异性。如果你有任何疼痛、身体限制或当前未经评估、治疗或康复的损伤，那么先不要开始训练。你并不需要在动作筛查的活动性与稳定性得到满分后才可以开始训练，但是建议在开始进行不平衡动作训练前，首先改善左右两侧明显的柔韧性差异。如果存在柔韧性失衡的问题，那么身体就会被迫绕开问题来完成动作，这样在尝试重新平衡身体系统的过程中就会引发力量与耐力的失衡问题。如果身体没有平衡的灵活性，就不要试图训练平衡的力量。如果第5章中所提到的动作筛查显示基础动作模式没有左右失衡的问题，那么就可以开始进行下一个阶段的训练来进一步平衡身体。

　　这些练习都由左右两侧的动作组成，并以此评估和训练动作的不平衡性。通过这些练习你就可以解决动作障碍下隐藏的肌肉失衡问题。要记住，肌肉只是在完成它们所接收的指令。如果肌肉做了你不喜欢的事，那么改变的方式就是通过重复的姿势和动作来与肌肉进行沟通。下劈与上提动作都需要基本的姿势、特定的动作方式和特定的动作方向。保持对细节的关注就是这里的关键。

　　完成这些训练时需要特殊的训练器材。在进行下劈与上提练习时，高低钢线架是最好的一种训练器材。在高低钢线架上，低位滑轮的钢线可以被向上拉起，而高位滑轮的钢线则能够被向下拉低。训练时并不需要使用过大的重量，因为动作的距离较长且需要使用到很多不同的身体部位。选择一个合适的连接手柄，例如一端带有固定孔的坚实短棍。手柄应该通过夹子或锁扣固定在滑轮的钢线上。如果没有棍式手柄，也可以使用一条足够粗的长绳，但是绳式手柄需要更多对细节的关注和技巧，因此可能增加练习的难度。第三种手柄的选择是使用一条穿过锁扣的粗绳，使用时用左右手分别握住粗绳的两端。

　　使用棍式手柄和长绳需要更多的发力，可以更好地刺激核心部位。这两种方法让手臂有更好的生物力学优势，因此需要更强大的核心稳定性和更多的姿势控制。半绳的握法要求双手在交互模式下完成各自独立的运动，这时将不会使用与前两种握法一样的力量，因为半绳需要更大的动作范围。使用半绳握法时需要进行手腕的扭转，这会给上半身提出更大的要求。当熟练掌握前两种方法后，尝试使用半绳的方式来更好地强化上肢动作，尤其是针对需要手握器材的运动项目，例如冰球、高尔夫、棒球或网球。攀登选手、皮划艇运动员、山地骑行运动员和越野滑雪选手可能也会喜欢这样让上肢可以独立运动的练习。

　　在训练下劈与上提动作模式时，也可以使用弹性阻力系统。可以使用棍式手柄连接或者两条独立的弹力管。重要的是，尽可能通过滑轮系统来使用弹性阻力。滑轮系统可以制造很多合适的拉力角度，同时也让你可以使用很长的弹力管，这样就可以避免阻力快速达到极限而破坏正常的动作模式。

　　在传统滑轮系统中，重量在动作的过程中是不变的，但是弹性阻力却会随着长度的变化而发生改变。因此，起始阻力与终止阻力是不同的。弹性阻力不会产生惯性，因此可以进行更加快速和敏捷的动作，而不会出现1：1滑轮系统中的惯性和颠簸动作。非惯性滑轮系统的比例是4：1，这样就不会产生惯性，因此更有利于进行快速动作的训练。

使用下劈与上提

　　在进行肌肉和力量训练时，要同等考虑力与距离这两个因素。传统负重训练让很多运动员以为只要使用的重量足够大，无论距离多短，都可以大量做功。这并不正确，因为这并没有使用完整的动作范围或者完美的技巧，也因此减少了运动中重量被移动的距离。事实上，这是增加了力量，但是却减少了动作距离。去除以肌肉为导向的训练思维是非常重要的，举重的目的是为了更好地完成动作。

　　下劈与上提动作覆盖了很大的动作距离。在这段距离中，存在着生物力学上的优势点与薄弱点，而你只能抬起自己在最弱点上所能承受的重量。因为动作的距离很长，所以在此过程中可能出现多个薄弱点。你可以启动重量，但这并不能代表你可以完成该动作模式的全部距离。这时你可能需要减轻重量，然后使用良好的技巧来完成动作的完整距离。

　　半跪下劈与上提可能是不平衡动作训练的最佳起点。要特别注意下劈与上提动作中出现的左右差异。最好使用可以让你舒适地完成8次重复的重量，在不产生代偿、姿势改变或过度疲劳的情况下完成尽可能多的重复动作。这些重复动作中所出现的左右差异将会显示动作失衡的程度。最好找一个训练搭档来协助观察，甚至可以使用一根木棍抵住自己的脊柱，以确保整个动作过程中直立的脊柱位置。当位置丢失或姿态改变的时候，停止训练并记录下完成的次数。

　　搭档应该在动作变形或疲劳出现时进行提醒。训练者本身可能不会注意到这些，所以外部反馈信息是十分重要的。一旦识别了下劈或上提动作中出现的左右失衡问题，就可以进行特定的动作模式训练，通常需要为期一周或至少进行3次训练。训练期间的改变可能更多是关于协调性的提升和对不平衡性感知能力的提高，而非力量的加强。

　　你现在正处于打破过往习惯的过程中，这些习惯可能来源于日常活动、过往伤病或仅仅只是惯用身体的一侧。观察自己在下劈与上提中身体左右两侧的差异。这两个动作可能都会显示出左右差异，选择那个左右两侧差异最大的动作（下劈或上提）。当你改进了一个动作，结果可能会让另一个动作也得到改善。聚焦于最弱的一环。用一周的时间，仅训练那个差异性最大的动作，然后重新测试右侧下劈、左侧下劈、右侧上提与左侧上提。注意这中间的差异性，如果你看到了改善，但动作依旧没有达到完全平衡，那么就要继续执行同样的训练方案。如果没有明显改善，那么可以同时进行两种动作的练习。在完成动作时，10%~15%的差异性是可以接受的，因为多数人都有惯用的一侧。而超过10%~15%的差异性则被认为是不必要的动作失衡，因此需要进行调整。

　　多数的运动员都会有超过10%~15%的两侧差异，因为运动本身就会制造不平衡。即便那些看起来平衡的运动，例如跑步、游泳或骑行，通常也会制造或强化身体的不平衡性。不要认为对称的运动就一定会带来平衡，有时它也会强化身体的不平衡性。

　　高跪姿的下劈与上提是识别不平衡性的下一个选择。如果你已经对半跪姿的下劈与上提进行了必要的训练，那么多半你也已经改进了高跪姿下这两个动作的问题。如果你在完成第5章动作筛查中的深蹲动作时出现了困难，那么就应该花些时间来探索高跪姿的下劈与上提这两个动作模式。遵循和半跪姿时相同的指导原则，记得要对比两个动作的左右差异。如果你在完成深蹲时很顺利，那么就可以开始进行后面介绍的站立动作模式。

　　剪刀步可能比下蹲更加具有功能性。但是最好还是先对下蹲的平衡性进行检查，因为下蹲动作没有那么复杂，可以更清晰地显示左右两侧的差异性。针对最严重的不平衡点进行一到两周的训练，然后再次测试。然后使用剪刀步下劈与上提来持续维持动作模式的平衡性。

　　不要认为下劈与上提只是简单的交叉动作模式，它们并不需要看起来像某个功能性动作或某项运动。下劈与上提是人体原始的动作模式，可以让核心部位感受三维空间的压力，并有效结合上肢动作与下肢的重心转移。动作的速度较慢，足以给身体提供必要的运动反馈。这样的动作模式是训练稳定性的绝佳方法，可以为其他的力量训练奠定坚实的基础，同时本身也是测试左右动作平衡性的简单方法。

从半跪姿的下劈与上提向高跪姿进阶，并花上一些时间尝试进行下蹲位的下劈与上提练习。然后进阶到剪刀步下的动作，每周选择一天，尝试将它们作为一次训练的热身或放松内容。也可以在你的训练中加入下劈与上提的变化。无论你如何使用，都要关注动作技巧、脚的位置以及左右两侧力量与耐力的差异性。力量训练的标准是那些你可以完成6~10次的阻力，而耐力训练的标准是完成15~30次的重量。还有很多其他的动作都可以调整肌肉的不平衡性，然而下劈与上提代表的是所有运动项目中的基本动作基础。

下劈与上提动作

下劈与上提中使用的两种起始姿势：半跪与高跪。之所以选择这两种姿势，是因为它们可以去除腿部对动作的影响。对于运动员来说，双腿经常是动作中的发力部位。很多时候，躯干并没有得到应有的训练，而是双腿代偿了躯干部位的薄弱。因此我们首先需要做的，就是暂时将下肢支配从动作中去除，这样就可以更好地显示左右两侧的差异性。不幸的是，双腿很善于隐藏核心部位的问题。如果动作的不平衡性正好是腿部的原因，那么当我们在动作中加入腿部时，问题就会变得更加明显。首先，让我们从核心部位开始。

半跪式下劈

单膝跪在配重架旁，外侧的膝关节跪于地面，内侧腿屈膝屈髋呈90度角。地面上的膝关节与另一侧的足部间距不超过6英寸（1英寸约为2.5厘米，此后不再标注换算关系）。钢线架应该配有棍柄、长绳或半绳状的握柄。

髋关节位于身体正下方。脊柱应保持直立，肩部向后展开。从侧面看，耳、肩、髋、膝所在位置应呈一条直线。靠近钢线的一侧膝关节在上，另一侧的膝关节在下，髋关节位于伸展位置。当握柄为棍柄或长绳时，应该掌心向下（图9.1a）；当使用半绳握法时，则两手掌心相对。

向下拉动钢线，越过身体前侧至身体另一侧的开放空间（图9.1b）。当使用棍柄或长绳时，使用前臂将棍柄或绳索拉至胸部的中点。拉力自始至终都应保持固定角度。钢线应靠近身体，在动作中点，当钢线最接近身体的时候，用力屈肘。

当上臂向下的时候，有意识地将动作转换为下推，并继续保持与开始时下拉同样的角度。保持钢线贴近身体。在下降过程中，钢线的角度不应发生改变，钢线在身体前侧的方向也要保持恒定。

放松下面的手，用位于上方的手臂继续下推至伸展位，动作完成。肩部只应出现轻微旋转或完全不动，所有的动作都来自于手臂。躯干与髋关节虽然没有产生运动，但这并不代表你没有用到这两个部位。你正在通过等长或稳定的方式来使用它们。当使用手臂横跨身体完成下拉的时候，你就在对身体核心与下方的髋关节施加扭矩。你在这种压力的作用下，保持身体姿势的能力正好展示了身体的稳定性，而这种稳定性正是力量与耐力训练计划的基础。

图9.1　半跪式下劈：a. 跪在钢线旁，握住手柄、棍柄或长绳；b. 向下拉动钢线

半跪下劈中常见的问题就是出现髋关节或躯干部位的弯曲。在整个动作过程中，你应该感觉到大腿前侧肌肉有轻微的拉伸感。当躯干薄弱的时候，这些肌肉就会被激活。这个练习的目的就是在髋关节作为稳定基础的时候，保持躯干的稳定。如果髋关节移动，那就不能提供稳定的基础了。如果躯干产生移动，训练就无法建立稳定性。大腿前侧轻微的拉伸感表明了这些肌肉没有发生收缩。当拉伸感消失的时候，你就知道身体开始使用大腿前侧的肌肉，而没有激活核心肌肉了。动作全程都要保持大腿前侧的拉伸感。

这个训练在我们进行左右两侧评估时很有价值。保持姿势的能力和动作质量是首先需要考虑的事情，然后才应关注可以在高质量下完成的动作次数。你也许可以在左右两侧完成同样数量的训练，但是一侧可能持续出现不应发生的移动或不良的发力方式。

半绳（握法）下劈

半绳下劈动作也是从基本的跪姿开始，手臂延长，但是需要两手掌心相对（图9.2a）。手掌贴在一起，两侧手肘打开，下拉握柄至胸前的中间位置。随着下拉的动作，双手扭转朝向远离身体的方向（图9.2b）。

半绳握法的上提会施加更多的压力在上臂、前臂和手腕上，而减少对躯干的压力。当使用棍柄或长绳时，手臂会产生更大的扭矩并承受更多的负重，对核心部位施加更大的压力。使用半绳握法时核心部位也需要工作，但动作本身结合了更多上肢的螺旋和斜线模式。

运动中使用摆臂或投掷动作的运动员应从使用棍柄开始，但是在转向半绳握法前首先应建立良好的核心能力，以确保前臂和手腕的有效发展。一个简单的原则就是首先从核心开始，然后再转向技术的训练。使用棍柄总是会让你获得更好的核心锻炼效果；因此，你可以选择在一次训练中使用棍柄，而在另一次训练时改用半绳手柄。这样可以保证训练的连续性，既可以锻炼核心，也可以发展运动专项所需的上肢能力。

图9.2 半绳下劈：a. 从掌心相对开始；b. 下推过程中旋转双手

a　　　　　　　　　　　　b

半跪式上提

半跪式上提基本上就是半跪式下劈的反向动作。单膝跪在训练器材旁，内侧膝关节在下，髋关节伸展，外侧膝关节在上（图9.3a）。这样就给钢线的运动路径留出了空间。使用一个较窄的站距并保持脊柱竖直。为了得到更加垂直的拉力角度，可能需要将下方的膝关节垫高10厘米、15厘米或20厘米。这样能使身体远离滑轮，从而增加了钢线的纵向移动距离。个子高的人在下劈与上提动作中需要更大的纵向距离，个子矮的则需要相对较少的距离。一旦你找到了手臂的动作，就要开始感受自己最自然的运动模式。此时如果使用了棍柄或长绳，则两手掌心向下；如果选择了半绳握柄，则从双手手背相对的位置开始。

如果使用了棍柄或长绳，用外侧手臂将其拉至胸部中点，接着使用内侧的手臂上推来完成动作（图9.3b）。肩关节应该只有最小化的动作，因为这个练习本身完全是手臂的动作。动作全程保持大腿前侧的拉伸感，对比左右两侧身体的动作质量和重复次数。

如果使用了半绳握柄，上拉至胸部中点，然后上推直到两手掌心相对。再说一次，这不过是下劈练习的反向动作。

a　　　　　　　　　　　　b

图9.3 半跪式上提：a. 跪在钢线架旁；b. 将钢线拉至胸前，然后用内侧手臂向上推

高跪位下劈与上提

躯干直立，跪坐在自己足跟上，然后伸展膝关节跪直。当从侧面看时，保持耳、肩、髋、膝在一条直线上并与地面垂直（图9.4a），确保髋关节完全伸展。根据第102页与104页所描述的方法完成下劈与上提动作，不同的只是需要使用高跪位的姿势。动作全程中保持身体良好的姿势（图9.4b）。不要屈髋，保持脊柱延长挺直。

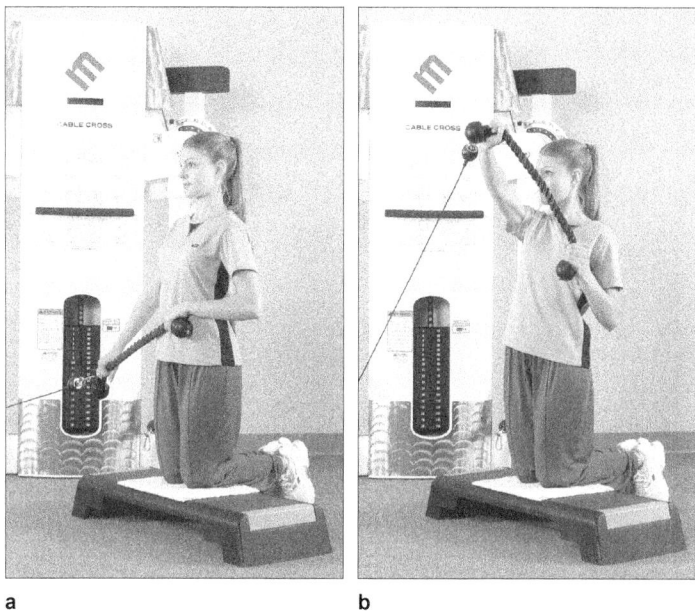

a   b

图9.4 高跪位下劈与上提：a. 跪姿；b. 完成下劈与上提

剪刀步下劈与上提

　　进行剪刀步下劈与上提训练时，需要在两腿间放置一个健身球。健身球可以减少下肢的动作，并有助于改善重心转移、平衡感和控制能力。使用健身球可以让身体获得一个更加稳定的基础，并训练下肢完成从地面到躯干的能量转换，提高稳定性。双腿没有动作并不代表腿部的肌肉没有发力，它们以稳定性的形式大量参与了躯干支撑和重心转移的活动。重心转移完全可以在没有下肢动作的情况下发生。

　　采用弓步的姿势，一脚在前，一脚在后。将健身球夹在大腿之间，轻轻挤压以保持球的位置（图9.5a）。下劈至开放空间的一侧（图9.5b），上提至封闭的一侧（图9.5c）。遵循和之前半跪位下劈与上提同样的要求，完成棍柄、长绳和半绳手柄的动作。保持最小化的肩部动作，骨盆不要发生旋转。这一动作主要是上肢的活动。在钢线下行和跨越身体前侧时，不要改变钢线的方向。对比左右两侧保持姿势和完成动作的能力，并记录动作重复的次数。

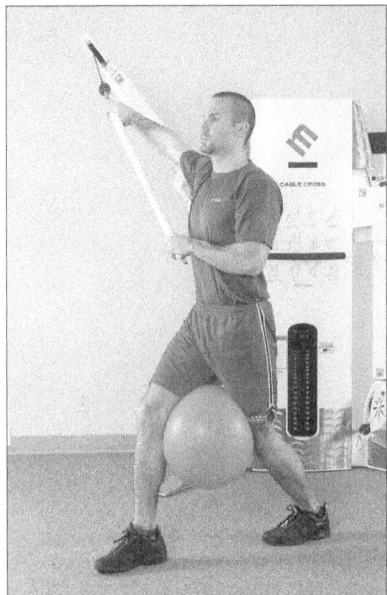

a

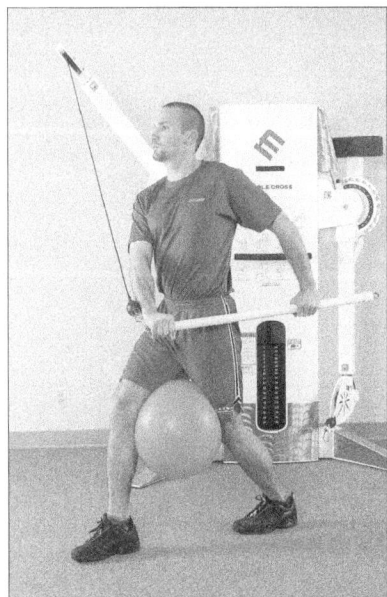

b

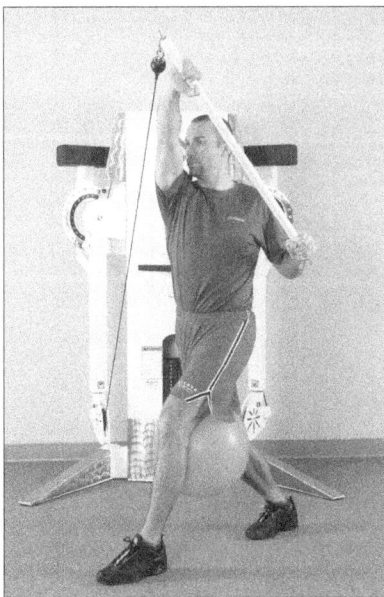

c

图9.5　剪刀步下劈与上提：a. 弓步站姿，在两腿间夹一健身球；b. 下拉钢线至开放侧（下劈）；c. 上提钢线至封闭侧

第**10**章

力量与耐力练习

当进行负重训练的时候，你需要支撑自己的体重还有训练中哑铃或杠铃的重量。当你坐在器材上，为了孤立一块或两块肌肉而使用身体某一部分完成推举动作时，并没有支撑整个身体。而当你尝试保持体态并完成提拉训练时则支撑了整个身体。

在运动中获得成功的关键并不只是良好地完成动作，还有保持良好的姿势。这可以是通用的准备姿势，例如踝、膝、髋处于微屈状态。动作中的爆发性运动技巧是重要的，但是只有当你拥有一个稳定、可靠的支撑基础时，这一切才变得可能。

通常疲劳、虚弱和身体紧张都有可能威胁或影响到这一支持姿势。当无法维持动作时，运动员就难以获得成功。在错误的体态下尝试完成动作，就如同在冰雪路面上给汽车加速——无论产生多少推动力，轮子都会打滑，从而限制汽车的前进。这就是当产生动作的肌肉压倒产生稳定的肌肉时身体所做出的反应。举例来说，每一块能够让肩关节产生运动的肌肉，都有一块与之对应的用来稳定肩关节和肩胛骨的肌肉。每一块让运动员可以完成踢球动作的肌肉，都有一个强壮和稳定的核心来保持骨盆的稳定，以便让髋关节可以固定完成踢球的动作。不要只是训练动作——也要训练更好的支持动作。

同时提升力量和活动性

本书中第一部分专注于讲解动作。现在让我们使用这些信息来理解如何实现力量与活动性的同步提升。

如果通过了4项或5项动作筛查中的测试，则表明你拥有了高于平均水准的活动能力。然而，并没有这么简单。假设你有很好的活动性，但你真的可以控制它吗？你可能会有更高的受伤风险，因为高于平均水准的活动性有可能让你出现一些以目前的力量和稳定性不能控制的情况。

稳定性很难评分。这是一个复杂的控制系统，与活动性相比很难量化、打分或评估其质量。稳定性与活动性是相互交织、联系在一起的，尤其是在运动中，因此良好的活动性得分在一定程度上说明其稳定性。第5章中提到的更专业的功能性动作筛查（FMS）有着更加复杂的评分系统以及7项筛查测试，它更加深入，也对稳定性有着更高的要求。虽然你还没有给自己的稳定性打分，但是你可以通过重新定向训练目标的方法来更好地感知自己的稳定能力。不要只看自己的动作，也要看你保持一个稳定位置和姿势的能力。本章会提供很多关于力量和耐力训练的建议，每一个练习都是评估和训练自身稳定性的好机会。

当你进行本章的训练时，要关注动作技巧，因为额外的活动性有时会引发草率和不精确的技巧。用镜子或者请训练搭档来完善并提高你的动作技巧，记得对比身体左右两侧的差异，永远努力保持平衡，永远不要让这些训练技巧变成拉伸。

活动性良好的人常见的问题之一就是弓步蹲。在哑铃或杠铃弓步中，拥有良好活动性的运动员可能会尝试下蹲得很深，在前侧腿负重的同时尝试让后侧腿获得髋屈肌的拉伸。这是没有必要的，也是不安全的。活动性如果已经很好了，这时就需要更多的力量。假如运动员已经拥有良好的活动范围，那么他需要控制这个范围。他并不需要达到动作的极限，因为目前的程度已经足够了。在动作极限附近训练是可以的，但不要完全达到极限，那样有可能造成关节或肌肉的损伤。在极限前停止运动（如果你有正常或过多的活动范围）可以帮助你建立更好的身体感知能力并保护肌肉与关节。

通过动作筛查中的2~3项测试是普通人的平均水准，但是如果你是一名认真的运动员，你应该尝试做得更好。使用较轻的重量和更好的体态进行训练，直到动作筛查分数有所提高。你很有可能会属于如下两类中的一种：僵硬，或者强壮而僵硬。无论你是哪一种，都应该减少训练的重量。

如果你很僵硬，就需要使用很多的能量来对抗自己紧张的肌肉。因此，多加的重量会影响你使用良好技巧完成正确动作重复的能力。如果你强壮而僵硬，你也许可以举起更大的重量，但是因为你将探索新的领域——使用自由重量和覆盖更大的活动范围——你很可能会缩短动作距离并使用收紧的姿态完成动作，因为这正是你的舒适区。你可能在某些推举项目中显得非常强壮，例如平板卧推，又或者头上推举或腿举；但是现在要求你打开自己的身体，并继续保持同样的力量水平。这可能会在一开始让那些被认为强壮的运动员感到沮丧。

收获完全的运动能力意味着离开自己的优点，直面自己的缺点。这时你的力量可能正是你的弱点。虽然你拥有力量，但是却只能在缩短的距离或有限的范围内才可以应用，这会影响你的爆发力、速度和敏捷，这也会损害身体的感知能力，降低你的运动效率和耐力。除此之外，受限的动作模式还可能成为你学习新技巧的阻碍，影响技术水平的提高。

花上一些时间去完成这些练习，尝试接近动作的极限。有轻微的拉伸感是可以的，但是要学着放松身体。拉伸感并非来自于紧张的肌肉，而是来自于被错误使用的肌肉。努力在每次动作和每组动作中都使用标准的技巧；保持脊柱延长和挺直，放松四肢，保持肩部后展与头颈部直立，缓慢和深长地呼吸。在控制下运动，感受所发生的一切。

如果一块肌肉感觉紧张，那么可能是因为你在错误的时间、错误的次序和错误的位置使用了它。停止使用这块肌肉，这样一来，你就有机会学习使用其他没有被利用到的身体部位。这会花一些时间，请保持耐心。如果在一两周后你还希望坚持自己的想法，可以选择恢复过去的训练方式。动作技巧可能会有所改善，但是要记住它们是因为什么而改变的，然后选择一个更具功能性的计划来进行训练。

本章中的练习是从经典的哑铃与杠铃自由重量训练中挑选出来的。这些可以作为一个力量训练计划的补充，或者在一个独立的训练计划中使用，直到身体达到平衡可以进行更高阶的力量训练。训练的选择是基于第5章中所提到的动作筛查。

三种经典和基础的姿势——下蹲、跨栏步和弓步——将作为我们力量与耐力计划的基础使用。每一种都会对你的整体运动能力发展带来独特且重要的贡献。你可能会感觉自己的运动项目或身体更偏爱三种姿势中的一种。你需要精通每一种动作模式，因为每一个都在支撑着其他两个姿势。

使用这些练习来补充你已有的活动性和稳定性。假如你多数测试成绩都很好，只有下蹲分数不够理想，那么就选择针对下蹲的力量训练方法。书中第二部分所介绍的活动性与稳定性练习应该已经帮助你改善了深蹲的能力，现在通过增加动作的力量与耐力来进一步巩固和提高效果，从而改善动作学习与动作记忆。另外，当通过力量训练发展动作模式时，你也将通过减少代偿的方式来更好地支持其他动作模式。

下蹲力量训练

在下蹲训练计划中，增加重量可以对支撑位下的姿势控制以及从下蹲中起身带来挑战。但是练习下蹲的姿势和动作可以提高基础力量，从而为更高阶的力量训练奠定良好的基础。

高跪哑铃弯举与上举

　　高跪哑铃弯举与上举并不像它听起来那样简单。跪在足够厚的训练垫上，最好用衬垫以保证舒适。如果你正在经历或曾有过膝关节、小腿胫骨或踝关节损伤，而无法无痛地完成这个动作，请自动进行下一项练习。将哑铃放在卧推凳或身体两侧的哑铃架上，这样将便于你的抓取。

　　延长脊柱，尽可能在背部不产生超伸的情况下挺直脊柱，腹部内收但不要憋气。这会稍微增强大腿前侧和髋屈肌群的拉伸感。动作全程保持这个轻微的拉伸感。如果你无法感受到这些肌肉的拉伸感，那么多半是因为你正在使用这些肌肉而不是用腹肌来稳定你的身体。腿部肌肉是用来产生动作的，而腹肌是用来支撑身体和保持体态的。放松腹肌，保持内收，轻轻收紧臀部。

　　双手各握一个哑铃（图10.1a）。移动哑铃到身体两侧，完成手臂弯举，再向上推过头顶（图10.1b）。始终保持身体平衡。找到一个舒服的节奏来完成弯举和上举动作，这个节奏会有助于你保持平衡且不会感到奇怪。目视前方，或者当哑铃经过双眼高度的时候让目光开始跟随，但不要向下看。通过放松但内收的腹部和微微收紧的臀部来保持身体平衡，同时不要失去大腿前侧的拉伸感。

　　选择一个自己可以完成8~12次的重量。如果你不能在保持平衡或正确姿势的情况下完成8次重复，或是感到过度疲劳，则说明重量过重。如果可以使用正确的技术和姿势，轻松完成12次以上的动作重复，则说明重量过轻。根据自身负重训练的经验与体能水平，完成1~3组练习。

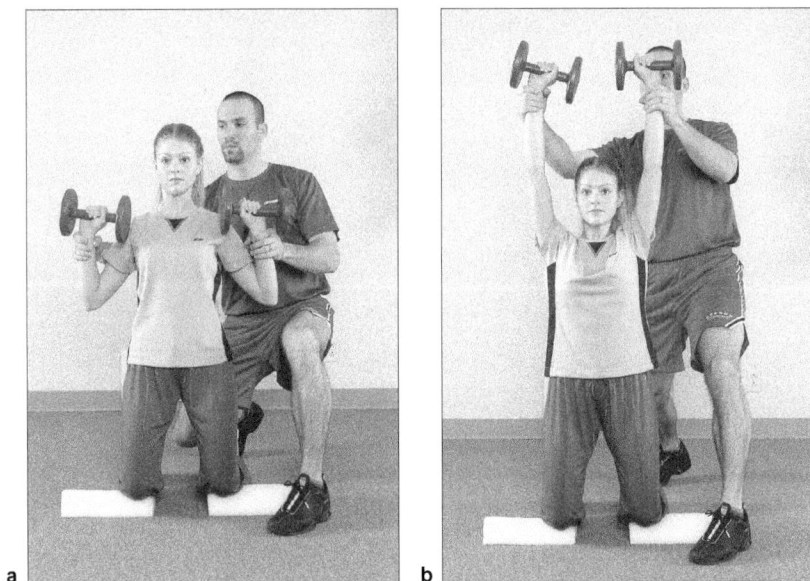

图10.1　高跪哑铃弯举与上举：a. 跪姿，双手各握一个哑铃；b. 将哑铃举过头顶

深蹲哑铃推举

双脚分开与肩同宽，双手各握一个哑铃。腹部内收，保持放松，调整呼吸。将哑铃握于肩的前方，手心相对。如果你倾向于更开放的姿势，可以将手掌转向前方，双肩向后打开。

降低身体至深蹲位（图10.2a）。如果这个姿势让你感觉不舒服，则说明你的姿态存在问题。如果足跟离开了地面，可以考虑稍微垫起足跟。先尝试使用1英寸的足跟垫；如果感觉不够，可以增加高度至1.5英寸。如果感觉自己需要大于1.5英寸的足跟垫，那么就需要返回到之前深蹲的活动性与稳定性训练，先改进你的动作模式。

达到深蹲位后，检查自己的身体姿态，确保腹部仍然是内收的，直到你感觉到臀部或腹股沟的拉伸感后才可以放松。从深蹲位站起，回到起始的姿势，然后将哑铃向上推过头顶（图10.2b）。这是一个推举动作，所以要使用腿部的力量。膝关节微屈，使用腿部力量向上推起，将哑铃从肩部推过头顶。保持这个姿势，手臂间距略宽于双脚，两手掌心相对或向前，肘关节不要超伸。在保持体态的情况下将哑铃非常缓慢地下放，然后再次重复整个动作流程。

深蹲式哑铃推举是非常费力的动作，因为其中包含了手臂和下肢的完整活动范围。记住，功是力与距离的乘积。减少力量，同时成比例地增加距离也可以产生同样的做功。如果你感觉哑铃的重量太轻，那么考虑一下移动距离。训练的核心不是使用的重量，而是你的力量。

两膝不要超伸，根据动作需要使用双腿的力量来帮助哑铃离开肩膀的位置。随着手臂的疲劳增加，你就会开始使用更多的腿部力量。练习这个动作可以增加双腿站位时爆发力的传输效率。

选择一个自己可以完成6~10次的重量。如果你不能在保持平衡或姿势的情况下完成6次重复，或是感到过度疲劳，则说明重量过重。如果可以使用正确的技术和姿势，轻松完成10次以上的动作重复，则说明重量过轻。根据自身负重训练的经验与体能水平，完成1~3组练习。

图10.2 深蹲哑铃推举：a. 降低身体至深蹲位；b. 站起将哑铃推过头顶

a b

哑铃单腿深蹲

哑铃单腿深蹲是在没有保护者的情况下进行的单腿负荷的安全训练方法。你可以在训练中的任何时间轻松地放下哑铃（只是注意不要砸到你的脚）。

做这一训练时，运动员通常可以将一条腿放在身体后侧的长凳上（图10.3a）。虽然这个姿势可以孤立单侧腿，但在某些情况下可能会使背部超伸或骨盆旋转，尤其是当凳子的高度过高的时候。膝关节的弯曲角度应大于90度，注意髋关节在动作的最低点时不要超伸（图10.3b）。

正常情况下，你的后背不应产生动作。如果背部动了，使用下面改良版的动作纠正。如果有必要，你可以抬高足跟来改善自己的动作技巧和保持平衡。使用1英寸或1.5英寸的足跟垫，然后逐渐减低高度，每次减少50%，直到不再需要使用垫板。

如果你低头看一下自己的脚，膝关节应该位于脚的外侧，而脚则落在身体的中心，指向正前方。肩与髋也应位于一条直线，并同时朝向前方。背部挺直且延长，腹部肌肉内收。放松肩部，如果你失去平衡，或感觉到疼痛，又或者无法完成一次完整的负重，则应立刻放下哑铃。

选择一个自己可以完成8~12次的重量。如果不能在保持平衡或正确姿势的情况下完成8次重复，或是感到过度疲劳，则说明重量过重。如果可以使用正确的技术和姿势，轻松完成12次以上的动作重复，则说明重量过轻。根据自身负重训练的经验与体能水平，完成1~3组练习。

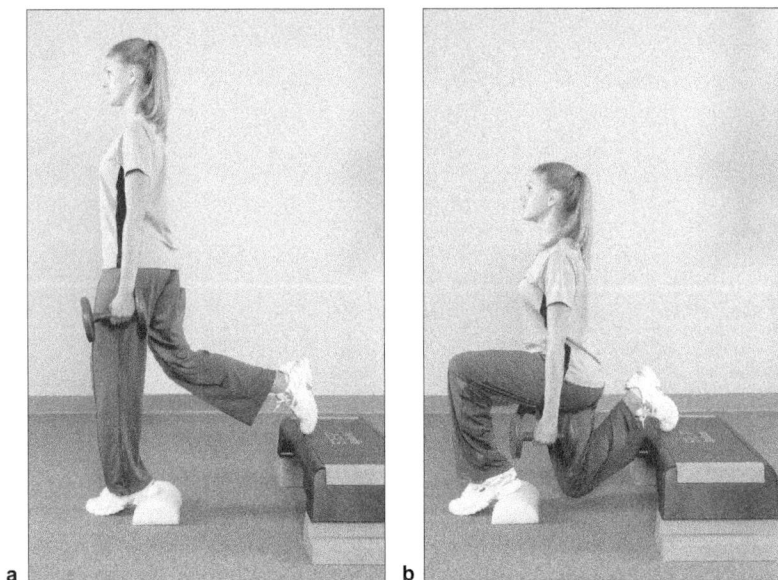

图10.3 哑铃单腿深蹲：a. 一条腿放在抬高的平台上；b. 另一侧腿下蹲直至大腿与地面平行

杠铃深蹲推举

和哑铃相比，使用直杆的杠铃可以增加运动员推举的速度。同时因为直杆的力学优势，你将可以举起更大的重量。

从前蹲的站立位开始，将杠铃置于胸部的高度，手肘尽可能指向前方。降低身体至深蹲位，如果需要可以使用足跟垫（图10.4a）。从深蹲姿势下站起，保持脊柱延长、腹部内收和正确的足部与膝关节位置。回到起始姿势后，微屈两膝，然后向上推举，将重物举过头顶。首先使用腿部的爆发力，然后再使用手臂（图10.4b）。保持杠铃在头顶的位置，检查自己的姿势。在腿部没有动作的情况下，慢慢下放杠铃至起始位置。膝关节不要超伸，对有些人来说，这才是整个推举中最艰难的部分。

这一训练可以打造上半身的力量。你可以在没有保护者的情况下完成若干反向动作重复。双腿会帮助你完成向上的推举，手臂则会在下放的过程中呈现超负荷状态。

选择一个自己可以完成6~10次的重量。如果你不能在保持平衡或正确姿势的情况下完成6次重复，或是感到过度疲劳，则说明重量过重。如果可以使用正确的技术和姿势，轻松完成10次以上的动作重复，则说明重量过轻。根据自身负重训练的经验与体能水平，完成1~3组练习。

a

b

图10.4 杠铃深蹲推举：a. 降低至深蹲位；b. 从深蹲位站起，将杠铃举过头顶

前蹲

后蹲作为力量举的三大动作之一，这完全没有任何争议。后蹲是一种训练腿部力量非常好的方法，但是它却不是最自然的举重形式。在现实生活中，从来没有人会先把重量放到你的肩上，然后再要求你站起来。

但是将重量置于身体前侧将限制你能够举起的重量，这也许可以解释为什么前蹲没有后蹲那样流行。如果举起很大的重量对你来说非常重要，可以考虑进行力量举的训练。如果你更加在意基础运动发展中的腿部力量，那就将前蹲也加入你的训练计划。

双脚的位置是非常重要的，较窄的站姿会更多地刺激大腿前侧和膝关节，因为膝关节需要更多的屈曲。两脚向外打开的宽站姿则更多关注髋部，因为减少了膝关节的屈曲，而增加了髋关节的屈曲与外展动作。最好的做法是尝试探索这两种方法，即便这意味着你需要使用较轻的重量。

手臂的位置也很重要，找到一个舒服的姿势来支撑重量。毛巾卷或者杠铃衬垫可能对你会有所帮助。手心向内，两臂交叉放在杠铃上（图10.5a），或者不做交叉手心向上，两肘朝向外侧（图10.5b）。

选择一个自己可以完成8~12次的重量。如果你不能在保持平衡或正确姿势的情况下完成8次重复，或是感到过度疲劳，则说明重量过重。如果可以使用正确的技术和姿势，轻松完成12次以上的动作重复，则说明重量过轻。根据自身负重训练的经验与体能水平，完成1~3组练习。

a　　　　　　　　　　　　　　b

图10.5　前蹲：a. 双臂交叉掌心向内握住杠铃杆；b. 双臂打开掌心向上，两肘指向外侧

跨栏步训练

如果难以完成跨栏步测试，那么就要先通过活动性与稳定性练习来纠正动作模式。动作纠正后，本节中的练习将对提高力量、协调性和肌肉记忆极有好处。

高跪姿跨步屈伸

本训练不需要使用很大的重量。用一侧肩部完成直臂的肩屈上举，另一侧则完成直臂的肩关节伸展。

跪在一个有衬垫或者是足够厚的训练垫上（图10.6a）。如果你正在经历或曾经患有膝关节、小腿胫骨或足踝部的损伤，使你无法完成动作，可以直接进行下一项练习。

延长脊柱，在不使背部超伸的情况下尽可能挺直身体。腹部内收但不要憋气，这样应该可以稍微增强大腿前侧和髋屈肌群的拉伸感。动作全程保持这种轻微的拉伸感。如果你不能感受到拉伸，那么多半是因为你正在使用这些肌肉而不是用腹肌来稳定身体。腿部的肌肉是用来产生运动的，腹肌则是用于支撑和维持体态的。放松腹部并内收，微微收紧臀部的肌肉。

两手各握一个哑铃，如钟摆般慢慢地向上摆动左臂直到位于头顶上方，同时，在保持肘部弯曲的前提下右臂后拉，让右肩向后达到最大幅度的伸展。如果你愿意，也可以保持右臂伸直，此时哑铃指向地面方向，两臂应同时达到动作终点。

随着手臂的运动，将重心移至左膝，右腿向前跨出一步，呈单膝半跪姿势（图10.6b）。保持这个姿势，然后将手臂和腿部返回起始位置。

选用一个可以控制的重量，保持一个较低的重心，因为你所有的体重都将移动到一侧的膝关节。要使用足够结实的训练垫。如果跪姿让你感到任何的不适，则选择后续的练习。

注意自己左右两侧的差异、完成动作重复的能力和丢失平衡的幅度。如果观察到左右差异，则要加强训练较弱的一侧。在强侧完成1组练习，在弱侧完成2~3组，直到力量、重复次数、技巧、平衡和动作质量都能达到平衡。

图10.6 高跪姿跨步屈伸：a. 跪在垫上，双手各持一个哑铃；b. 左臂向上摆动的同时，右腿向前迈步

选择一个自己可以完成8~12次的重量。如果你不能在保持平衡或正确姿势的情况下完成8次重复，或是感到过度疲劳，则说明重量过重。如果可以使用正确的技术和姿势，轻松完成12次以上的动作重复，则说明重量过轻。根据自身负重训练的经验与体能水平，完成1~3组练习。

哑铃台阶上步

需要使用卧推凳或跳箱，其高度根据个人能力选择，可与膝同高或略低一些。高度越高，难度越大。在加上哑铃前，先确保自己可以在两侧都能够完成动作。

使用哑铃训练时，将哑铃置于身体两侧。上步到跳箱上，首先是右腿（图10.7a），然后退回。右脚始终不离开跳箱，左脚则始终不触碰跳箱。左脚碰到地面后，在保持左脚足跟不离开地面的情况下，尽可能多地弯曲左膝来降低身体（图10.7b）。每次上步前的重心下降可以教会身体如何在开始动作前放松和找到微微的拉伸感。你将会在左侧小腿、左侧大腿，或者右侧臀部感受到轻微的拉伸。

伸直左膝并抬起左足跟。随着左脚离开地面，右腿发力将自己拉至跳箱上，完成动作。使用右腿保持平衡直至腿部伸直，但不要出现超伸。然后返回起始姿势。

保持腹部内收和脊柱延长。每侧完成6~10次重复，要注意是否出现不能平衡身体、技巧不良，或无法在两侧完成同样数量的状况。如果一侧较弱，在弱侧完成2~3组，每组6~10次的动作重复，在强侧完成1组6~10次的重复。

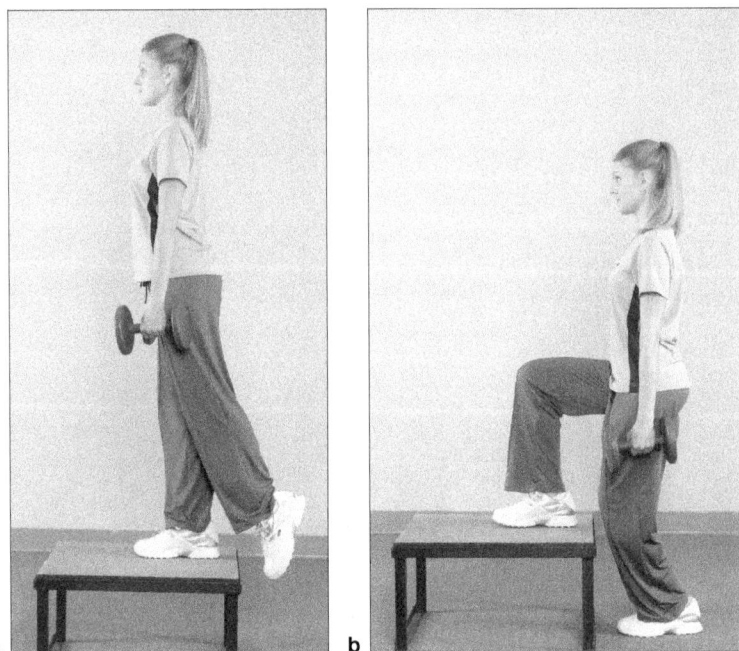

图10.7 哑铃台阶上步：a. 上步至跳箱；b. 从跳箱下来，在保持足跟与地面接触的情况下尽量屈膝

深蹲架单腿提踵

这个练习需要将一根直杆杠铃横放在肩上，和后蹲姿势中的位置一样。两脚分开与肩同宽，然后慢慢地将双脚并拢（图10.8a）。抬起左腿使髋关节与膝关节均呈90度角（跨栏步姿势，图10.8b）。记住此时的姿势——脊柱延长，腹部内收。不要绷紧大腿，收紧臀部。膝关节微屈，不要超伸。保持脊柱直立，目视前方，不要向下看。

如果这个动作感觉奇怪或是难以控制，感觉自己会失去平衡，那么可以将左脚放在跳箱上。将脚向上提，直到足跟与跳箱接触。通过屈右腿，让身体重心降低2~3英寸。然后伸直右侧膝关节，但不要锁死。尽可能高地向上抬起右脚足跟，使身体拉高。当重心过渡到脚尖时，不要失去平衡。保持姿势然后缓慢下降。

这个练习不光可以训练小腿肌肉，还可以增加单腿在负重情况下的平衡能力。注意保持脊柱直立和腹部内收，肩部与头部放松，不要关注腿部。

如果发现了左右差异，在弱侧进行2~3组的练习，强侧则只进行1组。选用一个自己可以完成15~25次的重量。如果你不能在保持平衡或正确姿势的情况下完成15次重复，或是感觉过度疲劳，则说明重量过重。如果可以使用正确的技术和姿势，轻松完成25次以上的动作重复，则说明重量过轻。根据自身负重训练经验和体能水平，完成1~3组练习。

a　　　　　　　　　b

图10.8 深蹲架单腿提踵：a. 双脚并拢；b. 抬起左腿

深蹲架单腿1/4蹲

将一条3英尺（1英尺约为0.3米，此后不再标注换算关系）的胶带贴在深蹲架的中心，使其指向前方。两脚分开与肩同宽，使用后蹲的姿势抬起重量。右脚踩在胶带上，左脚向后移动使脚尖指向地面（图10.9a）。

你的目标是将左脚脚尖放在胶带上。但是，在一开始你可以选择更宽一些的站距。在开始添加重量前，尝试逐步缩短两脚间的站距。

保持脊柱延长，下蹲至1/4蹲的位置，让所有重量都放在前侧腿上，平均分配脚尖和足跟间的负重（图10.9b）。感受足跟前位置的重量。动作全程保持膝关节在脚的外侧，不要让膝关节位于脚的正上方。保持脚沿着胶带的方向指向正前方，不要让脚向外旋。向前看，不要关注腿部。放松肩部与颈部，使用腹部来平衡重量。注意出现的弱点、平衡不良和技巧方面的问题。

完成2~3组练习。如果你发觉一侧出现问题，那么就在强侧进行1组训练，弱侧进行2~3组训练。选择一个自己可以完成6~10次的重量。如果你不能在保持平衡或正确姿势的情况下完成6次重复，或是感觉过度疲劳，则说明重量过重。如果可以使用正确的技术和姿势，轻松完成10次以上的重复，则说明重量过轻。这个训练可以清楚地展示左右两侧的差异性。先在强侧完成一组训练，以此作为弱侧的正确示范。注意自己的正确动作，尝试在弱侧复制同样的动作。强侧动作也可以作为弱侧的热身，给你提供持续的对比来了解自己的进步幅度。

a b

图10.9 深蹲架单腿1/4蹲：a. 分开双脚呈弓箭步；b. 下蹲至1/4蹲的位置

弓步训练

　　如果难以完成直线弓步测试，那么就要先通过活动性与稳定性练习来纠正动作模式。动作纠正后，本节中的练习将会对提高力量、协调性和肌肉记忆极有好处。

半跪哑铃弯举与上举

　　使用单膝半跪的姿势，脚和膝几乎在一条直线上（图10.10a）。腹部内收，保持脊柱延长，直到支撑侧的大腿出现轻微的拉伸感。动作全程保持这种感觉。这种拉伸感代表你正确使用了腹肌，而不是通过收缩股四头肌和髋屈肌群来稳定身体，那样会改变正确的姿势。微微收紧臀部，确保脊柱在整个动作中保持直立。

　　两手各持一个哑铃，摆动双臂至身体两侧，手臂弯曲然后将哑铃举过头顶（图10.10b）。在保持平衡、姿势和技巧的情况下，将头顶的重量下放，回到初始位置。

　　如果某一侧的半跪姿势感觉更加吃力，那么就对弱侧进行2~3组的练习，然后在强侧只做1组。你可能会感觉其中一侧的股四头肌更加紧张。放松。腿部感觉紧张的部分原因是因为你在尝试用它发力。学会放松。使用脊柱和核心来平衡身体，而不是双腿。

　　选择一个自己可以完成8~12次的重量。如果你不能在保持平衡或正确姿势的情况下完成8次重复，或是感到过度疲劳，则说明重量过重。如果可以使用正确的技术和姿势，轻松完成12次以上的动作重复，则说明重量过轻。根据自身负重训练的经验与体能水平，完成1~3组练习。

图10.10　半跪哑铃弯举与上举：a.单腿半跪姿势；b.将哑铃举过头顶

哑铃弓步蹲

哑铃弓步蹲是简单的动作，从双脚分开的位置开始。在进入弓步前，你可以选择向前迈步或是向后迈步。两种动作都有自己的优势，因此每侧各进行一组是不错的选择。如果需要可以添加额外的训练组。尝试采用较窄的站姿，你可以用宽胶带来进行标注。注意动作中出现的弱点、不良技巧和平衡问题。两侧握持哑铃时需要保持脊柱的延长与腹部内收（图10.11a）。

如果你向前迈步，不要往下看，而是使用脚来找到线的位置（图10.11b）。在一开始，你可以使用镜子来帮助自己找到胶带，但只需短暂的练习你就可以自行判断脚的位置。不要只靠双腿来将自己从弓步蹲中推起，通过直立的脊柱来帮助自己从弓步蹲中站起来并回到起始位置。不要屈髋或使用惯性站起，保持脊柱的稳定和延长。

如果你向后迈步，那么用脚找到胶带的位置，保持腿部放松和脊柱直立。如果观察到了左右差异，在强侧完成2组训练，在弱侧完成4组训练。

选择一个自己可以完成8~12次的重量。如果你不能在保持平衡或正确姿势的情况下完成8次重复，或是感到过度疲劳，则说明重量过重。如果可以使用正确的技术和姿势，轻松完成12次以上的动作重复，则说明重量过轻。根据自身负重训练的经验与体能水平，完成1~3组练习。

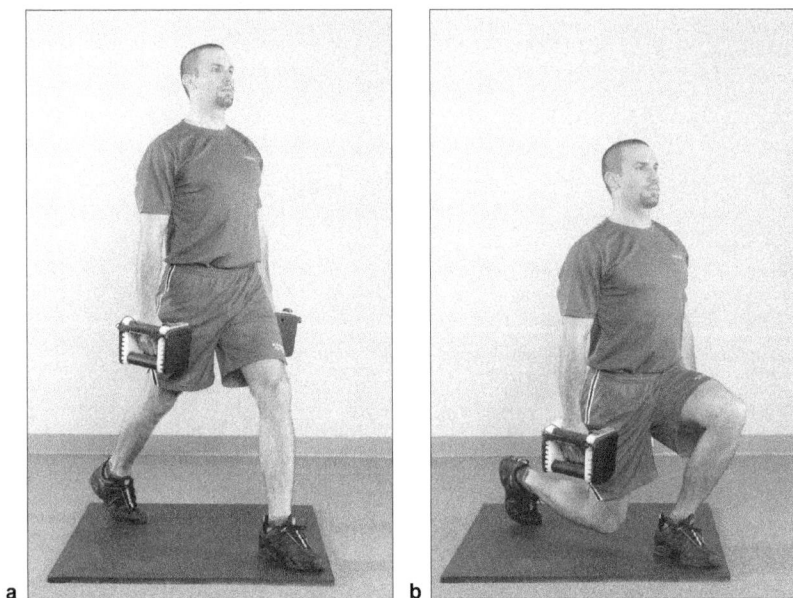

图10.11　哑铃弓步蹲：a. 哑铃置于身体两侧；b. 迈步呈弓步姿势

直杆弓步

使用后蹲的姿势站立，手握杠铃将直杆舒服地横放在肩上。向前或向后迈步完成弓步。这个动作可能需要比哑铃弓步蹲稍宽一些的站距来完成动作，因为当重量位于肩上时重心的位置相对较高。

向前或向后迈步（图10.12a），或者和哑铃弓步蹲一样，每种方式各完成一次。尽可能深地降低身体重心至弓步蹲位置，但后侧的膝关节不要接触地面（图10.12b）。让前侧膝关节的屈曲角度达到90度，这时你的姿势就是正确的。从一个相对较宽的站距开始会让你觉得更强壮、更稳定。随着力量、平衡和稳定性的进步，缩短两脚间的站距。确保两侧都可以缩短站距。

保持脊柱直立和腹部内收。不要通过扭转、抖动或不必要的脊柱动作来强迫自己完成动作。如果你不得不扭转身体，这可能意味着你需要减轻重量。

关注身体左右两侧的差异性。如果存在区别，则在弱侧完成4组练习，强侧完成2组。均等地使用向前和向后的迈步动作，不要偏向于其中一种。如果动作正确，通常你最不喜欢的练习才会给你带来最大的收益。记住，不熟悉的动作模式会随着练习逐步改善。

选择一个自己可以完成8~12次的重量。如果你不能在保持平衡或姿势正确的情况下完成8次重复，或是感到过度疲劳，则说明重量过重。如果可以使用正确的技术和姿势，轻松完成12次以上的动作重复，则说明重量过轻。根据自身负重训练的经验与体能水平，完成1~3组练习。

a   b

图10.12 直杆弓步：a. 从后蹲站位向后迈步；b. 降低至弓步姿势

剪刀步下蹲

这个训练动作和直杆弓步蹲一样，需要将杠铃放于颈后的肩上位置，并使用深蹲架来完成动作。

采用弓步蹲的站姿，但比正常弓步蹲减少两脚间站距的1/4到1/3，以增加稳定性（图10.13a）。向下至半蹲，保持后侧的髋关节处于伸展位，脊柱挺直并延长（图10.13b），后侧脚的足跟可以离开地面。

缩短两脚站距，感受左右两侧在平衡、技巧和力量方面的差异。在弱侧完成2~3组练习，强侧完成1组练习。

选择一个自己可以完成8~12次的重量。如果你不能在保持平衡或正确姿势的情况下完成8次重复，或是感到过度疲劳，则说明重量过重。如果可以使用正确的技术和姿势，轻松完成12次以上的动作重复，则说明重量过轻。根据自身负重训练的经验与体能水平，完成1~3组练习。

a   b

图10.13 剪刀步下蹲：a. 用改良版弓步姿势站立；b. 降低身体至半蹲

你可能已经注意到了下肢在动作中的主导地位，这是有意为之的。很多运动员都会从下肢训练中获益，尤其是单腿的训练。如果没有人帮你做保护，我建议使用安全的深蹲训练器材，例如史密斯架，这将有助于保持平衡和帮助身体更好地对位。

下肢力量训练也会对核心和上肢产生积极的影响。完全的上肢训练则不会带来同样的转换效果。我们所讨论的上肢力量练习都是最基础的，通常沿着垂直的方向，这样有助于体态和更好的核心发展。

多数传统上肢训练都是围绕着推和拉的动作设计的，但是最好还是先建立一个姿势基础，可以参照本章中所介绍的垂直方向训练。一旦你具备了姿势基础和良好的核心，就可以进阶到更多的上肢训练项目。如果你刚刚开始训练，那么进行同样组数的俯卧撑和引体向上训练会是很好的选择。如果你希望进行更加高阶的力量训练，我建议你进行等量的推与拉的动作训练。推和拉的动作会为身体带来很好的肌肉训练效果，你需要进行特定肌肉群的孤立训练。以下是我的建议：

推的动作

- 坐姿哑铃头上推举
- 上斜哑铃飞鸟
- 上斜哑铃推举
- 平板或下斜哑铃推举
- 平板或下斜哑铃飞鸟
- 窄握直杆杠铃平板或下斜卧推
- 站立钢线下压
- 功能性超级组：上斜，下斜，以及标准俯卧撑；臂屈伸（需要时可以保护）

拉的动作

- 掌心向外的宽握背部下拉
- 掌心向内的窄握背部下拉
- 屈体哑铃划船
- 坐姿低位钢线划船
- 站姿前侧向哑铃平举
- 仰卧哑铃上提
- 向上的钢线划船
- 功能性超级组：有保护的宽握引体向上；有保护的窄握引体向上

超级组就是通过负载已经疲劳的肌肉，并以此来刺激肌肉的发展。健美运动中经常使用这种方法来给肌肉充血，这也是改善肌肉循环的好方法。使用被我称为"功能性超级组"的方法，你可以获得身体在产生疲劳时的控制能力。不需要使用任何负重，因为重量就是你自己。完成一组8~12次的推或拉的动作，然后马上进行上面的超级组练习。当然，并不需要在每个训练后都加入超级组，我建议在最后两到三组的推拉训练中使用超级组的方法。

耐力训练

耐力训练也经常被称为有氧训练，也就是在没有大幅的心率和呼吸频率变化的情况下，身体使用氧气的一种稳定的代谢状态。进行耐力训练可以提高耐力、对抗疲劳和保持警觉的能力，并学会在运动与快速恢复间歇中保持身体的放松。

间歇式训练听起来有些自相矛盾——在固定的恢复间歇中，穿插完成短暂的高强度运动，然后再次进行训练。间歇方式进行的训练，提升了身体反复完成一系列训练和快速恢复的能力，是提高场地运动项目耐力的最佳方法。其他用来描述耐力的词汇还有体力和持久力。耐力是运动员保持高水准的必需条件。即便是对于马拉松或其他一些持续性的有氧运动，我们也已经证明：短暂的高强度间歇训练是提升运动表现的最好方法。

跳绳

我的目标是让本书里的测试和练习便于操作且有效，因此，我想给间歇训练计划融入更多的附加效益。附加效益应该能够补充肌肉骨骼系统的训练，改善体态，并模拟任意选定运动项目中的反应与速度。跳绳完美地符合上述这些要求。很多人都认为跳绳过于简单，因此不考虑把它作为训练的选项，这可能多少受到如今华而不实的健身和训练器材市场的影响。

我知道即便为跳绳举出很多强有力的证明，很多读者还是会选择跳过这部分内容去进行更加华丽的增强式训练，或者直接进行速度和敏捷训练，认为跳绳纯属是浪费时间。那些从未学会如何跳绳或是因为跳绳技术而苦苦挣扎的人之所以会感到难堪，是因为他们错误的姿势和跳跃时持续出现的问题，而这也正是跳绳最棒的地方。

在不良体态或不良技巧的情况下跳绳几乎是不可能的。每个人都会不停地出错，被跳绳打到脚就会中断动作。跳绳就如同你的教练，我把它叫作"自我限制训练"。训练者因为技巧不足而限制了他们完成动作的能力。换句话说，真正非常差的技巧将阻止训练者完成这项练习，因此不好的动作模式是无法被强化的，这就是进行跳绳训练最重要的原因。在进行冲刺、折返跑和敏捷训练的时候使用不好的体态是可能的，只要时间不是太长。其他流行的耐力训练如慢跑、骑车和划船等在没有教练监督的情况下，也是有可能使用错误姿势的。错误的体态可能在运动员毫无察觉的情况下就被强化了。

跳绳可以让许多运动员进行有效的自我训练，但无论是自我训练，还是与搭档共同完成的长跑或短跑训练，都会有太多不可控的变量。同时跳绳也非常便携，可以变换不同的身体姿势。长跑、渐速跑、骑行和划船等训练都可以消耗热量和提高耐力，但也有可能会牺牲动作技巧、影响反应时间和改变运动准备姿势。跳绳则不同，可以巩固第5章动作筛查中所提到的三种基本动作模式，并同时提供有效的训练，消耗热量和提高耐力。

可以通过动作变化来对左右两侧的差异性进行针对性训练。但这在长跑或短跑训练中是不可能的，因为两侧肢体必须完成同样的工作才能推动身体前进。跳绳时则可以很容易地将目标聚焦在较弱的一侧肢体上。

负重训练计划中的三种基本动作模式也可以被用于跳绳训练计划：

1. 蹲式站姿：两脚平行站立或稍微分开。
2. 跨栏步站姿：单腿呈跨步姿势站立，另一侧腿的髋与膝均屈曲呈90度角。
3. 弓步站姿：也叫作剪刀步；一脚在前，一脚在后，缩短两脚之间的横向距离。

　　大多数的场地运动都会使用到这三种主要的站位。无论运动水准如何，我都推荐使用跳绳作为一种强化正确动作模式的有效训练方法。跳绳还可以很好地提升速度与敏捷，为运动表现奠定良好的爆发力基础。

　　对于游泳和骑行运动员来说，可能感觉跳绳没有运动专项性或功能性，但我依旧会推荐使用跳绳训练，因为这是一种绝佳的交叉训练方法。冰球、越野跑、奥林匹克举重和高山滑雪等项目的运动员也会从跳绳的快速脚步训练中有所收获。顶尖拳击手和摔跤运动员所展现出的耐力正是跳绳训练有效性的最好证明。

　　长跑运动员、舞者、武术运动员和划艇运动员可能会觉得跳绳并不是提高耐力的最佳选择，但是我不同意这种看法。虽然跳绳看起来可能不具备明显的运动专项性，但它却要求姿势的精准。跳绳可以提高身体维持脊柱延长的能力，相比短跑和慢跑来说对身体冲击也更小。我鼓励那些没有参与场地项目的耐力运动员学习相关的文献，并继续探索间歇式训练的附加效益以更好地补充运动专项训练。

　　跳绳中绝大部分的冲击力都会被腿部的肌肉所吸收。直立的体态和延展的脊柱会要求腹肌完成身体中段的稳定，同时与背部肌群的完美协调，形成的效果如同举重腰带般的腹腔内部压力。

　　许多运动员在跑步时使用足跟着地，足跟着地会冲击关节，只有极少数的运动员可以正确地应用这种跑步方式。如果距离较短，慢跑中沉重的足跟冲击不会对身体造成明显的负面影响。但是耐力训练、高强度间歇训练和提升身体耐受力的训练需要我们进行大量的运动，只有体型精瘦且拥有超常技巧的跑者才能在不使身体的肌骨系统增加受伤风险的同时，让这种跑法有益于下肢和心肺系统。跳绳则解决了这个问题，它迫使运动员使用脚尖落地，开发小腿潜在的爆发力，以及股四头肌、腘绳肌、臀部肌肉与核心的综合力量。

　　很多运动都需要敏捷素质和快速改变方向的能力，这需要运动员具备快速的反应力和优秀的脚步技术，如果足跟着地，将无法做到。多数膝关节的损伤，都是在没有任何外力的情况下由于膝关节扭转所引发的非接触性损伤，原因可能是粗心的训练、不良的身体感知，或是比赛中不必要的疲劳，这些都会减低身体的感受能力并将膝关节暴露在更大的压力中。虽然膝关节经常成为损伤的受害者，但它通常不是问题的起因。如果足跟紧贴地面，踝关节和髋关节又很僵硬，唯一能够产生旋转的就只剩下一个部位——膝关节。不幸的是，旋转并不是膝关节天生的主要功能。跳绳可以教会运动员将大部分体重置于脚趾，使用脚趾着地并让小腿时刻做好发力准备，也增加了使用强壮的足部完成旋转的机会。

　　关于跳绳还有一点值得关注。与跑步相比，跳绳可以在更短的时间内达到同等的训练效果。因为跳绳需要更多的技巧，结合了更多的肌肉，这既包括了产生动作的肌肉，也包括了那些维持身体稳定的肌肉。跳绳需要很大的能量消耗，摇动跳绳的时候就会增加运动强度。训练中要结合周期性的休息间隙。与跑步训练相比，跳绳所需要的整体训练时间更短，结果就是同等的时间内更高的训练强度和更少的力学冲击压力。

跳绳是间歇训练一种很自然的选择，可以训练快速恢复所需要的呼吸技巧，这对于比赛中的暂停和其他休息时间会很有帮助。尝试不同的呼吸方式，看哪种（缓慢的深呼吸、顺畅放松的呼吸等）可以让你在最短的时间内开始下一组的跳绳练习。

跳绳可以让身体变得更强壮。只有当脊柱直立、腹部内收和四肢放松的情况下，身体才具有敏捷性，跳绳同时也强化了这种动作模式。腹部内收并不是说要像准备吹气那样屏住呼吸或绷紧腹肌。然而，躯干的位置保持得越好，四肢也就越放松，动作也就越快速和越有力。

首先测量跳绳的长度（图10.14）。左脚踩在跳绳上，将手柄拉至腋下的位置，手柄应刚好碰到腋窝的顶部，不要超过肩膀顶端。将跳绳调整到适合的长度。

新手应该选择可以调节的加重跳绳。加重跳绳上额外的配重可以让初学者获得更多的反馈。随着跳绳熟练度的增加，可选择更轻的跳绳，这样将迫使你使用更好的技巧和更快的摇绳速度。

任何不会损伤跳绳、没有障碍物的平坦坚实的地面都是合适的选择，木质地面、拼接地面、柏油路面和水泥地面都可以使用。柏油和水泥路面比较粗糙，会加快跳绳的磨损。有一种解决方案就是，剪一块3~4英尺见方的胶合板，把它铺到修剪好的草坪上。草地会使胶合板略微高于地面，这样就有了一个可以跳跃的平面，同时跳绳也不会挂到草上或其他障碍上。这对于想要进行交叉训练的运动来说是一个很好的选择。

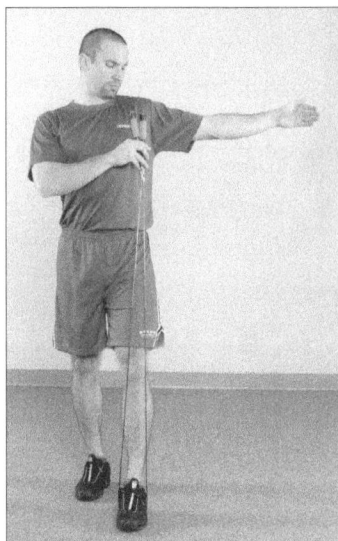

图10.14　测量绳长

跳绳也可以和其他运动一并进行。如果路跑是必要的训练，可以带上跳绳。创建一个属于自己的间歇训练，例如在一次间歇中选择慢跑，在另一次间歇中进行快速的跳绳练习。把跳绳作为骑行、游泳等的交叉训练补充。

前面提到的三种站姿（蹲式、跨栏步、弓步）都可以进行间歇式训练。尝试用最快速度完成15秒、20秒或30秒的摇绳。休息时间为跳绳时间的两倍，接着再次进行同样时长的跳绳，保持每组训练强度都接近最大值。找到一个可以完成4组或更多练习的训练休息比例。间歇训练不只是计时的训练与计时的休息。如果你不能使用最大强度训练，你就没有办法推动无氧系统达到更高的水准，而这正是提高耐力所必须完成的事情。有氧系统的能力依赖于无氧系统的强健水准。训练这个系统，耐力就会自然而然地随之提升。

蹲式站姿

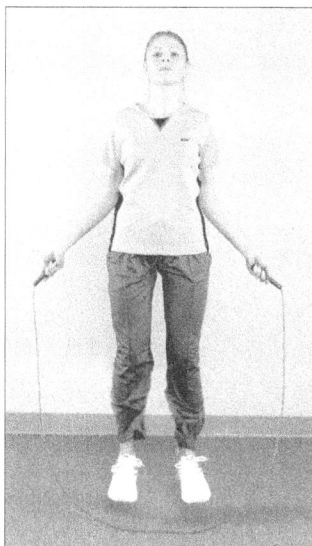

图10.15　蹲式站姿下的跳绳

双脚分开略窄于肩，跳绳置于足跟后，摇动跳绳开始，两脚平分身体重量（图10.15）。腹部内收，保持脊柱延展，肩部向后，头部直立，目视前方。保持轻微的屈膝，用脚趾落地，但不要过度夸张。只需要跳到可以越过绳体的高度。如果你发现自己在做双跳（每次摇绳跳跃两次），就加快摇绳的速度。

如果无法完成10次以上的动作，就将跳绳两端都握在自己的惯用手，用一只手摇绳，每次听到绳击地的声音就进行跳跃。这样你就不用越过跳绳，但仍然可以学习匹配跳绳的节奏。一旦可以完成至少30~40次的重复，就将跳绳换到非惯用手。

手臂或手腕的动作不是造成跳绳转动的原因。一旦跳绳开始转动，身体上下的动作才是保持绳子摇动的原因。因此，一旦跳绳开始转动，手腕就可以放松，此时只需要非常小的画圆动作。应该使用身体上下运动的动能来转动跳绳，保持摇动的速度，这样手腕只需要很少的协助动作。

蹲式站姿是跳绳的基础姿势，其他所有动作和脚部位置都源于完成这一基础姿势的能力。即便下蹲测试没有出现活动性和稳定性问题，如果你从来没有进行过跳绳训练，这也是一个不错的开始动作。从最简单的站姿开始学习跳绳，再过渡到更难的动作。

跨栏步站姿

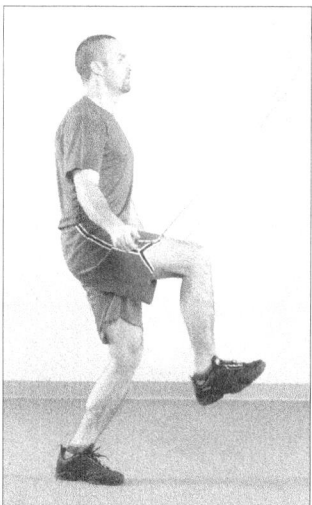

图10.16　跨栏步站姿下的跳绳

将全身重量都放在一条腿上，膝关节微屈。将重心大部分移至脚尖。保持脊柱延长和直立。抬起另一条腿，屈髋屈膝至90度角（图10.16）。如果这样太难，从双脚跳开始，然后再抬起一条腿。

如果仍旧感觉难以完成动作，尝试将两侧手柄握于一只手，直到你找到动作的节奏。尤其要关注抬起一侧的腿，可以假设在大腿上放了一块平面的石头。保持身体足够稳定，这样当你用一侧腿跳跃时，另一侧保持如上位置，不要让石头掉下来。这个动作可以提升核心稳定性，帮助改善跨步动作，教会身体如何在单腿发力的同时保持另一侧腿的放松与核心的稳定。

除非有一侧感觉更加困难，否则两侧须完成同样数量的训练。在弱侧或动作较慢的一侧进行更多组的练习，直到两侧达到平衡。

弓步站姿

最后一个姿势是改良的弓步站姿。因为过宽的站距将让你无法越过跳绳，缩短弓步下的两脚间距离（一脚在前，一脚在后）。这个站姿看起来就像一个人站在雪橇上划水一般。两脚应平分身体的重量。摇动跳绳开始跳跃，先抬前侧脚，再抬后侧脚（图10.17）。

除非某一侧感觉更加困难，否则两侧需要完成同样数量的训练。在弱侧或动作较慢的一侧完成更多组的练习，直到两侧达到平衡。

跨栏步和弓步为对比身体左右差异提供了很好的机会。记录每侧动作的完成数量，观察是否其中一侧的动作更加困难。动作模式的协调性和耐力不足可能会增加疲劳感并影响动作效果，从而降低动作效率。在休息间歇中，可以进行拉伸或通过活动性与稳定性练习改进感觉困难的动作模式。举例来说，如果你在左腿进行跨栏步跳绳时遇到困难，那么就在组间进行针对左侧的跨步拉伸。

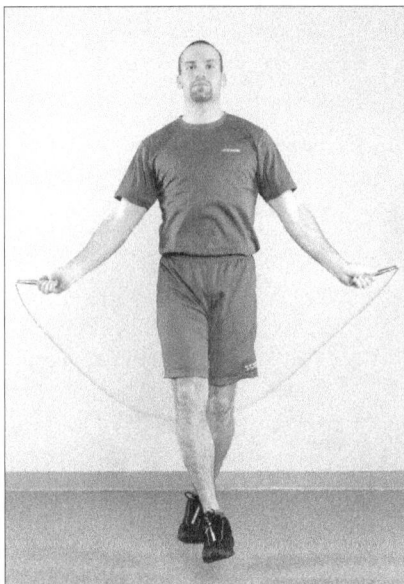

图10.17　弓步站姿下的跳绳

登山跑

虽然很多人认为登山跑与跳绳和在体育场内跑圈一样无聊，但它却是一项很好的基础练习。登山跑会自然引发身体前倾，而这正是正确的短跑发力、爆发性动作和侧向敏捷训练中所需要的。在无意识的情况下，运动员会因为山坡造成的身体前倾而更加接近地面。山坡会自然地使运动员进行更多屈踝、屈膝和屈髋，以便更好地在脊柱直立、腹部内收的情况下向前移动。

山坡会放大跑者的步伐。跑者必须抬起前侧脚并迈大步，才能保证脚趾不会蹭到地面，同时后侧髋需要尽可能伸展，以产生足够的加速度来战胜坡度。基本上，跑者进行的是剪刀式的动作或者说是夸大的跨栏步；左右两腿的交替也结合了弓步的动作。

很多运动员都使用过健美或非功能性的训练方法，发展出比核心更加强大的下肢。但这破坏了自然规律，树木的枝杈是不可能比树干更加强壮的；对运动员来说也是一样，一旦腿部的力量和爆发力超过了核心的力量，那么运动员将不可能完成高效的动作，而且这样没有任何好处。登山跑所需要的夸大步长，会让那些在动作筛查中活动性得分较低的运动员感到疲劳。这时需要放松并活动双腿。

在登山跑中手臂的动作可以帮助运动员学习如何在保持核心稳定的同时移动双腿。腹部平衡了上半身与下半身之间的爆发力，而手臂则反向平衡了双腿的动作。脊柱必须稳定两者之间的力量才能保持平衡。不要在跑步时绷紧腹部，这样只会限制完成最大步长时所需的自然旋转。使用手臂来进行反向平衡。夸大上半身的动作自然会引发腹部反应的提升，以抵消双腿的动作。

如果腿部相比上半身和核心已经处于过度发展、紧张或过于强壮的状态，身体会通过提高速度的方式来弥补力量的缺失。尝试更快的摆臂或者在两手中握一个较小的重量（例如一摞硬币或最多2磅的哑铃）。随着动作的改善，减少重量并加大摆臂速度。

增加摆臂的速度会提高双腿的速度与脊柱的稳定性。想象在登山跑时有两根平行的长杆。伸臂抓住长杆，当你用另一侧腿蹬地时拉动手中的长杆。通过使用配重、增加摆臂速度和设想平行长杆，自然地使用手臂而不只是胡乱地摆臂，你就会慢慢提高自己的跑步技巧。

登山跑与平地跑相比冲击更小。跑者需要克服重力才能加速冲上山坡，坡度会让地面更加接近双脚，因此相比平地跑时的冲击更小。因此，髋关节周围将得到极大的锻炼。运动员可以在不冲击身体的情况下挑战每组冲刺跑中的步伐。这样对关节来说更轻松，这对技巧训练来说是极为重要的。登山跑中会更多地使用脚趾，有利于身体前倾和手臂的摆动。

登山跑是一种自然的间歇训练。冲刺到山顶后，你需要走下山，以完成下一次冲刺。下山时可以使用很多技巧，可尝试侧向步伐来拉伸股沟；后退走，加大步伐；又或者仅仅简单地走下山坡，并通过有效的呼吸来为下一次冲刺做好准备。间歇是内嵌在登山跑里的。

山坡最好是有修剪过而且没有障碍物的结实草地。其他安全的、没有往来车辆的铺装倾斜路面或坡道也是很好的选择。带有倾斜功能的跑步机出于生物力学原因，并不是合适的替代品，因为它无法模拟山坡和重力所带来的影响。跑步机既不能让手臂自由地摆动，也不能完成自然的步伐。此外，因为跑步机是由电机带动的，跑者会很容易比自然状态下在斜坡上跑的速度更快，这样就会强化不良的生物力学习惯并带来受伤风险。

很多运动员使用体育场的台阶或楼梯作为登山跑的替代品。如果这是你所有的条件，那么就继续你的训练。关于台阶，你需要考虑脚踩的位置，因为台阶的长度未必符合你自然的步长，可能会增加受伤的风险。如果找不到小山或斜坡，那么雪橇跑可能是仅次于此的最好选择。相比在体育场跑台阶，我更建议进行雪橇训练。很多商家都提供可以负重或不负重的雪橇器，也会提供非常好的系带。一开始可以先把雪橇系在腰带上，通过身体前倾和手臂的速度来移动重量。最好先选择较重的负载，这样你就不会奔跑过度。你需要不断挥动四肢。随着力量的增加，可以开始选择肩部系带，但这时只需使用腰部负载时一半的配重。加速的一部分来自于自然的手臂摆动。当使用肩部负重时，会减少动作幅度。对于美式橄榄球线卫、摔跤手、英式橄榄球选手和其他一些需要使用上半身前推和下半身发力的运动员来说，这将是很有益处的训练。

第四部分

爆发力、速度与敏捷

第11章

爆发力、速度与敏捷测试

在查理·琼斯《冠军获胜的原因》一书中，伟大的棒球选手托尼·格温说道："总是有教练说我无法完成某些事。我不会投球，我没有打击力，我不会跑步，我无法胜任自己在场上的位置。我想这就是我能获得成功的原因之一，因为他们虽然可以测量你在场上的表现，但是他们无法测量你的内心和真实的驱动力。你可以很容易地欺骗自己，让训练草草了事，这正是每一个人都在做的，见好就收。但是那些想要获得成功并保持成功水准的人需要再努力一些，做再多一些。"

我想托尼所要说的是：你不应该只通过那些可以测量的参数来定义自己，更重要的是你会如何实现那些自己所设定的可测量目标。本章中关于爆发力、速度和敏捷的测试与分级将展现你目前所处的水准。你想要达到什么样的水准以及如何实现目标将会定义真实的你。

爆发力、速度与敏捷

爆发力等于做功量除以时间，这个概念可能让人感觉费解。两个都完成了375磅极限卧推的人所展示的是相同的力量，因为他们都将同样的重量移动了相等的距离。然而，更深入的观察可能显示：一名运动员有着极佳的技巧和干脆的动作，从动作开始到结束只需2~3秒即可完成，另一名运动员则因姿势不好而在完成动作时费力挣扎，需要10~15秒才能完成同样的任务。从功的角度看，两名运动员展示了相同的力量，但是用时更少的运动员展现了更好的爆发力。

再考虑另一个例子。两名运动员展示了深蹲架上同样的力量，但是跳跃能力却不相同。虽然运动员有着相同的力量水准，但是跳得更高的人显然有着更好的爆发力。因此，展示爆发力的方式不仅仅是通过增加力量，还有学习如果更高效、协调和顺畅地在动作中使用自己的力量。

你可以把爆发力想象成在力量的基础上提升敏捷素质和在耐力的基础上提升速度。你应该在提升敏捷素质前首先拥有好的力量基础，在提高速度前首先发展耐力。敏捷一词经常与爆发力、速度和迅速等词语一起使用，但敏捷最好的定义就是"有控制的迅速"。良好敏捷的范例包括运动员在跑步、跳跃或在完成切线动作时所展现出的精准且有力的投掷、摆动或打击能力，以及快速加速、减速和改变方向的能力。可以通过使用敏捷和高效的动作来强调训练中的协调能力与对时机的把控。通常来说，放松的身体、合适的时机和协调能力可以让一个人在运动中更具爆发力，而不仅仅是更用力或输出更大力量。爆发力、速度与敏捷测试可以帮助你追踪自己的基线能力，并进行持续高效的监控。

爆发力、速度与敏捷评估

本章中的测试之所以被选用，是因为其高效性。教练需要熟练掌握测试原则和安全须知，以便进行有效的指导和监控。教练也可能提供关于动作中弱链的反馈，对测试者的优势与劣势做出整体评估。

这些测试将对特定的运动表现分类提供反馈。这些测试只是大量运动表现中很少的一部分，但是它们足以帮助你开始，并提供一些关于运动表现、优势和劣势的基础信息。数据图表可以帮助你与相同运动项目里的其他人进行比较。很多其他的因素——例如技巧、竞争精神、经验和情感状态——都会对评估整体的运动表现产生影响。

爆发力、速度与敏捷评估包括以下几项测试。

1. **爆发力测试**：单次极限（1RM）高翻，垂直纵跳。

2. **敏捷测试**：T字测试、六边形测试。

3. **速度测试**：120码冲刺跑，300码折返跑（1码约为0.9米，此后不再标注换算关系）。

爆发力测试1：单次极限高翻

这项测试评估的是无氧状态下的最大肌肉爆发力。之所以选择这项测试，是因为有数据帮助你将自己与同年龄、性别和运动种类的其他人进行对比（表11.1）。

你需要一台奥林匹克举重架来完成自己的极限或预测极限测试，配重从最小的5磅开始递增，以及一个没有障碍物的举重台和其他可能需要的重训设备。你应该穿着正常的举重训练鞋，平台应具有防滑表面。

双脚分开与肩同宽，脚尖微向外打开。杠铃应距离小腿胫骨1~2英寸，位于前脚掌的上方。保持后背平直下蹲，这样双手可以在膝关节外侧以大于肩宽的距离舒服地握住杠铃（图11.1a）。肘部应该完全伸直，此时你可以重新调节杠铃的位置，保持其与胫骨间1英寸左右的距离。肩部保持放松，胸部向前向外，目视前方或略向下看。

随着伸髋伸膝的动作，将杠铃从地面拉起。躯干应继续保持背部挺直的姿势。髋与肩应以同样的速度向上移动。保持肘部完全伸直，沿着垂直的方向让杠铃以紧贴小腿但不触碰的方式上行。保持背部平直，继续伸髋伸膝将杠铃拉至膝上位置。保持肘部伸展，微微屈膝，让身体做好准备进行第二阶段的拉举。

表11.1 不同运动项目运动员的高翻数据

运动项目	1RM 高翻（磅）	1RM 高翻（千克）
大学棒球运动员（男）*	207	94
大学篮球运动员（男）*	192	87
大学径赛运动员（女）*	106	48
NCAA 1A分区大学橄榄球运动员（先发球员）**		
四分卫、跑卫、全卫	264	120
近端锋、外接手	259	118
进攻线	294	134
防守截锋、防守端锋	298	135
线卫	305	139
防守后卫	269	122
NCAA 1A分区大学橄榄球运动员（非先发球员）**		
四分卫、跑卫、全卫	241	110
近端锋、外接手	237	108
进攻线	280	127
防守截锋、防守端锋	274	125
线卫	297	135
防守后卫	247	112

*分值为平均值或中位数。

**分值为平均数。

数据来源：Harman, Garhammer, and Pandorf 2000.

在一个快速动作内，完成伸髋伸膝和脚踝的跖屈，就像你要跳起来一样。杠铃加速向上的动作要敏捷而干脆。杠铃杆应该接近或接触大腿前侧，尽可能贴近身体，并保持背部挺直和肘部伸展。当肩部在耸肩姿势中达到最高点时，肘部屈曲，身体在杠铃之下。尽可能久地保持手臂的持续拉力，直到身体来到杠铃下方，准备好进行下一阶段的抓杠动作。

在抓杠阶段，同时屈髋屈膝到1/4蹲或稍深一些的位置。两肘应指向前方，上臂尽可能与地面保持平行。杠铃杠应放在锁骨与三角肌前束上，掌心朝向天花板的方向（图11.1b）。躯干保持背部平坦和挺直的姿势。双脚平放于地面，头部处于中立位，目视前方或微微向上。

在下放阶段，你可以选择向前迈步，将杠铃放到已事先调好高度（与你的肩部同高）的深蹲架上，或是使用手臂慢慢下放重量，有控制地放到自己的大腿上。屈髋和屈膝可以帮助大腿更好地缓冲杠铃的冲击力。肘部完全伸展，下蹲直到杠铃与地面接触。

通常建议你在尝试1RM测试前，先进行一组5~10次的轻重量热身，然后再完成两组（如果需要）每组2~5次的较大重量热身。热身结束后，休息2~4分钟并预估一下自己的极限重量。因为之前较重的热身组应该已经接近你的最大负荷，所以此时你应该对自己的极限负荷有所了解。如果你的第一次尝试成功了，可以休息2~4分钟，增加10~20磅的重量，尝试再次挑战最大重量。不断重复直到你找到自己的1RM。最理想的状况下，你应该在5次测试内找到自己的1RM。

图11.1　单次极限高翻：a.下蹲握住杠铃；b.抓住杠铃

爆发力测试2：垂直纵跳

表11.2中的数据可以让你与自己同年龄、性别和运动项目的运动员进行对比。

找一处适于跳跃且可提供良好牵引力的平坦地面，移去所有障碍物，有一面大于自己极限跳跃高度的平滑墙面。再找一些与墙面颜色不同的粉笔或粉末，以及测量用的胶带或码尺。

将粉笔擦在你惯用手的手指上，站立在让肩部距离墙面约6英寸的地方。双脚并拢平放在地面上。

表11.2　不同运动项目运动员的垂直纵跳数据

运动项目	垂直纵跳（英寸）	垂直纵跳（厘米）
NCAA 1分区大学橄榄球		
大外接、强卫、进攻与防守后卫	31.5	80
外接手和外侧线卫	31	79
线卫、近端锋、安全卫	29.5	75
四分卫	28.5	72
防守截锋	28	71
进攻截锋	25~26	64~66
进攻后卫	27	69
大学橄榄球	21	53
大学篮球（男）	27~29	69~74
NCAA 1分区大学篮球（男）	28	71
大学篮球（女）	21	53
NCAA 2分区大学篮球（女）		
后卫	19	48
前锋	18	46
中锋	17.5	44
竞技型大学运动员（男）	25~25.5	64~65
竞技型大学运动员（女）	16~18.5	41~47
娱乐型大学运动员（男）	24	61
娱乐型大学运动员（女）	15~15.5	38~39
大学棒球（男）	23	58
大学网球（男）	23	58
大学网球（女）	15	38

数值为平均数或中位数。

数据来源：Harman, Garhammer, and Pandorf 2000.

手臂尽可能向上伸，在墙上留下初始标记（图11.2a）。开始纵跳前确保标记清晰可见。如果标记可见，准备从下蹲的姿势开始纵跳，不要挪步或移动双脚。尽可能高地向上发力，手臂在头上完全伸直，在墙上留下第二道标记作为你的跳跃高度（图11.2b）。完成三次垂直纵跳，记录最好的成绩，成绩精确到半英寸。

你也可以测试左右两侧单腿的跳跃高度，如果两侧差异大于10%~15%，那么就需要注意。单腿跳遵循与垂直纵跳一样的指示，只不过换成单腿起跳。安全起见，用双脚落地。如果左右两侧的表现差异超过了15%，那么你就应该针对单侧腿进行训练，直到差异性低于15%。否则，受限一侧的不良表现就会影响双腿跳的评估成绩。

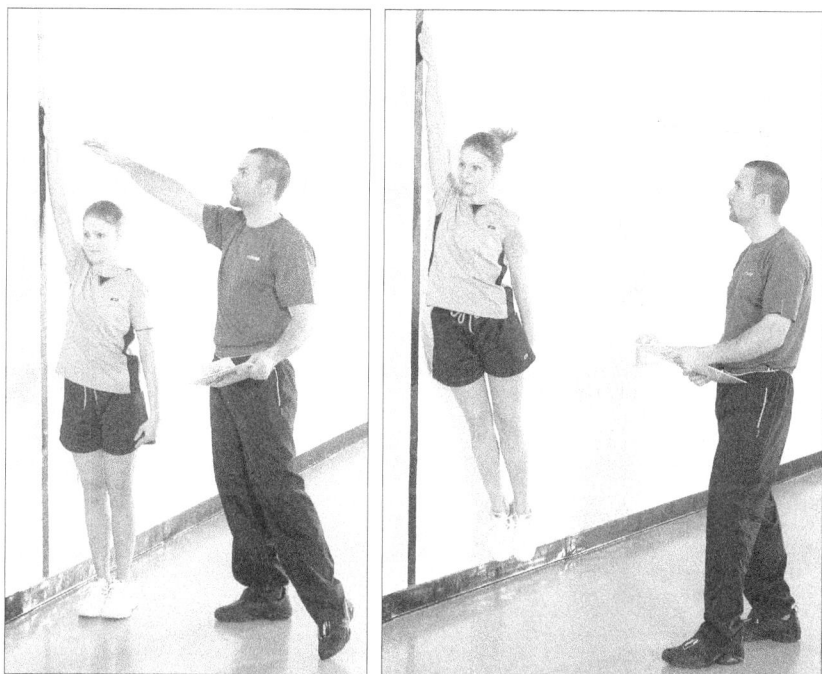

a b

图11.2 垂直纵跳测试：a. 在墙上做出初始标记；b. 起跳在墙上标记你的跳跃高度

敏捷测试1：T字测试

你需要四个锥桶，一块计时表，一段没有障碍物并能够提供良好牵引力的平坦地面，一个助手来作为计时员和保护员。将两个锥桶相距10码分开放置，作为T字测试的第一条线（图11.3）。将另外两个锥桶在第一条线的一端分开放置，各距端点5码的距离。这样就有了一个T字，两条线的端点均有一个锥桶，交叉点也有一个锥桶。你应该在进行这项全速的测试前先完成一个标准热身和几组拉伸。

当计时员喊出"开始"时，从第一个锥桶（锥桶A）开始，沿着第一条线的方向冲刺，跑向两条线交叉点的第二个锥桶（锥桶B），触碰标志。然后马上使用侧滑步向锥桶C的位置快速移动，滑步时，始终面向正前方，不要使用交叉步。用左手触碰锥桶C的底部后变换方向，经过锥桶B后向最后一个锥桶（锥桶D）移动。右手触碰锥桶D的底部后再次变换方向，向左侧滑步5码，左手触碰锥桶B后用最快的速度倒退跑，跑过锥桶A。计时员会在你经过锥桶A的时候计时。在进行倒退跑时要注意安全。让计时员在终点位置进行保护和帮助你进行减速，也可以使用一张垫子来作为意外摔倒时的缓冲。

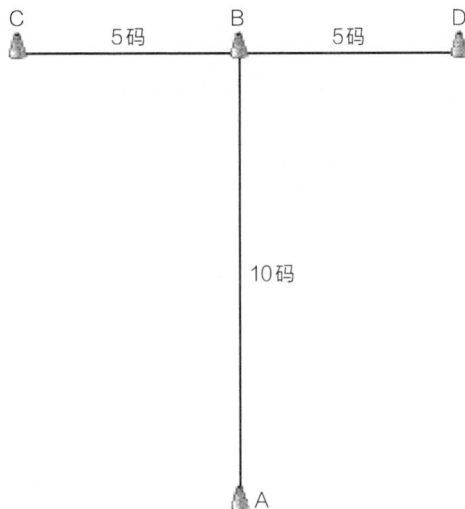

图11.3　T字测试的设置
来源：D. Semenick, 1990, "Tests and measurement: The t-test," NCSA Journal 12(1): 36-37.

完成两组T字测试，并记录最快的时间。时间精确到小数点后一位。测试中如果出现了交叉步，无法保持面向前方，或是没有触碰到任何一个锥桶，则成绩作废。

敏捷测试2：六边形测试

表11.3中的数据可以让你与自己同年龄、性别和运动项目的运动员进行对比。

你需要有与地面颜色不同的可粘胶带，一块标准的计时表，一段没有障碍物且防滑的平坦地面。

用胶带在地面贴一个边长为24英寸的六边形，六边形的每边之间相交呈120度角。从六边形的中心开始，测试全程保持始终面向同一方向。发出"开始"口令后，秒表开始计时。双腿跳到你面前的一条边上，然后跳回中心继续下一条边，沿着顺时针方向依次跳跃六条边，一共完成三轮。完成第三轮后，跳回到六边形的中心，计时停止。如果你坐到线上、失去平衡，或不得不进行垫步，停止测试，休息1~2分钟之后重新开始。选取三次中最好的成绩。记住，必须完成18次正确无误的跳跃才算是合格的测试成绩。

表11.3 不同体育项目中运动员的六边形测试数据

运动项目	时间（秒）
竞技型大学运动员（男）*	12.3
竞技型大学运动员（女）*	12.9
娱乐型大学运动员（男）*	12.3
娱乐型大学运动员（女）*	13.2

数值为平均数或中位数。

来源：Harman, Garhammer, and Pandorf 2000.

速度测试 1：120 码冲刺跑

我个人认为这是最聪明实用的测试之一，引用《体育速度》一书作者的话来说，这项测试"提供了关于冲刺、速度和敏捷训练里几乎所有阶段的信息，包括起跑、加速、最大速度和速度耐力，而运动员只需要进行一次测试"。这个测试需要一些额外的设置以及一些简单的计算，但我感觉它几乎可以应用到任何体育项目中。跑步动作是最基础的，如果跑步不是你所从事项目里的一部分，那么也可以作为一种有效的交叉训练帮助平衡你的身体。了解自己冲刺跑的长处和短处是非常重要的。随意完成的渐速跑并不会暴露和分离出你在冲刺跑中的弱链。

你需要 130~140 码没有障碍物的空间，最好是在安全的跑步路面上，例如跑道或仔细修剪过的草坪。你需要三名手持秒表的计时员站在 40 码、80 码和 120 码的位置，在这些位置上可以设置标志线，以便计时员更加准确地记录你跑过去的时间。当你冲过标志线时，计时员就会按下秒表。

开始前使用冲刺跑的站姿或美式橄榄球的三点式站位。当站在 40 码位置的第一个计时员发出"开始"口令后，你开始冲刺，用最快的速度冲过 120 码的距离，在跑过最后一名计时员前都不要减速。第一名计时员会在你通过他所在的 40 码位置时停止计时。就在这时，第二名 80 码线处的计时员开始计时，当你通过他所在的位置时停止计时。同理在 80 码线处，第三名计时员开始计时，当你通过 120 码线时停止计时。记录三组时间——静止 40 码（0~40 码）、高速 40 码（40~80 码）和最终的 40 码（80~120 码）时间。

要评估加速能力，就用"静止 40 码"的时间减去"高速 40 码"的时间，记录差值。这个差值就是你所需要的加速时间。如果这个差值超过了 0.7 秒，那么建议你进行提高加速度的训练。你可以通过平衡身体，打造力量基础，或通过建立爆发力基础（增强式训练、爆发力移动、足跟跑、跳绳、冲刺跑启动）等方式来实现。

想快速知道自己从静止启动的 40 码冲刺所应达到的速度，就在"高速 40 码"的时间之上加上 0.7 秒。通过正确的加速训练，这就是你 40 码跑该有的速度。

下面来计算速度耐力。对比"高速 40 码"与"80~120 码"的时间。如果这两组时间相同或几乎相同，说明你有非常好的体能水准，用《体育速度》一书作者的话来说，你可以在"足球、美式橄榄球、篮球、英式橄榄球、曲棍球或场地冰球项目中，反复完成如 40 码般的短距离冲刺，而不会因为疲劳而减慢速度"。如果两组时间的差值大于 0.2 秒，就要加强速度耐力的训练。《体育速度》的作者说："速度耐力是容易提高的。你只需要每周进行 2~3 次的短距离冲刺，并记录冲刺的次数、距离和每组间的恢复时间。每次训练后，你只需要增加冲刺的距离并缩短每组间的休息时间。6~8 周后，你的速度耐力就会有所改善。"

速度测试2：300码折返跑

你需要两块秒表，一段没有障碍物不会让你滑倒的25码路面，在25码路面的两端用胶带或锥桶作为标记。

在测试前完成标准的热身和拉伸。当计时员喊出"开始"口令后，冲刺完成25码的距离，用脚触线，然后快速返回起跑线。用脚触碰起跑线后再次折返，直到你完成6次往返。当你第6次通过起跑线时，第二块秒表开始计时。记录下300码折返跑的时间，然后休息5分钟。5分钟后，准时回到起跑线再次进行300码折返跑的测试。记录下两次300码跑的平均时间，以秒为单位，精确到小数点后一位。

如果两次的成绩（最初的折返跑和休息5分钟后的折返跑）很接近，这就显示了良好的恢复和速度耐力能力。当然如果你没有在每次测试中拼尽全力，那么成绩就不会准确。

第12章

速度与敏捷训练

耐力发展并不只是有氧能力，无氧能力也是大部分运动项目的基础。对运动员来说，发展从短暂的爆发性活动中快速恢复的能力是非常重要的。运动中的耐力并不是长时间保持一个稳定的活动状态，而是不论面对什么情况，都可以快速爆发、反应、恢复并保持动作技巧的能力。

巴蒂·李为上述观点提供了很好的例证。作为一名摔跤手，他所使用的交叉训练方法强度之高，几乎没有人能够跟上他的节奏——通常在第一回合的比赛中，大多数对手就体力不支了。这正是他的策略：让他的对手在其舒适区之外的强度和自己比赛，迫使他们使用巴蒂的方式。巴蒂的体能训练几乎是纯无氧的，这也使得他无论在比赛规定时间还是加时赛内都可以保持很高的强度。

当读者阅读本章，考虑如何进行自己的速度和敏捷训练时，借用乔治·艾伦的话来表述——用最不平凡的方式去做最平凡的事。

学习在运动中使用速度和敏捷并不简单。想要获得成功，就先从最简单的动作开始，避免尝试快速完成困难动作时产生的挫败感。选择一项基本运动，哪怕是被认为无聊的训练，然后一点点地加快速度，直到身体开始感受到敏捷。学习呼吸、放松以及在间组进行休息。

在本章中你将进行基本的上肢爆发力（爆发性俯卧撑）和下肢爆发力（速度跳绳）训练，其中的挑战就是要大幅增加完成上述两项训练的能力。控制住自己想要快速跳到下一章进行更加具体训练的欲望。你在运动中使用速度、爆发力和敏捷的能力既与身体状况相关，也与你的心理状态相关。有很多方法可以让你快速提高速度和敏捷素质。你可以通过更加个性化和针对性的热身来平衡身体。你可以在运动前和间歇中通过缓慢深长的呼吸来降低紧张与焦虑感。不要告诉你的身体快速运动，而是让身体自然而然地加快动作速度。通过简单的活动来掌握这些技巧，然后你才会具备在高级动作和技术中使用它们的能力。

与其记住某项特定运动中的所有动作技巧，不如只改变其中一项对整体影响最大的技巧。我曾见过很多优秀短跑教练的工作，其中最优秀的人总能把指令简化成一到两句话。仅仅是通过告诉运动员加大摆臂的速度与幅度（或夸大手臂动作），就让很多运动员创造出更好的短跑成绩。我也可以选择告诉他们保持脊柱的延长状态，更好地稳定骨盆，把膝关节抬得再高一些，通过伸髋的爆发力来获得更大的力量，或是减少头部晃动带来的多余动作。但是，在多数情况下，夸大手臂的动作就可以解决上面所有这些问题，为什么还要劳烦运动员记住所有的指令呢？

当一名平均水准的运动员（不是顶尖短跑选手）夸大手臂动作的时候，核心会变得更加稳定。手臂会自然而然地反向平衡腿部的动作。一侧手臂的摆动会在髋和肩之间制造反向旋转，以补充核心稳定肌群的工作。更大幅度与更快的摆臂会产生更好的核心稳定性，因此带来更大的髋关节活动性，进而改善步伐、节奏、对称性和律动。

我的观点就是：在很多情况下，你只需做一件事就可以改善很多生物力学问题。在力量与耐力训练章节，我所说到的脊柱延长正是基于同样的原因。一个延长的脊柱可以帮助身体改善很多问题。

从这两个训练开始，学习如何迅速改善自己的运动表现。写下那些帮自己改善动作速度和恢复速度的事情，将这些带到下一章的高级训练中去。如果你没有这些信息就进入下一章，你仍然可以学得不错，但要知道，最好的精英选手在每一天中都在运用这些知识。如果你不能学会如何快速地完成简单的动作，那么你真的有进行高级技术的基础吗？

我见过很多就年龄而言非常不错的年轻棒球投手。很多人都会抱怨肩关节、肘部和下背部的疼痛。其中有些人的活动性很差，但是几乎没有一个人能够完成击掌俯卧撑。这些年轻运动员可以在快速的爆发性动作下控制棒球，但是却不能用同样的动作质量来控制自己的身体。我通过击掌俯卧撑来告诉他们，就整体体能来讲他们还有很多要做的功课。很多在早年开始进行专项训练的投手可能终其一生也无法达到高水准的投掷，因为他们过早地关注了投球技巧，而忽略了那些从长远角度看保持运动员动作效率和效果的活动性、稳定性、平衡性和爆发力。

速度跳绳

在第10章里，我介绍了把跳绳作为提高耐力与体力的间歇式训练的方法。跳绳是简单、基础、安全和自我限制性（不可能用错误的方式完成）的训练方式。几乎不可能在身体姿势不良和身体力学错误的情况下完成快速的跳绳动作。花上一点时间来学习如何跳绳，复习重温第10章中跳绳训练计划的基本要领（第124页~126页）。用尽可能快的速度完成基础的跳绳动作，并通过多组训练来增加训练量。

和进行耐力间歇式训练一样，通过跳绳来设计速度间歇式训练。耐力训练的目的是训练量，而速度训练的目的是运动表现。延长你的休息间歇，在跳绳时尽可能加快动作速度。长间歇的目的是为了获得足够的休息，以便你可以完成和第一组时一样的速度表现。

增强式训练

增强式训练是另一种提升速度与敏捷的好方法。最传统的一种上肢增强式训练就是击掌俯卧撑。很多运动员会觉得这个动作太过基础或无聊，但是在学习如何在动作中使用速度和敏捷的时候，这可以是非常具有启发性的训练方法。

击掌俯卧撑

从传统俯卧撑的姿势开始（图12.1a），加速将身体推离地面，在动作最高点将两手上提并完成击掌（图12.1b），之后快速将两手放回地面撑住身体，然后再次完成动作。完成3~4组，每组5~15次的重复就证明身体具有一个不错的上肢爆发力。

如果动作太难，可以使用踏板或长凳，让双手先从稳定抬高的平面开始。这样可以将更多的重量转移到双脚，减少手臂的压力，以便完成快速的动作。当你能够以良好体态完成15次以上的重复时，降低支撑的高度。

例如，从一个标准的室内或室外台阶的第三节开始，随着力量与爆发力的提高，过渡到第二节台阶，然后降低到第一节。最终你将不再需要抬高的平面支撑。

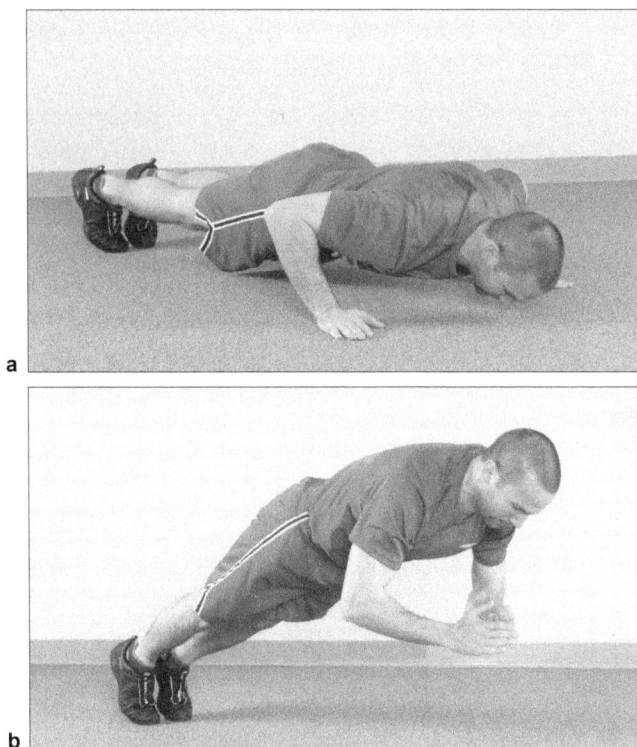

图12.1 击掌俯卧撑：a. 从俯卧撑姿势开始；b. 将身体推离地面，双手上提完成击掌

触肩俯卧撑

如果击掌俯卧撑难以完成，可以尝试一下触肩俯卧撑。动作看起来很像，但是却不用将双手抬离地面完成击掌，而是将一只手置于地面支撑，另一只轻拍对侧的肩部或胸部（图12.2），之后快速将手放回原位，然后重复完成俯卧撑动作，接着换另一只手拍打自己的肩部或胸部。这个动作所挑战的是躯干的控制力，可以训练核心肌肉在正确的时机（重心转移到单侧手时）参与动作。进行触肩俯卧撑一到两周之后，再次尝试进行击掌俯卧撑。

图12.2 触肩俯卧撑

短力臂俯卧撑

如果你之前从来没有做过俯卧撑，并感觉前面两个练习极为困难，那么不需要完成全程俯卧撑，只需要屈肘到一半的位置，只完成上半段的动作范围（图12.3）。这就是短力臂俯卧撑。有些人认为这是欺骗性动作，但是只要运动员在能力提高、变得强壮之后能完成标准的俯卧撑训练，这就不能算作欺骗。通过短力臂俯卧撑来训练动作熟练度和肩关节与躯干的稳定性，然后再转为全程俯卧撑并加入击掌动作。

图12.3 短力臂俯卧撑

增强式俯卧撑

你将需要一个5~8磅的药球。从正常的俯卧撑姿势开始，双手并拢置于药球顶端（图12.4a）。肘部伸展，膝关节伸直。整个脊柱保持平直，不要让下背塌陷，双眼注视药球。

快速将双手从药球上移至地面，分开距离略宽于双肩（图12.4b）。在下降过程中屈肘，让胸部几乎贴在药球上。当胸部将要碰到药球时，用足够的力量快速爆发性地伸展肘部，将身体推回到起始姿势，快速将手掌支撑于药球上。在爆发性动作的顶端，双手的位置应略微高于药球，这样你才能回到最初的起始位置。

如果想让动作变得简单一些，可以减小球的尺寸（直径）。增加球的尺寸，则会让训练变得更难。如果你可以舒服地完成8~12次重复，那么说明球的选择是合适的。如果你无法在良好的体态下完成8~12次的重复，那就试一下更小的球。如果可以在良好的体态下完成15次以上的重复，那么就需要使用更大的球。完成3~4组训练，组间安排不超过2分钟的休息时间。

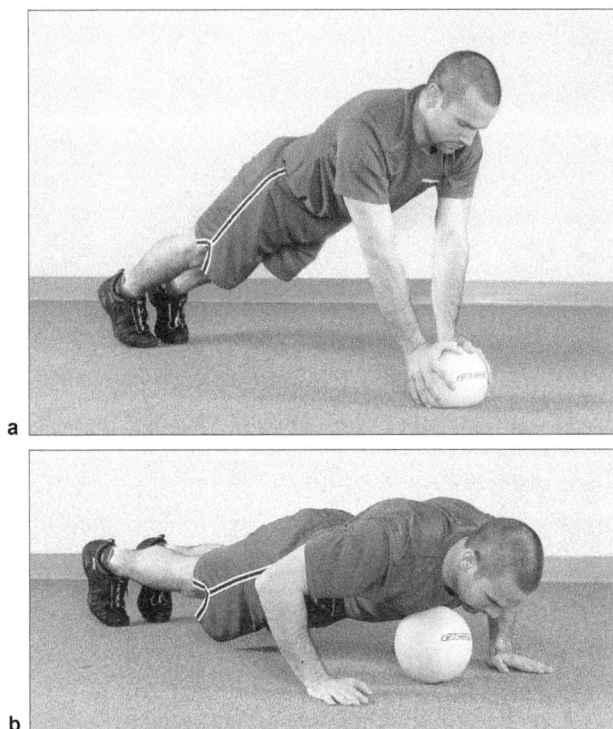

图12.4 增强式俯卧撑：a. 从俯卧撑姿势开始，双手放在球上；b. 将双手从球上移至地面

学会放松

击掌俯卧撑和触肩俯卧撑是两个安全的基本动作，几乎不需要占用多少时间、空间和器材。在做这两项练习时，要思考能够让你变得更快的本质是什么——在通常不鼓励放松的情况下学会放松。身体的压力和紧张只会带来能量耗损并分散专注力。

很多优秀的运动员都用自己的仪式来帮助自己管控专注力。棒球内野手可能会盯住自己手套上的一点；精英网球运动员可能会在完成强力击球后调整球拍上的丝线，即便那并不需要调整；橄榄球弃踢手可能会在踢球前进行深呼吸，并左右晃动他的脑袋；棒球击球手可能会猛力地挥棒；高尔夫选手可能会把球杆放在肩膀上扭转自己的身体。

在每组跳绳或俯卧撑之间，建立一个放松仪式。这可能只是简单的左右倾斜和拉伸背部，或是前倾触碰脚尖和后仰让背部伸展。也可以是闭眼前后走动，回忆刚刚完成的动作。仪式是什么并不重要，重要的是仪式中要做些什么。它应该可以重新定向注意力并帮助运动员放松。在建立使用与速度、敏捷和爆发力回合间的仪式时，考虑以下四个词语：放松、恢复、回忆和重复。

- 放松。任何仪式都应该能达到放松的效果。控制呼吸，增加吸气量和呼气量，降低呼吸速度。完全清空肺部，而不只是在组间气喘吁吁。闭上双眼，想象刚才完成的动作。又或者在空间里找到一个物体或一个点，将视线集中在上面。一开始时，音乐可能有助于放松。很多运动员伴随着音乐训练，但是比赛中却无法使用同样的方法。这就是为什么仪式应该源自于运动员自身，而不是外源性的原因之一。很多运动员会与自己对话或喊叫，有些则会低声哼唱或唱歌。只要可以带来放松效果，做什么并不重要。

- 恢复。要从一段高强度的活动中恢复过来，部分要通过放松，部分则要关注身体的弱链。如果弱链是柔韧性，那么最好的方法就是在训练组间加入拉伸，例如小腿、股四头肌，或上背部的拉伸；也可以是整个动作模式，例如下蹲或弓步蹲。如果动作本身引发了焦虑或紧张感，那么就会造成肌肉紧张。一种测量紧张感的方法就是在训练前进行动作模式的拉伸或探索，接着在训练后再次拉伸或完成动作模式，看是否有哪些肌肉群变得僵硬或紧张。这有可能只是运动员的自然反应，因此恢复所需要的不光只是呼吸和降低心率。也意味着让肌肉骨骼系统感觉松弛、放松和为之后的训练回合做好准备。

那些有左右差异的人可能只需要进行紧张一侧的拉伸。那些整体都很僵硬的人则应选择其中最僵硬的动作模式，并把改善该动作模式作为恢复步骤的一部分。放松并保持呼吸。

如果不是柔韧性的问题，那么有可能是稳定性的问题。那些稳定性有问题的人很容易在疲劳的时候降低动作要求。问题不是活动过少——而是活动过度。一个很棒的稳定性动作就是单腿站立，然后将对侧的膝关节拉向胸口。很多人都认为这是在拉伸抬起一侧腿的髋和膝，但实际上真正训练的却是支撑腿的稳定肌群。单腿站立要求躯干肌群的参与，只要保持拉长、伸直的脊柱和正确的身体排列，就可以强化正确的体态。要获得更多的上肢稳定性，就尽可能向上延长支撑腿一侧的手臂，不要向后伸，而是向上伸，你应该可以感觉到腋下的拉伸。注意两侧间的单腿稳定性差异，通过训练让两侧变得均衡。要记得呼吸和保持放松。这并不需要很多肌肉的参与，动作应当感觉自然。保持站高的姿态，深呼吸，不要圆背，也不要晃动。

● 回忆。至此，我们还没有过多谈及心理。尝试回忆刚刚完成的动作，不需要过多地考虑技术细节，而是感觉。不同的身体部分都做了些什么？哪里是主要的关注点？当你了解感受后应该进行哪些细节的微调？你需要更加放松吗？应该更多地拉长脊柱吗？应该让跳绳动得更快或加大俯卧撑的两手间距吗？回忆完成的动作，思考那些可以进行的微调，当你进行仪式的时候在头脑中把动作再过一遍。

● 重复。最后一步就是在头脑中重复动作，并想象如何可以做到不同。如果你觉得不需要改变，那就在头脑中重复之前的动作。如果你计划进行一些微调，那么就在正式开始前先在头脑中重复几遍。

这就是你的仪式。虽然从外面看起来仪式各不相同，但大多数冠军选手都在自动重复上面的四个活动。有些更加关注放松和恢复，有些则完全专注于在头脑中构建刚刚完成的动作，并设想之后所要做的。通过在你的仪式中结合这些概念，你就可以建立一个像家一样的基地，一个你可以进行恢复的空间，一个你在无数次的训练前都曾去过的地方，一个你在比赛中可以进入的空间。

关键就是减少过度分析，让自己去感受那些你通常不会自然感觉到的东西。身体想要放松和恢复。大脑可轻松回忆一个刚刚完成的简单动作，这就是为什么我们要选择简单动作的原因。如果你无法教会自己放松、恢复和重复完成跳绳和俯卧撑训练，那么你将如何在更复杂的动作中获得成功呢？将你在这里的所学运用到第13章里的爆发力、速度和敏捷训练中去。

需要知道的是，在组间恢复与放松时所进行的速度和敏捷训练与实际执行动作时儿乎具有一样的爆发性。选择与自己专项所不同的其他运动可能会很有帮助。很多运动员通过乒乓球和壁球来保持自己的敏捷和警觉性。篮球一对一也是很好的学习管理敏捷与速度的好方法。这些运动可以帮助运动员学习如何在压力下保持放松、在快速的时候不紧绷，以及在完成动作的时候保持呼吸和良好的体态。进行如乒乓球和壁球这样简单的交叉训练也可以给大脑和情绪带来积极的影响，让运动员更好地应对其他需要速度和敏捷的情况。不要只是玩，尝试结合你所学到的东西，并让它们发挥作用。

心　率

那些从来没有用过心率监测设备的人会对运动中心率的变化感到吃惊。心率通常会有一个延迟，也就是说运动强度增加后心率只有轻微的上升，活动结束后，甚至在运动员完全停止活动后，心率仍然保持上升的状态。此时心脏正在偿还氧债，替换肌肉中所消耗的营养物质。体能越好的运动员在训练后的恢复速度越快。

在慢跑或跳绳训练里使用心率监测器是调节身体运动能力和压力应对的绝佳方法。选择一个心率的高低区间——例如最大心率的60%~80%，通过跳绳或者以接近冲刺的步伐跑步，直到你达到80%的最大心率，然后放松或什么也不做，直到心率回到最大心率的60%。然后再次冲刺或快速跳绳。

在这个心率区间内反复进行运动和放松，并通过呼吸、放松和体态来帮助身体更快地恢复。当你可以在这个心率区间里完成更长的距离或更多的跳跃后，你就知道自己的动作效率提高了。换句话说，就是你在同样的心率区间内完成了更多的工作。只有高效的肌肉使用和肢体动作协调才能带来这样的提升。在训练和恢复中关注自己的发力方式、体态与呼吸，你就可以从很短的回合式训练中获得最大的训练收益。

保持放松

如沙滩排球、壁球、一对一篮球、网球和乒乓球等竞争性的游戏可以教会运动员如何更快地移动和更好地放松。不要只是想着去击垮你的对手，关注如何尽可能地保持放松，而不要想着分数。使用最基本的技巧并执行动作。无论结果如何，把这当成一个让自己学习保持放松的机会。保持放松并不意味着动作缓慢或不争取得分机会，而是通过体态、呼吸和动作来尽可能保持最高的动作效率和最快的体能恢复。

运动疲劳的迹象之一，就是开始用嘴呼吸。教练和资深运动员总是通过对手的体态、呼吸或动作来寻找其出现疲劳的信号。确保你从姿势、呼吸和动作中所透露给对手的信息，永远都是随时可以启动的充满活力的身体。这也许是比赛后半段对手可以注意到的最可怕的事了。

如果你在我所建议的运动中有远高于对手的竞技能力，那么就为自己制造不利因素。对壁球和网球来说，可以只使用前手或是后手。在篮球中，使用非惯用手投篮。在排球中，轻轻地发球而不要用大力。这些简单的变化会让比赛更加具有竞争性，也为你带来更大的挑战。用这个机会让自己保持冷静，学习更加有效地放松身体。

第**13**章

爆发力、速度与敏捷训练动作

美国最伟大的运动员之一迈克尔·乔丹通过努力锻炼来保持身材。乔丹说道："我以非常严肃的态度对待自己的身体力量。在这个阶段以前，我可以凭借自己年轻的优势。现在却不再一样了。随着年龄的增长，身体开始对你发出信号，这时你必须仔细聆听身体的声音，做出正确的选择。我觉得身体必须保持在最佳状态才能胜任我的工作。"那些伟大的运动员做起事来看着那么轻松，但这需要很多的努力。

本章所介绍的爆发力、速度和敏捷训练都是基础的训练动作，而不是运动专项训练，但是它们将为你奠定良好的基础以支持任何种类的体育项目，因为让所有运动员都能在基础动作模式下快速运动是非常重要的。一旦建立了敏捷基础，运动员就可以进阶到更加复杂的动作模式。

爆发力动作：下蹲、跨栏步和弓步

这些训练基于之前章节的相同动作模式，继续完善那些感觉困难最大的动作模式，但是可以自由地进行下面的所有练习。

用平衡的动作模式来完成这些训练。不要在有明显限制或左右两侧不对称的情况下开始爆发力、速度和敏捷训练。如果存在限制或不对称的情况，身体就会被迫产生代偿。这种代偿可以让你完成训练，但是却无法建立起一个能够实现你所有潜力的坚实基础。

热身训练

以个人热身开始，使用柔韧性动作和唤醒神经系统的动作，例如跳绳或击掌俯卧撑。当完成个性化拉伸与核心热身后，试着进行传统的开合跳或是完成下面的四步热身训练。

触地反弹

从高抬腿或跨栏步姿势开始，向下方伸髋伸膝，当前脚掌接触地面后快速反弹，将髋和膝抬回到高抬腿或跨栏步姿势（图13.1）。通过小腿肌肉快速和爆发式的收缩，驱动膝与髋再次回到高抬腿或跨栏步的姿势。在前脚掌从地面弹起、膝盖抬高的同时，向上摆动对侧的手臂，完成类似跑步的动作。进行1组每侧12次重复的训练。

图13.1　触地反弹

摆腿

单脚站立，一侧腿位于身体前方，膝关节伸直。此时的你看起来就像是要跨过障碍或要踢腿。伸展髋关节向下摆腿，快速有爆发力地完成与地面的接触（图13.2），然后返回起始位置。开始时同侧手臂处于前屈位，对侧手臂伸展。随着腿向下的摆动，对侧手臂抬起完成屈曲，同侧手臂向下伸展。这个训练模拟了跑步时的动作。完成1组每侧12次的训练。

图13.2　摆腿

非洲舞

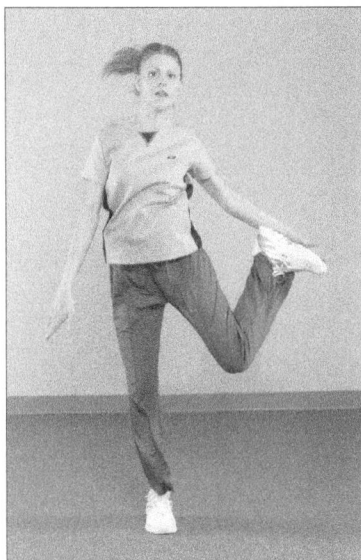

在空旷的地面上向前跑10~15码。每次迈步时，屈膝向后上方抬腿，脚摆向远离身体的方向（图13.3）。你应该可以用手触碰到同侧的脚。这个动作可以促进髋关节的内旋，促进腘绳肌的快速募集。用10~15码的距离训练这个动作，跑动中依次换脚。也可以先做一边，每侧完成约10码的距离。

图13.3　非洲舞

击鼓

这个击鼓热身与非洲舞的训练正好相反。屈髋屈膝时拍打足跟，这时脚在身体的前侧（图13.4）。这个动作需要髋关节的外旋，能增进髋部的活动性，因此正好是非洲舞动作的补充。完成1组练习，两腿交替；或完成单侧10~15码的1组练习，以对比左右差异。

图13.4　击鼓

下蹲

下蹲动作的特点不仅是蹲的动作，还有它的脚部位置。这里的脚部位置是双腿的对称站姿。两侧腿都处于同样的位置，其髋、膝、踝关节也均须完成同样的动作模式。因此，那些用来补充爆发力、速度和敏捷训练的动作并不完全是下蹲动作的翻版。

任何可以补充下蹲动作模式的脚部位置和站姿的爆发力、速度或敏捷训练都被认为是有益的。几乎没有体育动作可以完美复制完整活动范围的深蹲，但是很多运动专项技巧中都会用到对称站姿的动作。如果你近期改善了自己的下蹲动作模式，那么下面这些简单的训练不但可以补充你的动作模式，而且也对发展爆发力、速度和敏捷所需的身体姿态和脚位有所帮助。

抱膝跳

双脚分开与肩同宽，手臂放于身体两侧，脊柱挺直。尽可能高地向上跳，让两膝尽量接近胸口。在动作最高点，膝盖最接近胸口的时候，快速双手抱膝（图13.5）。接着迅速松开，让双脚稳定地落在地面。完成1~3组，每组8~12次的练习。

图13.5 抱膝跳

站式跳远

放松站立，呈准备姿势（图13.6a）。手臂大幅度向后摆动，然后随着腿部的发力迅速向前爆发性地摆臂，尽可能远地向前方跳起（图13.6b），稳定落地，让身体回到准备姿势以缓冲地面冲击力。身体保持平衡，始终面向开始的方向。从落地的脚位或足跟落地时所在的直线开始，跳回至起跳线，尝试超过你之前的跳跃距离，重复10次。完成1~2组练习。

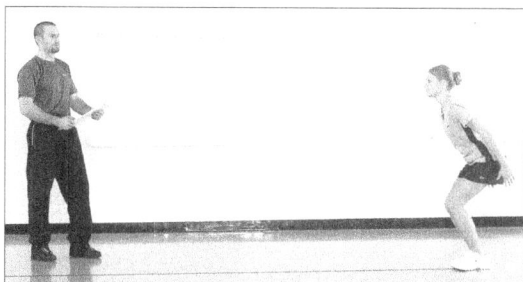

a

图13.6 站式跳远：a. 准备姿势；b. 尽可能远地向前方跳出

b

屈体跳

这是一个高强度的跳跃训练，需要在适当的热身与拉伸之后进行。只有当你可以完美地完成抱膝跳和跳远动作后才可以进行尝试。准备时双脚分开与肩同宽，手臂置于身体两侧，髋关节与膝关节微屈，手臂伸展。使用夸大的反向动作让手臂向后伸展，然后以爆发性动作向前向上拉动手臂（与垂直起跳相似），同时双腿伸直并拢在身体前方，向上抬起（图13.7）。在空中，你看起来就像是在完成坐姿前屈碰脚的动作。手碰到脚尖后，双腿落回地面，以准备姿势落地并重置双脚的位置。完成5~10次跳跃，每次跳跃后休息10~15秒。每次起跳前调整好你的身体，试着以更干净、更流畅的动作完成更高的跳跃。

图13.7　屈体跳

蹲立位药球投掷

使用2千克、4千克或6千克的可弹式药球。找一个壁球场或一条砖墙走廊。站在场地中心，距离每面墙都是相同的距离。蹲姿站立，屈膝保持脊柱挺直（图13.8a）。转动上半身和肩部，使用足够的力量将球抛向墙壁以使其反弹（图13.8b）。在身体稍前的位置接住球，接着快速抛向另一侧。在你接球时，可以稍微脱离蹲姿站位。

记住，这是一个蹲姿站位的训练，不要转动脚部，也不要转动身体变成弓步站姿，保持足、膝与髋关节的位置，仅旋转肩部并通过手臂将球抛出，维持稳定的蹲式站姿。你虽然是通过下肢产生爆发力和旋转，但是不要改变你的站位。使用蹲姿下产生的动力链接和爆发力将球抛出。

图13.8　蹲立位药球投掷：a. 蹲姿站立；b. 转体将药球抛向墙面

如果找不到带有两面墙的场地，那么就站在砖墙的一侧，投出并接住药球，每次动作后加大与墙壁间的距离。如果你发现存在左右差异，在弱侧进行更多的训练。

跨栏步

跨栏步不过是单腿站姿下的迈步动作模式，相比弓步是更加直立的动作模式。跨栏步经常在跳跃、踢腿和跑步中使用。但是，不要只考虑跨栏步里的动作，也要考虑脚的位置。在三种动作模式中，这是唯一一个单腿站姿。蹲姿是对称的双腿站姿，而弓步则是非对称的双腿站姿。

跨栏步这一独特动作为我们提供了很多对比左右两侧腿部稳定性与动作效率的机会。如果你在完成跨栏步或最初的动作筛查时出现困难，并已经通过核心训练、活动性与稳定性练习、力量和耐力训练改善了跨栏步动作，你就可以使用下面的练习来为曾经难以完成的动作模式增加爆发力、速度和敏捷。这些高速练习将帮助大脑更好地利用这些已经改善的动作模式。

交替跨跳

找一个长度为30~40码适合跑步的空间，建议有5~10码的额外距离用来减速和控制。用胶带标出起始线，然后在距离起始线5码的位置标出第二条线。

从起始线开始起跑，均匀加速向前，到达第二条线的位置时开始进行单腿跳，在空中尽可能远地跨步（图13.9a），然后用另一只脚落地（图13.9b）。用最快的速度尽可能远地继续跳远，直到每侧都完成2次、3次或4次跨跳动作。根据空间的大小调整跨跳的次数。在你完成一次交替跨跳，走回起始线开始重复下一轮的训练前，做一些拉伸，休息最多2分钟的时间。每次完成动作的时候，尝试用同样的步数超过之前的距离。完成5~8组训练。当你可以更加熟练地完成交替跨跳时，你也许可以将距离延长至100码。

a

b

图13.9　交替跨跳：a. 在空中跨步；b. 用另一侧腿落地

单腿弹跳

　　这个动作可以在和交替跨跳一样的场地和地面上完成，但动作的难度更大。此时跳跃不再是两条腿交替进行，而是整个动作是由一条腿来完成单腿跳跃。找一块30~40码大小的场地，标记好起始线和其后5码处的第二条线。

　　以跑动的方式从起始线出发，在第二条线处用右腿起跳（图13.10a）。上提你的左髋与左膝来帮助身体前进。右腿落地（图13.10b），然后再次跳跃。使用手臂和非跳跃腿完成画圈动作是正常和被鼓励的，这样可以帮助你稳定核心并增加跳跃距离。完成4~6次单腿跳，然后标记距离用于比较左腿成绩。充分休息后，使用左腿完成一组，然后交替完成2~4组动作。要特别注意单腿跳时是否存在左右两侧的明显差异。在达到平衡和对称前，你可能要先把目光专注在弱侧一边。

a

b

图13.10　单腿弹跳：a. 右腿发力起跳；b. 右腿落地

单腿上跳

确保训练前进行了充分的拉伸和热身。你需要一个6~18英寸高的跳箱，高度等同或稍低于膝关节是最理想的。呈跨栏步姿势站立，一只脚在跳箱上，另一只脚在地面上（图13.11a）。找到舒适的步距，不要夸张。

用跳箱上的脚起跳，将身体推至空中（图13.11b）。下落时回到起始姿势，两脚的位置不变。立即重复动作8~12次，手臂向上，两腿交替，每侧完成1~3组练习。

a b

图13.11 单腿上跳：a. 一只脚在跳箱上，另一只脚在地面；b. 用跳箱上的脚起跳

交替单腿上跳

使用一个6~18英寸的跳箱，高度应等同于或低于膝盖的位置。从右脚在跳箱上、左脚在地面的位置开始，用右脚蹬跳箱完成起跳，交换两腿的位置（图13.12a），落地时左脚在跳箱上，右脚在地面（图13.12b）。马上重复动作，再次交换两腿位置。完成1~3组每组12~16次的练习。

a　　　　　　　　　　　　b

图13.12 交替单腿上跳：a. 起跳姿势；b. 落地时左脚在跳箱上

跨栏步药球抛投

身体左侧面对砖墙站立，找一个1千克、2千克或4千克的可弹式药球。右手拿球，向下摆到身体一侧，然后用一个上提式的动作将球经身体前侧投向墙壁。球投向墙壁后，球应该沿着同样的斜线方式向下反弹回手中。当摆动手上提经过身体前方时，将左膝向上向前抬起，如同跨栏步动作（图13.13）。使用左腿形成的动力来反向平衡手臂投掷药球的动作。

当你建立了更好的协调性与爆发力时，可以远离墙面，这样就可以更远更用力地抛投药球并使其反弹。回弹的路径应与抛投的路径相同。注意是否存在左右差异。动作全程脊柱都应保持延长直立的状态。如果你观察到了明显的左右差异，就从弱侧开始首先提高其跨栏步下的爆发力。虽然惯用侧展现出更好的协调性是很常见的，但是，只要少许练习就可以提高两个方向上的稳定性与爆发力。

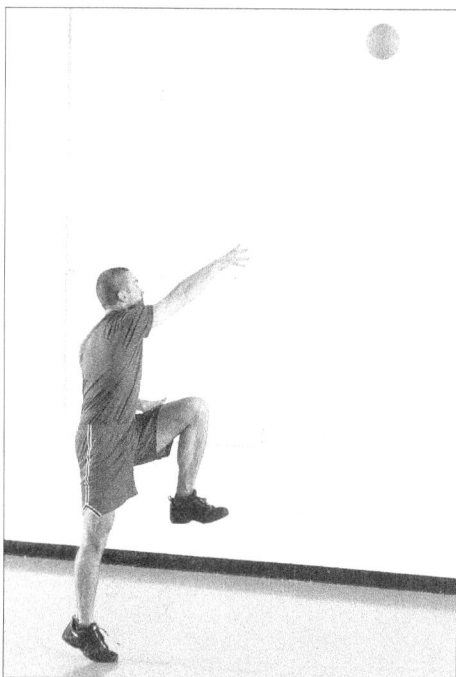

图13.13 跨栏步药球抛投

弓步

这是发展爆发力、速度和敏捷的第三个动作模式。下蹲、跨栏步和弓步被用来对具有共同基础要素的动作模式进行分类。下蹲、跨栏步和弓步不仅是不同的动作模式，也有各不相同的脚部位置。弓步脚位是非对称的双腿站姿，两腿前后分开站立，但是都与地面保持接触。弓步是稳定的低重心动作模式，用于在运动中改变方向、减速、快速转身和切线等。

分腿蹲跳

以脊柱延长的弓步站姿开始，后侧膝盖距离地面大约6英寸的距离（图13.14a）。前侧腿的髋关节屈曲呈90度，膝关节屈曲角度等于或大于90度。后侧髋关节伸展，膝关节屈曲至或稍小于90度。使用爆发力向上跳跃，先将手臂向后摆动，接着再向前以帮助身体完成上跳的动作（图13.14b）。保持身体平衡和控制，以同样的姿势落地。重新调整身体，再次跳跃，完成8~12次重复。交换两腿位置，在另一侧完成同样的弓步动作。每侧完成1~3组，左右两腿交替进行。

a   b

图13.14 分腿蹲跳：a. 从弓步站姿开始；b. 向上跳起

循环分腿蹲跳

开始的弓步站姿与分腿蹲跳中的角度和身体姿态完全相同（图13.15a）。最大的区别就是你需要在空中完成一次腿部循环，这样落地时交换两腿或弓步的方向（图13.15b）。循环动作应顺畅可控。跳得越高，就有越多的时间在空中完成换腿。使用同样的手臂动作辅助垂直跳跃，先向后完成反向动作，然后向前摆动将身体拉起。以稳定的姿势落地，然后立即跳起，完成1~3组每组12~16次的动作重复。

a b

图13.15 循环分腿蹲跳：a. 从弓步站姿开始；b. 起跳，在空中换腿

跳深

　　你需要一个12~42英寸高的跳箱。从与膝盖高度相同或更低一些的高度开始。直立站于跳箱顶部，双脚分开与肩同宽，脚尖离开跳箱的边缘。从跳箱上向下走（图13.16a），每次换不同的腿。双脚落地（图13.16b），在触地的一瞬间，手臂伸展完成反向动作，紧接着向前摆臂完成跳跃（图13.16c）。记住，这是一个增强式训练动作。你可以使用身体在触地一瞬所储存的能量完成快速向上的爆发性动作。如果正确完成动作，你跳深时所完成的垂直高度将大于从地面静止启动时的高度。你从跳箱上下落所获得的预载会拉伸肌腱，并因此产生肌肉的牵张反射。学习使用这个动作可以增加跳跃高度。完成一组20次的练习，试着在每次跳深中完成更高的距离。

　　跳深并没有使用弓步动作模式，但是它将让你为下一项结合弓步的训练动作做好准备。

a　　　　　　　　　　b　　　　　　　　　　c

图13.16　跳深：a. 站在跳箱顶部；b. 走下跳箱，双脚落地；c. 立即完成垂直跳跃

跳深加侧向移动

前面的跳深并没有使用到弓步动作模式。然而，它向你展示了如何提取和储存能力并再次应用，同时也展示了如何快速改变方向。现在你做一个下落动作，接着在触地的瞬间立即变换方向，完成跳跃。你的大脑可以把在垂直方向变换中所学到的技术应用到侧向的方向改变中。

使用和跳深同样的跳箱。走下跳箱，双脚落地（图13.17a）。让一名搭档站在你面前约10英尺处，指示你应该冲向哪个方向，左侧或是右侧（图13.17b）。另一种方法是让搭档将一个球弹扔向你所要冲去的方向，而你则试着接到球。你不会知道搭档所要指出的方向，但试着在必要的时间内做出反应，并仍然使用你从下落中所积攒的能量。

你和你的搭档可能会注意到落地后身体左右两侧加速能力的差别。通过额外的练习来训练较弱的一侧。完成3~4组，每组8~12次的练习，左右两侧冲刺的比例为50∶50。也可以让搭档使用70∶30或60∶40的比例来更多地训练弱侧。

a

b

图13.17 跳深加侧向移动：a. 从跳箱上下落，双脚着地；b. 冲向你的搭档所指的方向

弓步药球上提抛投

使用一个1千克、2千克或4千克的可弹式药球，身体左侧对着墙壁呈弓步姿势（图13.18a）。左腿在前，髋和膝均屈曲呈90度角，右侧膝关节在下。

右手拿球，向上挥臂抛出药球，使球经身体前侧投向墙面。球会借助墙面反弹回来，你不要屈体、扭转或失去平衡，保持脊柱直立，快速抬起右腿，迈步，呈右腿在前的弓步（图13.18b），让左膝下放，接住球并保持身体姿势。注意保持身体低重心下压，不要站起来，也不要让躯干前倾。

成功完成一次接球后，回到左脚在前的初始弓步姿势，再次重复上述动作。用这个练习沿着墙面完成5~7次接球。改变方向，在另一侧也完成5~7次动作。侧向距离墙面的距离越远，你所需要投掷的爆发力越大。如果其中一侧感觉更难，那就用更多的时间进行训练。建立协调性，爆发力就会随之而来。

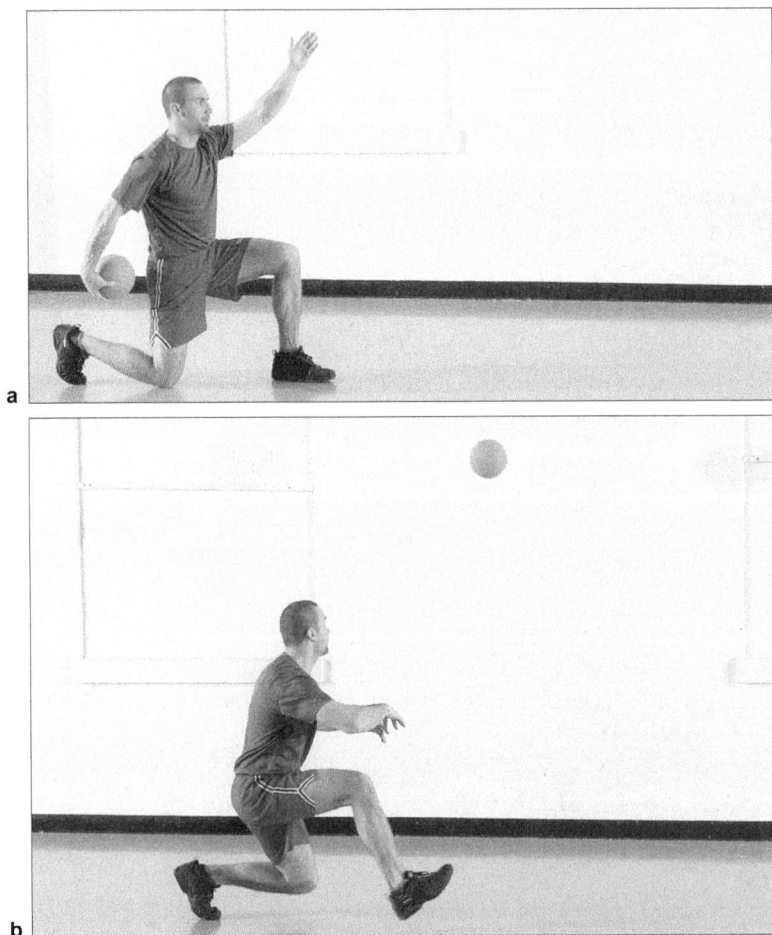

图13.18　弓步药球上提抛投：a. 从弓步姿势开始；b. 投球并换腿

速度动作

一些特定的跳绳技巧可以用来作为基础模式的补充。尝试下面这些基础和进阶的训练动作来建立自己的速度基础。在下面的章节里，巴蒂·李讨论了在他的跳绳训练系统中所使用的一些基本概念。看完巴蒂的跳绳入门介绍后，我会讲解他的跳绳动作与我们之前所讨论的动作模式之间的具体关联。

准备开始

开始跳绳前先通过原地慢跑完成热身。为了避免肌肉酸痛和损伤，在跳跃前、休息中和每次跳绳后都要拉伸小腿肌肉。上半身和下半身都要进行缓慢的拉伸练习，尤其是颈部、肩部、躯干、大腿、小腿前侧、脚踝和小腿后侧。这个在跳绳训练计划的早期是尤为重要的，可以避免肌肉损伤和酸痛。

选择一根轻重量的速度跳绳。跳绳长度适合自己身高，站在跳绳中心，将手柄拉至胸部、肩部或腋下处。根据需要调整绳子的长度。

跳绳时，紧紧握住跳绳的手柄，保持肘部贴近身体两侧。转动跳绳时，腕部画小圈。保持躯干放松，头部直立，通过注视正前方的某个物体来保持平衡。只需要跳起1英寸高，或是刚刚可以跳过绳子的高度就够了。使用前脚掌跳跃，膝与踝均保持轻盈的动作。

保持前脚掌动作轻盈是有效完成跳绳的关键。永远不要为了速度而牺牲最佳的跳绳姿势。

熟练掌握跳绳的技术

在前两周，专注跳绳技术，而非速度或耐力。跳绳是一项有技巧的动作，需要每次摇绳时掌握最佳的时机和协调能力。训练时只需要跳过绳子的高度，并用前脚掌轻轻落地。慢慢进阶，当你专注于熟练掌握跳绳技巧的时候，也要对跳绳可能打到脚的情况有所准备。为了避免酸痛，在每次跳绳训练前后都要做一些拉伸。坚持训练并保持耐心，很快你就可以发展出跳绳交叉训练计划所需要的时机概念、动作节奏和身体姿态。

进行基础的跳步时，双脚并拢，只需跳过绳子的高度，然后用前脚掌轻轻落地（图13.19）。跳绳从脚下通过一次，算作一个跳跃。

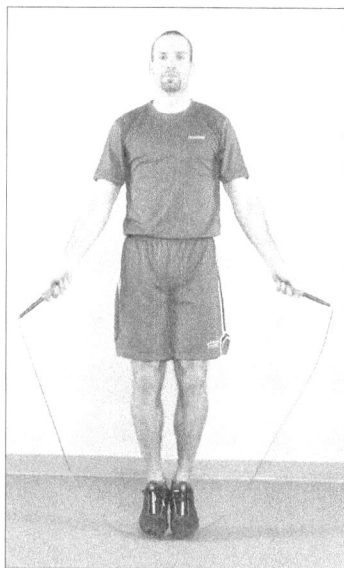

图13.19　跳步

进行换脚跳或慢跑步时（图13.20），交替换脚越过跳绳，膝盖抬高，就像在原地慢跑的动作一样。脚不要向后踢。记录次数时，只需要记录右脚完成的次数，然后乘以2就可以得到总的跳跃次数。

在第一周，每天完成两次，每次最多5分钟的基础跳步和换脚跳。根据你的技术水准，可以从每次训练1~5次开始，或每次完成5~25次跳跃，训练组间安排休息。影子跳绳——将跳绳在身体一侧摇动来练习掌控节奏和时机的感觉。

目标1是学会无失误地完成至少50次连续的基础跳步和换脚跳。目标2是学会在基础跳步和换脚跳之间完成转换。完成4组（每组30~60秒）基础跳步练习，接着再完成4组换脚跳的练习。每组里，在无失误的情况下完成尽可能多的跳绳动作。当你可以顺畅转换的时候，交替进行这两项练习，并继续保持节奏与时机。

图13.20 换脚跳

当你可以在基础跳步与换脚跳间顺畅转换时，你就为目标3做好了准备：发展跳绳的能力。在无失误的情况下，交替完成总数为100、200、300、400或500次的基础跳步和换脚跳。找到动作节奏，先是2次基础跳步，然后换右脚，接着左脚，完成一个四拍的动作。目标4是保持至少每分钟140转（RPM）的摇绳速度，或大约每秒2.5次。找一个人帮你计时。

交叉训练跳绳

下面的要点是为针对速度、爆发力和技巧的跳绳体能计划所做的准备。所有这些技巧都来自于之前所解释过的两种基本步法：跳步和换脚跳。尝试影子跳绳（完成技巧时不是真正跳绳，而是将绳子在身体一侧摇动）也许会对训练节奏和时机有所帮助。

进行横向分腿跳时，第一次摇绳从基础跳步（双脚并拢）开始。第二次摇绳时，双脚分开与肩同宽（图13.21）。来回交替，如同开合跳的动作一样。

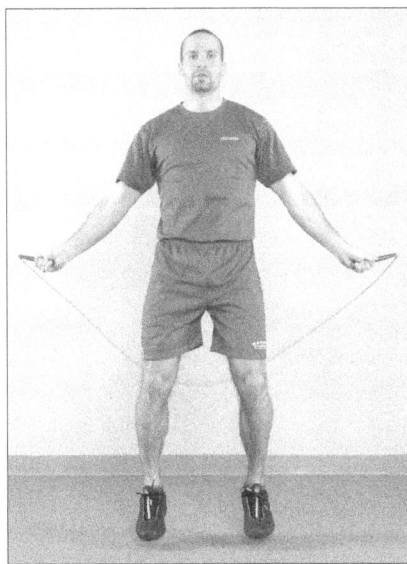

图13.21 横向分腿跳

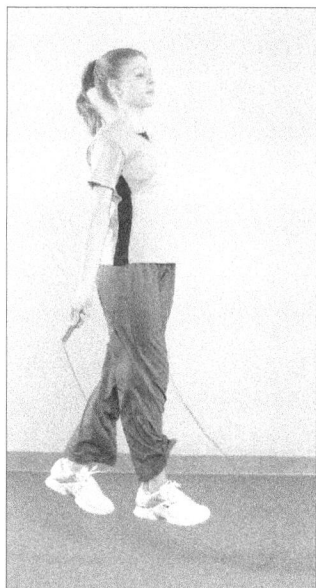

图13.22　前分腿跳

前分腿跳：第一次摇绳时，一只脚向前跳，呈分腿姿势（图13.22）。第二次摇绳时，换脚，将另一侧的脚移至前方。双脚间只有几英寸的距离。每次摇绳时交换双脚位置。

滑雪者跳：第一次跳跃时双脚向右跳几英寸，第二次跳跃时双脚向左跳几英寸，就如同障碍滑雪运动员的动作（图13.23）。保持双脚并拢，躯干朝向前方。

摇铃跳：向前跳几英寸，然后向后跳几英寸（图13.24），看起来就如同前后摇摆的摇铃的铃舌。

图13.23　滑雪者跳

图13.24　摇铃跳

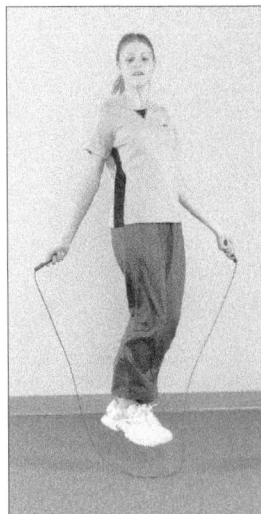
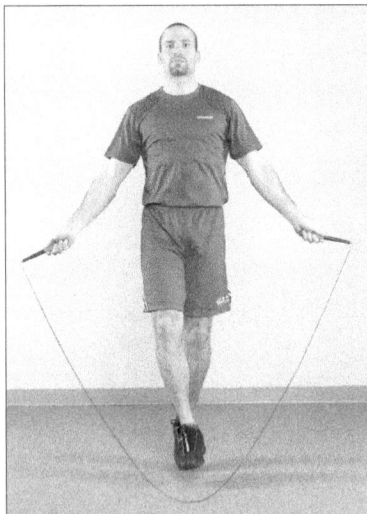

扭转跳：双脚并拢跳跃，将下半身转向左侧（图13.25）。下一次摇绳时，跳跃，将下半身转向左侧。

X形交叉跳：第一次摇绳时，跳跃呈横向分腿姿势（两脚分开与肩同宽）。第二次跳跃时，将一侧腿交叉置于另一侧前（图13.26）。第三跳时，回到分腿跳的姿势。第四跳时，将另一侧腿交叉放到前方。

图13.25 扭转跳 　　　**图13.26** X形交叉跳

前插步时，将一侧脚前伸几英寸的距离，膝关节伸直（图13.27a），两脚交替，保持身体直立。做后插步时，将一侧脚后伸，屈膝，两脚交替（图13.27b）。这个动作与低位踢腿的动作相似。

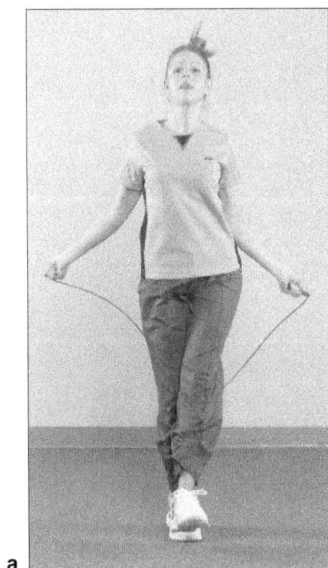
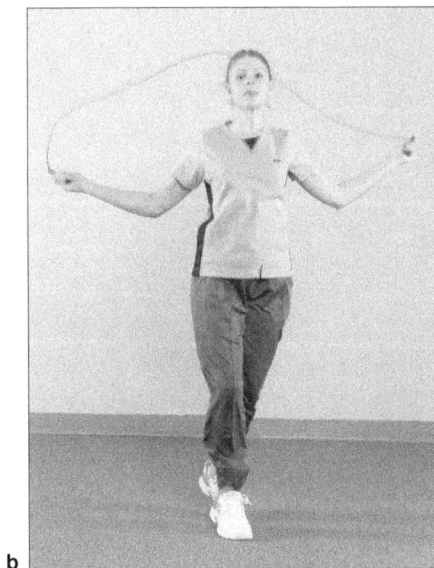

a 　　　　　　　　　　　　b

图13.27 a. 前插步；b. 后插步

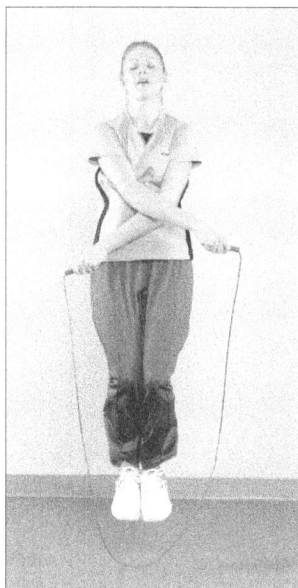

图13.28 手臂十字跳

手臂十字跳：两臂在腰线处交叉，围绕身体摇动跳绳，手臂需要伸到身体两侧以制造足够宽阔的环形来完成跳跃（图13.28）。在第二跳时打开手臂。每隔一次跳跃，交替变换手臂姿势。

侧摇接跳：让跳绳在身体右侧摇动，然后再换到左侧（图13.29）。伸展右臂到身体右侧，打开跳绳，并从绳上跳过。

强力跳：双脚并拢，相比基础跳步完成更高的跳跃（图13.30）。用手腕快速转动跳绳，让跳绳在一次跳跃中两次从脚下穿过。为了获得良好的跳跃姿势，头部应朝向前方，身体放松。

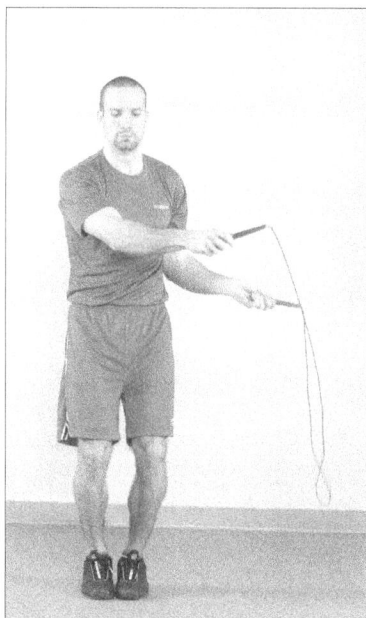

图13.29 侧摇接跳

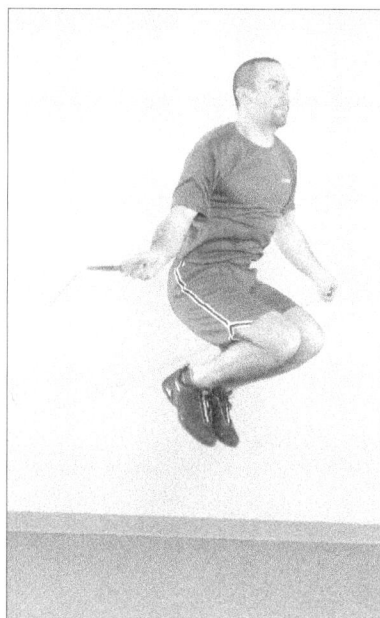

图13.30 强力跳

体能训练

当熟悉掌握了跳跃技术和交叉训练所需的基础跳绳技巧后，就要将关注点放在提升耐力和增加跳绳摇速至200RPM上来。根据当前的跳跃能力和体能状况，这个阶段可能会持续4~6周的时间。

体能训练计划的第一个目标就是完成摇速140RPM的5分钟连续跳绳。第二个目标是完成10分钟摇速140RPM的跳绳。使用基础跳步或换脚跳，或是两者的结合。训练的目的是连续的高速动作。第三个目标就是将速度提高至180~200RPM。第四个目标，也是最后一个目标，就是持续性的测试。你应该了解自己30秒或1分钟的最大摇绳次数。持续检查这些数字，并尝试提高或保持你的现有水准。

循环训练

这一循环训练计划是为交叉训练制定的，设计它的目的是为了提高平衡性、协调性、节奏、时机和注意力，以及在具备更好的运动表现所必备的足部、踝部、腿部和腕部力量的同时，发展无氧能力、速度、敏捷、灵活、爆发力和力量。

通过慢跑或1~2分钟的无绳跳动来给肌肉热身。进行全面的拉伸，特别是小腿的肌肉。

在接下来的6分钟里，以中等强度，即180~200RPM的摇速或最大心率（MHR）85%的强度完成所有交叉训练中的专项跳跃练习。

接下来的4分钟里，要完成下面的训练循环。整个循环需要完成2次。用尽可能快的速度或最大心率的95%及以上跳动。在这些站点间交替，保持高强度。每一站，跳跃的时间为30秒，然后积极恢复（原地慢跑）30秒。

- 第一站，速度：换脚跳
- 第二站，爆发力：强力跳（双摇）
- 第三站，技巧：侧摇跳和手臂十字跳

用低强度的慢跑降低心率，完成冷身。进行全面的拉伸，特别是小腿的肌肉。

根据自己的节奏进阶，永远不要过度训练。太多太快的跳跃会带来一系列的问题，例如胫前痛、小腿肌肉酸痛、肱三头肌和肩部损伤等。我的目的是保持你的积极性和不会受伤，这样你就可以继续把跳绳作为你运动训练计划中必要的一部分。

跳绳训练的具体应用

巴蒂·李的训练系统中的一些跳绳动作可以具体应用到三种最基础的动作模式中，它们分别是：下蹲、跨栏步和弓步。在那些对你来说困难最大的动作模式中，使用跳绳动作来完善你所训练的身体部位，以强化身体的敏捷、灵活性和耐力。

只有拉伸与核心训练是无法满足敏捷、最大速度和速度耐力需求的。只进行跳绳还会有可能强化错误的力学结构。那些动作模式受限的人也依旧可以跳绳，因为这是一个非常紧凑的训练动作，并不需要最大化的活动范围。虽然不良动作模式并不会被解决，还有可能被强化，但是跳绳不太可能造成更多的体态或力学结构问题。你在跳绳时可能使用的不良姿势和力学结构要远远小于慢跑或跑步。当速度很快的时候，转动的跳绳并不会允许身体出现明显不良的姿态或不好的力学结构。如果你的跳跃方式有问题，那么你将不太可能在不抽到脚的情况下持续转动跳绳，你将不断地停止和开始。慢跑和跑步并不能提供这种水平的动作质量反馈。跑步中，体态和力学结构可能会出现巨大的改变。实际上，慢跑和跑步还有可能导致不良的力学结构和体态。拉伸与核心训练可以建立对于身体左右两侧差异与限制的感知，并提供矫正平衡性问题的机会。速度与敏捷训练提供了动作学习的机会，但是你不希望强化不对称性和限制。因此，平衡身体，然后增加速度。

要改善下蹲动作，使用横向分腿跳、滑雪者跳、扭转跳（也是很好的躯干旋转训练）和摇铃跳。对于跨栏步，尝试进行高位跨步——在换脚跨步时，夸大髋关节和膝关节的上提动作。高位跨步也对主动直腿抬高有很好的效果。你也可以使用髋屈跳，这是一个单腿的跳绳动作，非跳跃腿一侧的髋膝屈曲呈90度角。尽可能快地跳绳，弯曲一侧的腿保持最小化的动作幅度。对于弓步，使用前分腿跳和X形交叉跳。

跳绳本身就是速度训练，因为很容易记录规定时间内的跳绳次数，可以借此显示运动效果的变化。记录如下信息：

- 跳绳动作的种类
- 训练组数
- 每组训练时间（30秒、1分钟……）
- 组间休息时间（30秒、1分钟……）
- 动作次数或摇绳次数
- 左右两侧的表现差异

这里有很多可以修改的参数，但是每次只需要改变一种。如果你多加了一组，就不要改变其他参数。你可以延长跳绳时间或减少休息，但不要两者同时进行。你也可以保持训练时间，增加摇绳的次数。你也可以尝试在后面每组中保持与初始组（通常是你最快的速度）一样的摇绳次数。

训练所有三种基础的动作模式——下蹲、跨栏步和弓步——但是如果有问题存在，专注于问题部位。跳绳可以提供很多不同的训练选择，可以在很短的时间里完成高强度的训练。跳绳相比短跑和传统增强式训练来说，对身体没有那么强的震动和冲击。跳绳时，动作小而干脆，跳跃短暂而迅速。速度是大多数跳绳训练计划的重点。因为跳绳强调速度且对身体的压力更小，因此是赛季期间和保持训练水准的最佳选择之一。

巴蒂·李的5分钟速度训练计划

　　开始这个跳绳训练计划前，你必须有能力完成持续5分钟摇速140PRM的跳绳。这个计划设计的初衷是为了发展运动员敏捷、速度、力量、耐力和时机掌握间的协同性。这种协同性会成为运动表现的利刃，从而影响比赛的输赢。原地无绳慢跑热身，避免肌肉酸痛和损伤。在跳绳前、训练课上和训练课后，进行上半身与下半身的拉伸，重点拉伸小腿。

　　运动员需要尽可能快速高效地完成跳绳动作，每两组训练之间有10~15秒的休息时间。计算跳跃次数，试着在下一组内完成同样或更多的动作重复。

1. 换脚跳：50次

2. 跳步：25次

3. 换脚跳：50次

4. 强力跳：25次

5. 换脚跳：50次

6. 前分腿跳：25次

7. 换脚跳：50次

8. 滑雪者跳：25次

9. 换脚跳：50次

10. 滑雪者跳：25次

11. 换脚跳：50次

每周使用这个训练计划2~3次。

冲　刺

　　一旦建立了动作模式、核心训练和跳绳训练的坚实基础，冲刺跑就是最好的速度发展选择。跑步和冲刺是基础的人体运动。即便是运动项目里不直接依赖跑步或冲刺能力的运动员也可以从速度训练中获益。跑步和冲刺训练可以强化稳定的核心与基础运动协调性。

　　我认为下坡冲刺跑是提高速度的一种自然而有效的方法。《体育速度》一书的作者指出："相比平地上的冲刺训练，结合下坡与上坡冲刺跑已被证明可以让跑者在每秒内完成更多的步数。"鉴于上坡冲刺跑可以迫使你更加用力，下坡冲刺跑则可以让你跑得更快。重力的效果将把你拉下山坡，协助你进行冲刺，这样你将发展出更大的动量。这额外的一点速度将迫使你增加自己的步频与步长。

　　找一块坡度不超过3.5度的草地。坡度大于3.5度可能会增加你受伤的风险，同时也不会产生预期的效果。你还需要在下坡前有20码的平地来进行加速，最理想的应该是在下坡后还有20码的平地来进行减速。在5周的时间里，从2~3次进阶到9~10次下坡冲刺。从下坡前只进行10码加速开始，慢慢进阶到20码的加速距离。从约2分钟的组间休息开始，当你达到9~10组冲刺时，增加休息时间至3.5分钟。每周完成2~3次训练，把这作为热身与拉伸后训练的第一部分。当你感觉疲劳、紧张或僵硬时，不要进行下坡冲刺跑的训练。

关于正确冲刺姿势的分析，让研究人员能够识别高效动作中的关键因素，它也显示了冠军选手间类型与技巧的多样性。这种多样性告诉我们，运动员需要提高自己的基本动作类型，而不是完全模仿他人的技巧。

关于冲刺训练的提示

- 使用你的手臂，但是保持放松，从肩部摆臂。
- 让身体倾斜，但不要屈体。你的身体相对地面应该有一个向前的倾斜，而不是从髋关节处屈曲。多数运动员都会把倾斜动作夸大一些。因此你可以前倾，但不要强迫身体。
- 不要用脚趾跑步，要用前脚掌跑步。让足跟完成地面接触，用前脚掌推地完成动作。
- 不要过度迈步，要让脚落在身体（你的重心）的下方，脚的落点超前只会使身体减速。
- 不要迈步过小或只关注动作韵律。这样你的动作很快，但不会移动很远的距离。让你的步长和步频一起创造一个顺畅、互补的节奏。

敏捷

推动静止的身体完成快速动作并产生最大化力量，需要同时拥有力量和爆发力（速度力量）。一名运动员可能非常强壮，但是缺少爆发力，因此无法完成快速的40码或40米冲刺跑。速度和爆发力训练应该包含与运动项目类似的动作（这是训练的专项性原则）。

本节中选择的三个练习代表了大多数场地运动中所需的特定敏捷类别。这些练习可以进行左右差异比对，并可以通过记录时间来展示进步程度；也可以作为两名运动员之间的小竞赛，多数情况下可以借此增加训练强度；还可以提高方向变换和低重心的控制能力。每项训练都将用到弹力管。

使用弹力管的绳索训练，具体关注的是动作的其中一个元素，从而让你变得更加稳定和更具控制力。实际上，弹力管是用来纠正错误动作的。

例如，一名网球运动员需要快速地从准备姿势启动，但是他有站得过高和把重心转移到足跟的习惯，这样他将失去宝贵的几秒时间。但如果他能以放松的准备姿势将重量放置在脚趾上，上面这些就不会发生。训练时，腰部的弹力管会把运动员向后拉（导致重心在足跟的错误姿势）。大脑会自动产生一个前移重心的信号，使身体进入更加稳定的准备姿势。如果网球运动员在击球时使用弹性阻力，那么就可以纠正他的错误。

很多训练都可以使用弹力管完成，但是需要确保该训练可以促进正确的力学结构和重心转移，并产生更好的技术和运动表现结果。任何弹力管训练都可能会让运动员达到出汗的效果。想出20或30种不同的弹力管训练来练习是容易的，但要认真对待训练，不要浪费时间。选择几个训练，例如下面的3个，坚持练习，并试着在技巧和时间上做些调整。

如果弹力管使用不当，也可能会发生危险。它应该被用来模拟更好的动作模式，或当作一种间歇训练的形式使用。进行5分钟完成良好的训练比15分钟无重点的胡练要更好（即便胡乱练习可以燃烧更多的热量）。任何练习都能让身体得到锻炼，但只有以真实比赛速度或以接近比赛速度完美地完成训练，才能锻炼身体的神经肌肉系统。在多数情况下（无论什么体育项目类别），以下练习都是足够的。你需要左右两侧的方向平衡、良好的力学结构、快速执行和恢复的能力。不要让过多的动作导致训练复杂化。事实上，只需几个动作就可以帮助你建立个体基础、规划进度和设定训练目标。不停地变化使用新动作会失去对目标的认知。

以下3个练习是提升敏捷素质的绝佳选择，但是弹力管会带来更高的能量消耗，所以疲劳会来得更快一些。几乎所有的运动项目都需要高水平的敏捷素质，但是在比赛全程保持其敏捷性也是同等重要的。如果因疲劳或不良的身体力学而导致敏捷素质快速下降，那么运动员永远无法以其初始的状态完成比赛。通过下面的敏捷练习可以来同时训练多方向速度、整体协调能力和进行间歇训练。

半月形弹力管滑步

将5个篮子相隔10英尺分开摆放成半月形（图13.31）。在每个篮里放3个网球，起点处的篮子是空的。将弹力管系在搭档身上或一个稳定安全的物体上。弹力管与腰带相连，当你站在起始线时，弹力管刚好可以拉直。前往任何一个篮子处，拿出一个球，回到起点，把球放到空篮里。然后前往另一个篮子，重复上述动作。拿球的顺序没有要求，但不要把球扔进起点处的篮子里。

记录完成练习的时间，或和朋友比赛。这个练习挑战的是多方向的灵活性与敏捷，以及耐力。与自己或别人进行比赛，尝试在4轮里保持同样的速度。记录平均用时并作为总分。

图13.31 半月形弹力管滑步

镜面训练

这个训练需要4个篮子、4个网球、一名搭档和一个帮助握住弹力管的朋友。将篮子相隔6英尺摆放成一条直线（图13.32）。你与你的搭档相对站在线的两侧。用侧弓步或侧滑步，快速沿着直线侧向移动，直到一端的4号篮子处。4号篮子里有4个球，其他篮子都是空的。从4号篮子中拿出一个球放进3号篮子里。快速跑回4号篮子处，再拿出另一个球放到2号篮子里。继续进行，直到每个篮子里都有一个球。

和你的搭档交换位置，再次完成这个训练内容。这个练习也可以自己单独完成，但是与搭档一起做会更有趣，因为当与别人比赛的时候你会更努力一些。记录完成时间，或取4轮的平均值。注意左右两侧的差异性。

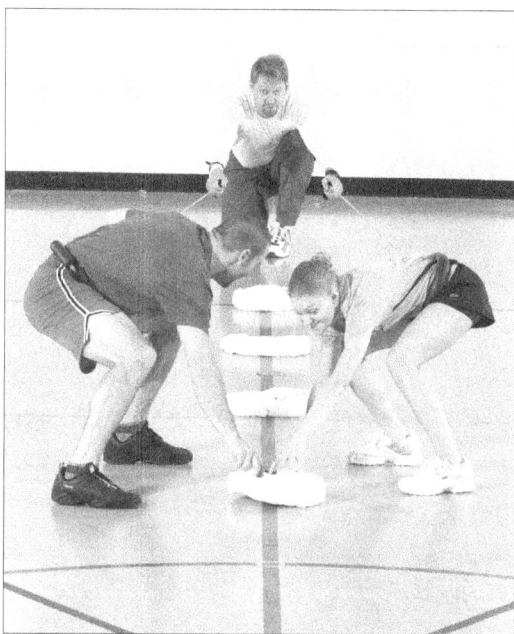

图13.32　镜面训练

药球迷你网球

不要因为名字中的网球一词吓到你。即便不是网球选手，也可以从中获得针对上半身与下半身的良好训练，并可以使用多种不同的动作模式。这是一个既有竞争性又有乐趣的绝佳体能训练。

在《网球的爆发力、速度与耐力》一书中，杰克·汤普森和我提出了名为"药球迷你网球"的针对网球运动的有效训练方式，这种训练对于其他场地运动也有很好的迁移效果。虽然这个训练需要准备一些器材和花费一些时间来设置场地，但是对它所具有的很多基础特点来说，是非常值得的。这是一个颇具竞争性的练习，可以制造出极好的间歇训练场景。它可以孤立并同等地挑战身体左右两侧的动作，并结合了弓步和下蹲动作中低重心且有力的站姿。这个训练还结合了上肢动作模式中的上提与下劈动作、夸张的重心转移，以及辅助及抗阻的弹力管训练。在一个方向上，弹力管会辅助你，增加身体的力量和稳定性；而在另一个方向上，弹力管会帮助你提供速度，使你能够展现出更好的控制和减速能力。

你需要弹力管和合适的举重腰带、一个标准网球场和一个可充气药球。药球的重量为2~6磅或大约运动员体重的2%。

在中场或接近中场的位置，将弹力管固定在你身体右侧的物体上。同时，在中场附近将弹力管固定在你对面对手身体左侧的物体上。确保弹力管固定在稳定的物体上，所有的连接处都是安全和保险的。你需要弹力管在起始位置时微微绷紧，不要过度松弛；但同时你也希望绳索具有足够的弹性，以允许你可以到达场地的另一端，这需要使用高质量的弹力管。如果不能满足上述的标准条件就不要进行这项训练。还有一种方式就是让两名搭档来握住弹力管，并确保弹力管全程都不要过度松弛。

在开始迷你网球时，弹力管应位于身体的侧后方，这样就不会在下劈与上提动作中阻碍药球的投掷动作（图13.33）。可充气药球可以通过充气和放气来调节弹力。给药球充气后，反弹就会更干脆、更高和更快，也需要更多的脚部移动与速度。放气后的药球则会让反弹更加水平，因此需要在投球时有更多的爆发力与快速动作。两种方法都很好，你只需要决定自己训练的重点是什么。你是想用一个放气的药球来训练上半身，还是充气的药球来训练下半身呢？或者在前2~3组中使用充气的药球，接着在后面的2~3组中使用放气的药球。

图13.33 药球迷你网球

虽然你没有使用球拍，但你同样需要做正手与反手动作，每次接球和扔球时都要使用双手。如果任何一次接球或扔球中没有同时使用双手，对手得一分。

所有投出的球都应在网球场的前半部完成反弹。如果你在地面反弹前接住药球，那么就可以用任何你喜欢的方式将球抛回，只要球仍在界内并在对手的前半场内完成反弹就行。你可以冲向球网接球并迅速将其抛回。如果你把球投向与弹力管锚点相反的方向，此时弹力管将在对手跑去接球的时候成为阻力。当他接住球回传给你，你又迅速地将球扔向弹力管锚点的后侧时，对手就必须应对弹力管产生的加速运动，控制身体减速并完成接球及回传动作。

利用弹力管和投球的方位来得分，没能将球回弹到前半场则对手记一分。两侧交替完成同样的次数并记录每局的分数。如果对手的力量或爆发力比较差，那么他可能需要使用阻力较小的弹力管。如果你们使用不同阻力的弹力管，那么在每次交换场地的时候带上自己的弹力管。你也可以使用面积较小的场地来匹配爆发力较弱的选手。

你可以用开放或闭合的站姿来进行药球迷你网球训练。开放的站姿是从蹲式站姿开始，躯干始终面向对手的方向。这将需要你旋转肩部来完成接球和回传反弹。你可以用上提模式的弧线动作或下劈模式的扣球动作将球回传给对手。不要被绳索绊倒。如果感觉弹力管很碍事，可以将其后移一些，固定到中后场边的栅栏上。

如果你选择使用闭合站姿，那么将前侧腿交叉跨到身体另一侧。如果你是右手且准备做一个反手动作，就将右腿跨到身体另一侧。如果你准备做正手动作，那么就把左腿跨至另一侧。你也许可以选择将前述两者结合。蹲式站姿让你做好准备姿势，这样你的动作不会偏向于任何一侧。弓步站姿会让你更好地在一个方向上加速和减速，但是身体动作将多少被局限在场地的一边。

享受这个训练，保持竞争心态。试着在同样的强度下进行越来越长的时间，这种天然的竞争性间歇训练会帮助你拥有更好的技巧，无论你从事何种体育项目。上半身与下半身的训练如果达到了很好的平衡，其结果就是效果极佳的功能性核心训练。

第五部分

运动表现训练计划

第14章

旋转与摆臂

我最喜欢的一句体育名言来自高尔夫选手李·特维诺："重点是印第安人，而不是弓箭"。我确信他所说的是那些不停升级自己装备的高尔夫选手，他们忽略了自己的挥杆动作、柔韧性、核心稳定性、策略或击球技巧。但我认为这句话同样也适用于所有运动员，尤其是那些需要使用摆臂或旋转动作的人。

打击棒球或垒球、挥动网球球拍或高尔夫球杆、使用曲棍球球棒或冰球球棒都是摆臂动作。旋转动作被用于皮划艇、划船、武术和摔跤运动中，这些运动员通过运用摆髋和扭转动作来击败对手。

通常情况下，人们注意的都是器材，而非运动员（用李·特维诺的话说，是弓箭而非印第安人）。我们很容易关注运动中的器材或工具，但是不要忘记平衡身体与训练核心的基本方式。当你越多地训练如脚部站位、重心转移、重量转换等基本元素，耐力和体力就会变得越好。这会让你训练更长的时间并打磨自己的技术。但是如果你只关注技术，而不从事基础建设，这将大大减少你在疲劳出现前的训练量。

本章里的补充练习所关注的是摆臂与旋转中的动作。你需要探索每一项训练，判断它是否与你的运动项目相关。虽然有很多其他训练都可以作为摆臂与旋转动作的补充，但是本章中所介绍的动作对于判断多方向运动需要应用的左右对称性来说是最为基础和必要的，还可根据不同的运动能力与训练强度进行调整。

第5章中的测试动作（深蹲、跨栏步、直线弓步、主动直腿抬高和坐姿旋转）对旋转与摆臂来说都是非常重要的，但是下蹲与坐姿旋转则是最基础的。确保这些动作模式没有受限，可以很好地完成，以及在坐姿旋转中没有不对称的问题存在。

站姿药球胸前传球

这个测试可以快速地显示左右两侧旋转或摆臂能力的爆发力差异。无论运动专项动作的模式是对称的还是非对称的，通过训练将差异控制在10%以内。

你需要一块安全且无障碍物的空地，以及一个约等于自己体重2%的药球（表14.1）。在地上粘贴胶带或画线形成两条相交成T字形的直线。站在两条线的交点，双脚站在左右方向的线上，面向分线线。从双腿蹲的站姿发力，不要上步，尽可能远地投掷药球（图14.1a）。投掷轨迹呈弧线，努力达到最大距离。进行2~3次投掷，记录最好成绩。

现在沿着右手边的直线投掷，然后再换到左手边（图14.1b）。每边完成2~3次投掷后，记录最好成绩。不要改变脚的位置，也不要上步。当向左侧投掷时，你主要通过右臂发力；当向右侧投掷时，主要通过左臂发力。身体不要失去平衡，也不要倾斜或平移重心。腰部以下，几乎不要有动作。以一个屈膝屈髋的姿势站立，比你正常的站立高度低约2~6英寸，双脚分开，足跟接触地面。

比较左右两侧和面向正前方的投掷。左右两侧的距离应至少达到正向投掷的一半。左右两侧的距离差距应小于15%，如果过大，那么就针对弱侧进行训练。本章中的训练都有提供左右侧的选择，以便均衡训练身体两侧，或是着重训练蹲式站姿中某一侧的特殊弱点。

不需要对比其他运动员的成绩，除非你们的身材与体重相同。这项测试被设计为运动员可以用一个较轻的药球，尽可能快速地完成动作。专注于缩小左右两侧差异，将差异控制在10%~15%的区间内。

表14.1　站姿药球胸前传球使用药球重量表：约为体重的2%

体重（磅）	药球重量，磅（千克）
120	2.4（1.0）
140	2.8（1.0）
160	3.2（1.5）
180	3.6（1.5）
200	4（2.0）
220	4.4（2.0）
240	4.8（2.0）
260	5.2（2.5）
280	5.6（2.5）

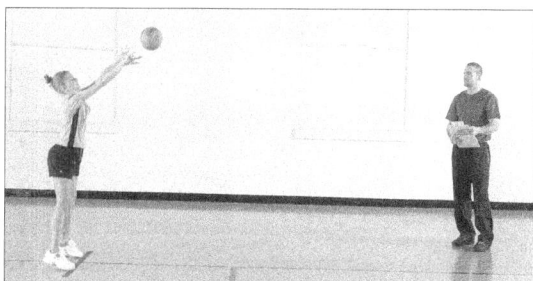

a

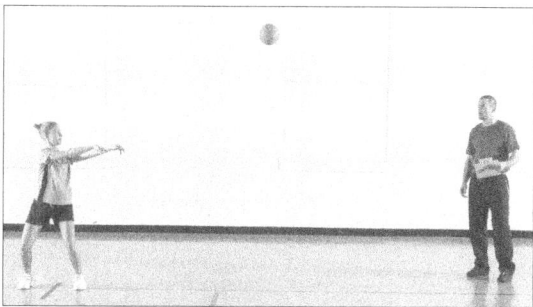

b

图14.1　站姿药球胸前传球：a. 从蹲式站姿开始，尽可能远地向前投出；b. 将球向侧面投出

投手与打击手

即便是精英级别的投掷运动员，也可以从旋转与摆臂训练的基本功中获益。虽然投手和打击手的终极目标是完成投掷或打击，但建立一个扎实的旋转和摆臂动作基础也是至关重要的。本章的内容是具体的投掷与打击（第15章）训练的基础。

人类表现科技公司的主席兼CEO克里斯·韦尔奇说过："投掷、打击和摆臂（在大多数情况下）都是两种力的结果——线性的力与旋转的力。"这两种力驱动着投掷与打击所需的不同动作模式。无论运动员迈步、跨步还是保持双脚不动，他都在用下肢使身体重心先远离目标，然后再接近目标。同时，一个卷曲动作和紧跟其后的解卷动作会从髋部开始，然后转移至肩部和手臂。目的并不是要产生旋转爆发力，而是将线性或平移重心的爆发力转换成旋转爆发力。设想一个短而有力的爆发力动作被转化为一个快速的大幅度动作。

为了让这个概念更形象化，设想一个中心偏移的游乐场跷跷板。如果你走上较短的一端，较短一端下降的距离要小于较长一端上升的距离。你将一个短距离的力量转换成了速度，因为较长一端在同样的时间里移动了更长的弧线距离。在阅读第14章和第15章时，要记得这个概念。

因为摆臂和旋转动作产生爆发力的方式与投掷和打击动作有许多的共同点，因此很难将这里面的信息或训练计划分开来处理。从实际角度出发，我们认为旋转和摆臂包含双手同时的动作，而投掷与打击则专注于将能量导向单侧手臂。同时，投掷或打击时会更容易见到下肢的动态（可以只是简单的上步）动作。棒球选手和曲棍球选手经常在挥杆前上步。冰球运动员在冰上和击球时则处于持续的运动中。相对而言，高尔夫选手会使用静态且稳定的姿势。虽然高尔夫选手在挥杆时不需要上步，但是平移重心提供了爆发力中的线性部分。对我们来讲，多数情况下旋转或摆臂运动中下肢的运动更少。

另一个旋转与摆臂中的重要元素就是对称性。高尔夫选手、棒球运动员和桨手的摆臂或旋转动作都只涉及一侧身体单一方向上的动作，而曲棍球运动员、皮划艇选手、网球和壁球运动员则使用两侧肢体来完成摆臂和旋转动作。无论运动项目本身的动作是不对称的（单边）还是对称的（双边），首先进行对称性训练都是非常重要的。平衡的身体在工作时是最好的，即便是在非对称性的活动中。

记住，你不是为了技术训练，你是在完善技术，为技术发展构建基石和建立动作的基础。摩天大厦的地基看起来并不引人瞩目，但是从最终的结果来看是值得的。我们将使用第9章中讲过的下劈与上提动作来进行多方向的动作训练。

钢线训练与药球训练

进行标准的棍柄下劈时，你应垂直于钢线架站立或跪立在器材旁。你在投掷药球时，会使用下劈模式，此时身体侧对墙面或搭档。如果你朝着钢线架的方向或远离墙壁和搭档的方向转动，那么你是在训练跟随动作。如果你朝钢线架相反的方向或面对墙壁或对手的方向转动，你所训练的就是动作的启动或初始阶段。同样的道理也适用于用药球完成投掷或下劈时的剪刀步站姿或蹲式站姿。想使用这种方法精确地完成运动专项动作里完整动作范围的摆臂和旋转模式几乎是不可能的。

有些人会用钢线架来尝试复制运动专项里的摆臂和旋转动作，但这是错误的方法。其实应该将动作分解为2~3个模式，然后让大脑在进行完整动作时再将这些模式进行组合。

想象棒球里的挥棒动作，暂时忘记球棒和手的位置，这个动作是从下面产生力量，并使其传过核心。想一下站姿下的下劈与上提（第106页）。右撇子的人的第一个动作是从身体的右侧至左侧的下劈，想象一条穿过身体的斜线。现在，做一个从右至左的上提。第二条斜线划出了一个穿过身体的X。这个X代表了制造棒球挥棒时的弧线运动所需要的所有肌肉。

字母U可以代表一个自然的弧形运动。网球和冰球以及其他运动中所使用的摆臂和旋转动作相比棒球的挥棒更加紧凑，运动范围也更小。下劈与上提结合了正确完成这些动作时所需的核心稳定性与重心平移。

你可以轻微旋转身体来增加下劈与上提的初始阶段、跟随段或结束段的挑战，这样做是测试活动性与稳定性、身体感知和协调能力的一种有效方法。当你在初始位置向后更深更长地伸展时，或在跟随段更远地推动时，你就有可能出现代偿，丢失脊柱的直立角度或用不好的姿势完成动作。如果出现了这样的情况，回归基础，保持脊柱拉高和直立。使用手臂完成动作，尽可能多地旋转躯干但不要丢失脊柱的姿势，这样手臂就不会承受不必要的负担。

尝试不要转动髋关节和骨盆。但是，在真实的体育活动中髋关节和骨盆都会随着摆臂的动作发生旋转，这是一个几乎不可能被有意识训练的极为快速的小弧线运动，因为它是作为整体动作模式的一部分发生的。如果髋关节的旋转弧度过大，那么速度和加速能力就会受到影响。身体是无法同时增加速度与活动范围的。髋关节的旋转应该紧凑、稳定和迅速。

当使用半跪姿势或其他姿势完成下劈与上提时，髋关节肌肉所完成的等长收缩（没有关节运动）与自由动作和体育动作中产生髋关节旋转时的肌肉收缩次序是完全一样的。不要孤立地训练髋关节的旋转。髋关节所产生的肌肉张力会制造足够的肌肉基因，让你在真实的比赛速度下也可以完成快速紧凑的髋部旋转。保持髋关节稳定和骨盆的对线位置，让肩部完成旋转动作。

上段脊柱所具有的柔韧性可以帮助身体产生速度，并能利用髋关节所产生的一部分爆发力。这个柔韧性也可以提高腹肌和脊柱周围肌肉的反应性。记住，肌肉是通过拉伸和张力获得反馈的。如果躯干肌肉不能产生足量的拉伸和张力，那么在需要稳定和能量传输的时候也就不能提供足够的反馈信息。这样也有可能会让肩关节旋转减少，并通过夸大手臂动作来进行补偿。因此，在下劈与上提动作中，不应出现髋或骨盆的动作；而应该是大幅度的肩关节旋转，以及适度（但不要过多）的手臂动作。

同样，这些原则也适用于药球训练。使用轻重量的药球来实现更快的速度比使用重球完成低速动作更好。用这些动作，完成每组8~15次的快速投掷，尝试在无论何种情况下都在动作起始阶段保持腰部以下部位的基础姿势。这在一开始会很难，只有在上半身放松并且肩关节可以旋转的情况下才有可能完成。保持脊柱直立并调整呼吸。

对于半跪或弓步站姿的训练，尽可能缩小支撑脚间的横向距离。较窄的站姿需要核心更加努力的工作以保持稳定。宽站距会允许身体发生代偿，掩盖其左右的差异性。让双臂与双手保持放松和灵活。训练开始前和结束后马上甩甩手臂。现在就是使用核心感知的时候了，不要绷紧身体，通过放松呼吸和保持脊柱直立来稳定核心，不要有过多的髋部或腿部动作。在现实生活中，当髋部与骨盆只需进行最小的活动，身体就可以完成快速而有爆发力的短弧线动作，从而产生极大的爆发力，这个爆发力将被传送到肩关节的旋转与手臂的摆动中。

不要因进行下劈与上提动作训练后，导致的暂时性的运动技巧下降而紧张。高尔夫运动中重要的是节奏。打击棒球重要的是时机，控制冰球重要的是感受或手眼协调，划皮划艇冲过激流时重要的是放松和快速灵活的核心反应，以上这些都无法通过药球的训练实现。身体的感受或感知只能通过不断的练习才能建立。

除非是非赛季的训练，我并不建议只使用钢线或药球来作为唯一的训练方式。如果在非赛季，使用这些训练来建立基础动作模式是没有问题的，但是请记住，运动员同样需要花上足够的时间来适应新的核心力量。这需要花费时间来关注特定运动项目中的基本功。运动员可以投掷药球或拉动钢线并不意味着运动技术就会自动提高，这只能说明我们有了一个更加稳定的基础。

在赛季或赛季前，让力量训练和技术训练相互补充是非常重要的。可以在同一天中完成这两种训练，使用其中一个作为另一个的热身。找到自己的训练风格，但是要保证举重训练的平衡性，持续维持技术与运动项目的基本功。当训练爆发力时，持续的运动技术比显著的爆发力增加更加重要。爆发力迟早会来的。事实上，有些运动员还可能在开始时注意到爆发力的下降，但持续训练将会促进身体的动作学习。身体会将新生的力量与协调性结合在一起，但这需要时间和反馈。

想要获得双手、腕部、前臂和双肩的额外力量，可以使用前文介绍的下劈与上提动作。

弹力管与跳绳训练

使重心向后平移的弹力管训练可以增加摆臂动作的稳定性。在完成摆臂和旋转训练时，使用轻重量的弹力管，将其固定在身体后方的固定物体上，这会将你的身体向后拉，这时你就需要将重心前移到自己的脚趾。屈膝并保持放松。这将减少髋关节的转动，增加核心稳定以及爆发力的传导。在摆臂时，向前移动来增加弹力管的张力。感受它是如何改变你的摆臂动作的。完成几次动作后进行调整，让你的身体看起来和没有弹力管时的动作一样。

每组没有固定的次数，这是一项感觉上的训练。当你有了更好的感觉时，解开弹力管，尝试进行你在运动专项中使用的摆臂动作。注意感受和运动表现上的变化。摆动20~30次，然后再使用弹力管完成15~20次同样的动作，接着再次完成运动专项动作。反复进行几组，多数情况下，你都应该能感受到稳定性的提升。

　　两个对旋转和摆臂动作极好的跳绳动作就是扭转跳和X形交叉跳（第13章第168页）。每个动作完成2~3组、每组1~3分钟的练习，这可以作为一次训练或热身的补充。

重对轻

　　现在已有关于摆臂和旋转动作中使用加重或轻重量器材的研究，典型的例子就是加重的棒球棒或加重的高尔夫球杆。运动员挥动这些器材时会增加身体的感知，和正常的器材相比，此时的离心力更大，惯性和动量也不相同（通常会被放大）。

　　器材重量的改变不应太大，不要过度热衷于使用加重或减轻重量的器材。要记得，重量和速度之间是呈反比关系的：重量下降，速度就会上升；当重量上升时，速度必然下降。因此，当运动员使用加重器材时不应尝试，也不应预期自己能以正常速度摆臂，这是不可能的。使用加重棒球棒或高尔夫球杆或任何加重的运动专项工具时，目的都是为了提升身体感知和发现身体力学中的基础缺陷。

　　不要长期使用这样的器材比赛或训练，而是要合理地使用它们来找到正确的摆臂和转动的感觉。如果运动员是身体放松的，把加重器材所带来的反馈作为运动专项的热身，这是非常合适的。挥动减轻重量的器材时需要更高水平的技术、更多的监督和指导，但是可以教会运动员如何更快地运动和更迅速地启动。

　　使用加重或轻重量器材可以与上坡和下坡跑进行对比，两者都可以增加跑步速度和技巧，但是两者的方式又各不相同。上坡跑就像摆动加重的器材，会对身体施加更大的压力，可以强化正确的基本功。它使得动作变得足够慢，这样运动员就可以感受任何柔韧性、重心移动或整体动作上的缺陷。

　　下坡跑就如同摆动一个减轻重量的器材，运动员在重力的帮助下可以跑得更快。这将刺激神经系统，它让大脑暴露在更多的可能性中，让运动员可以感受比常规运动中自然感到的更快的动作。这不是为了力量，而是为了协调、时机和放松。

　　更快运动的关键之一就是放松。伟大的运动员在进入状态后，他们没有感觉自己变得更快——他们感觉周边的事物都变慢了。他们通过自信、放松、呼吸和专注来达到这样的状态。当运动员挥动轻重量的器材时，她在告诉神经系统可以运动得更快一些。在使用轻重量器材时，动作非常容易变得粗糙凌乱。因此，你可能需要一名教练或训练搭档来观察你的动作和基本细节。

　　使用轻重量器材并没有像使用加重器材那样流行，但它也有自己的益处。你需要确保动作正确，基本动作必须扎实，身体也必须处于正确的位置。使用加重器材可以让运动员更好地感受动作的弧度，使用轻重量器材则可以改善时机掌控、协调和速度的能力。

划桨、划船与技击体育

　　可以在健身球或活动圆盘上完成下劈与上提动作，来模拟运动专项中的实际身体位置或姿势。坐在健身球上可以模拟独木舟的姿势；坐在平底或活动圆盘上则可以模拟皮划艇的动作。

摔跤手、美式橄榄球选手、英式橄榄球选手和柔道等技击运动的参与者，可以使用钢线完成推和拉的动作来增加旋转、稳定性和力量。对于推和拉的动作，需要设定一个具体的场景。如果运动项目要求抓握对手的衣服或服装来完成推或拉，那么就将毛巾从钢线设备的把手处穿过，这样就可以在训练躯干、核心与手臂力量的同时打造更好的握力。

使用与运动项目中类似的下肢姿势，不要任意采用站立或跪姿。使用对运动表现最为有益，但同时对动作模式挑战最大的姿势。举例来说，有一名左脚在前弓步出现问题的摔跤手，他应该尝试在右脚在前的半跪姿势时使用双手握柄的钢线完成推与拉的动作，然后在左脚在前时进行同样的训练。他应该会注意到身体左右两侧在稳定能力和提拉重物完成动作时的差异。他可以根据下劈与上提的动作完成推与拉的练习。使用不同的角度也是恰当的选择，从低到高拉，从低到高推。

如果使用药球投掷，面向与搭档或墙面垂直的方向，或是在钢线旁呈直角站立时，就使用下劈与上提的动作。如果面对或背向药球搭档、墙壁或钢线时，就使用推、拉和投掷的动作。一个检查旋转爆发力的绝佳方式就是使用本章开篇时所介绍的蹲姿左右药球投掷。其他姿势，如剪刀步或弓步也可以使用，只是要记得对比左右两侧的差异。

第**15**章

投掷与打击

武术家李小龙曾经说过："直到我需要调动全身肌肉完成动作的那一瞬，我一直保持放松，然后将所有力量集中在我的拳头上。想凝聚强大的爆发力，你必须首先放松收集全身的力量，然后将精神和所有的力量集中在你的打击目标上。"我非常赞赏这句话中所蕴含的智慧，李小龙把爆发力和放松这两个词语用在了一句话中。只有当你完全放松的时候，思想才不会成为阻碍，身体才能完成训练时的动作。

你当然需要训练。在没有坚实基础的情况下，只是放松和完成爆发力动作并不能增加投掷与打击的爆发力。以美国人的标准来说，李小龙是个小个子，但是他却能完成强力的打击。当然，他通过训练并用大量的时间才创造出身体的活动性与稳定性。他训练力量，并通过力量体操、拳击实战和负重训练来补充自己的耐力与爆发力。归根到底他的技术仍然属于武术的范畴，打击是其中重要的一部分。李小龙认识到这与手臂的力量关系不大，重要的是脚的站位、核心稳定性、身体力学和放松的思想状态。

投掷和打击是非常有技术性的，需要高水准的技巧。很多时候，使用正确的身体力学会暂时降低爆发力，你会倾向于竭尽所能使用更快的速度完成投掷、投球或打击，但这是错误的方法。当你用正确的基本功和良好的身体力学时，这些就会变得更加熟悉和自然。你会在完成动作时变得更加放松，爆发力最终会随之而来。不要认为爆发力仅仅只是完成一次投掷、投球或打击的力量，还要看你是否可以维持长时间的高水准力量输出。

很多时候，不管是否使用正确的身体力学，你都可以完成快速的投掷、打击或投球。但如果你计划长期这么做，并希望享受一个长久且无伤病的职业生涯，那么就需要正确和大量的练习。大联盟的棒球投手格雷格·马德达克斯表达过这样的洞察：人们大多基于结果判断。我正好相反，我在乎比结果更多的东西。我宁愿完成一次好的投球送出一次安打，也不要投出不好的球，只为换得一次出局。

第5章中的动作测试（深蹲、跨栏步、直线弓步、主动直腿抬高和坐姿旋转）对于投掷和打击来说都是非常重要的。所有动作都很重要，但是弓步和坐姿旋转则是投掷和打击的基础。确保这两种动作模式能够正确地完成，不会受限，也不要出现对称性的问题。

药球上步胸前传球

这个测试可以快速显示抛掷或打击能力的左右两侧差异。通过训练将差异性控制在10%以内，无论你的运动项目需要对称的或是非对称的动作模式。

这个测试与向前的站姿药球胸前传球（第181页）相似。用一个相当于身体重量2%的药球，这次不使用第14章里的蹲式站姿，而是上步完成向前的投掷（图15.1）。这将使你以弓步的动作结束。完成3次右脚向前上步的投掷，然后再完成3次左脚向前上步的投掷。测量每次的距离并记录最好成绩。找出左右两侧上步投掷的差距。如果左右差异大于10%~15%，那么就需要针对性的训练。

复习第14章里的内容（第182~183页）。摆臂和旋转动作中就包含着投掷与打击的动作基础。

图15.1 药球上步胸前传球

上半身的单臂动作

单臂的体育动作要比想象中更加复杂。想要让手臂完成投掷、打击和摆臂等动作，运动员需要极好的协调性和连接下肢与躯干的能力。重心移动、平衡感和协调性对一个看起来只涉及上肢的动作来说也是十分重要的。

上肢的补充训练可以强化投掷、打击和摆臂（如壁球运动）等单臂动作的动作模式。单臂动作的补充训练会调整整个身体，它有助于预防常见的因惯用单侧手臂所引发的平衡性问题。同时针对那些经常使用一个动作模式而忽略其他模式的情况，这也有助于建立更好的动作平衡。使用相反的动作模式可以帮助维持动作的平衡性与对称性。通过上肢的补充训练来保持运动专项技巧所需的动作模式的平衡和整体体能是很重要的。

投掷、打击和摆臂（尤其是单臂）与众不同，因为在完成这几个动作时通常都需要垫步。如果没有垫步，也需要激烈的重心转移，不论哪种方法，运动员都需要对迈步、垫步或重心转移进行训练。

当运动员迈步时，会产生很大的髋部速度，但同时迈步也将使动作固定在某一特定的方向上。运动员在某一方向的动作上施加爆发力，那么就必须朝向这个方向运动。投掷、打击或摆臂运动或需要上步姿势的运动员——不论是棒球投球或壁球挥拍时夸大的上步，还是快速传球或短距离打击时的快速小幅上步，都需要确保正确地迈出第一步。下面让我们看一下如何去做。

药球训练

你需要一个药球和一面坚实的砖墙。距离墙面8~10英尺站立，面向墙壁（图15.2a）。向前上步，使用胸前传球的动作将药球掷向墙面（图15.2b）。不要放大投掷的动作，而是要放大垫步的动作。让前侧脚迈步更大一些，蹲得更低一些，用力地将球推向墙壁。

a　　　　　　　　　　b

图15.2　药球投掷：a. 面向墙壁；b. 用胸前传球的方式将球推向墙壁

关注爆发力是如何从地面汇集起来的。远离墙面一些，但是不需要使用更大的力量投掷，通过垫步让球更猛烈地移动。这个投掷动作并不像任何体育项目中的投掷或摆臂动作，也不像比赛里用的打击动作，但是它在上下肢之间建立了一种连接。从低位产生爆发力，让它达到核心，然后再传输到手臂。在身体两侧都进行这个训练可能对你会很有帮助。虽然运动中可能永远不会用到惯用脚的垫步（橄榄球四分卫极少被要求使用非惯用手传球），但是学习使用非惯用脚垫步（如同使用非惯用手投掷时那样）可以帮助运动员更高效地完成惯用手投掷时的上步动作。这也将有助于平衡两侧的爆发力。

和自己玩一个游戏。从距离墙壁较近的位置开始，面向墙壁。上步，用胸前传球的方式投出药球，球从墙面反弹后接住它，然后向后移动一点。确保把球投得高一些，这样它就可以在空中反弹回来。随着你的后撤，你需要更加用力地投掷药球。试着不要通过手臂更加用力地投掷，而是加大步伐来产生爆发力，即便这样需要完全的弓步或者当脚落在地面时会发出很大的声响。完美的对称可能永远不会出现，但这仍是一种很好的训练。结束这项训练后，马上进行运动专项所需的投掷或打击动作，看看自己学到了什么。

这是一个增加下肢动作感受和提高髋部转动的好方法。在进行常规的投掷或打击时，你并不需要夸大垫步动作。如果你已经通过训练获得了更好的时机把控、协调性和爆发力，那么它就会在那。大脑已经获得了输入信息，也知道如何使用它们。放松下来，完成投掷、击球或出拳动作。评估你完成动作的质量和数量，它们是否与之前有所不同。

钢线训练

之前章节所讲述的下劈与上提为下面的训练打下了很好的基础，它让手臂动作能独立地下劈与上提。使用一架标准的高低钢线器材，但是把棍柄换成粗绳来作为握柄（第103页，图9.2）。粗绳会让两手分开，各自完成独立的工作。这是一个斜向的螺旋动作，每只手完成与另一侧相对的镜面动作。这个练习使用的仍然是下劈与上提模式，但是强化了双手、腕部、前臂和肩膀这些部位。

之前的棍柄是为了提供更好的杠杆，这样可以在手臂不过度用力的情况下训练核心。现在我们要训练手臂了。选择与自身问题对应的站姿。如果你的问题已经解决了，那么就选择最能对应你运动专项的动作。例如，你是一名没有明显动作模式问题的棒球投手，那么就通过跨栏步（单腿站姿）来提高自己起始位置上的稳定性。使用半跪姿势来提高弓步的稳定性和改善投球步伐的动作模式。

弹力管与跳绳训练

使用弹力管来改善迈步。弹力管可以用来增加阻力或辅助动作训练。弹力管训练可以帮助提升投掷、打击和摆臂时的垫步和弓步动作。腰部系的弹力管会给运动员向后向上的拉力，弹力管的拉力与自然的向前向下的弓步动作相反。弹性阻力减少了重力的效果，让运动员可以完成更大的步伐。尝试迈更大的步，让重心降得更低一些。你可以将这种弓步作为热身或动态拉伸。你也可以在弹力的辅助下，用50%的速度完成几次投掷或打击动作。

弹力管训练有很多的好处。第一，因为弹力可以辅助动作，运动员可以完成更多的重复次数，进而改善动作学习，让加大的腿部动作和髋部转动感觉更加自然。第二，弹力训练可以用来对伤病或手术后较弱或状态不佳的一侧腿进行康复。这时并不需要全速动作，半速动作就是很好的起点。

记住，弹性训练不是为了训练手臂动作，而是为了训练爆发力的源泉，也就是腿部与核心。例如打击沙袋、将球抛向墙壁或是搭档，或打击网球（这一训练可以用于任何球拍类运动）。用长且深的步伐完成动作，然后重置身体位置。这些训练也可以使用钢线来完成。

对于助力弓步来说，钢线设备的配重会辅助动作的完成。使用腰带和高位钢线，从体重10%~30%的重量开始。面向与器材相反的方向，迈步完成一个深位弓步。因为动作简单，专注于弓步的技巧，配重的助力可以让你完成多次的重复。多次动作重复将让全程的深位弓步感觉更加舒适。在惯用侧与非惯用侧完成弓步训练，这是一个在巩固体态的同时又不会过度疲劳腿部的很好的热身动作。

对跳绳来说，前分腿跳、手臂十字跳和侧摇接跳的技巧可以帮助运动员创建爆发力与协调能力。参考第13章里关于技巧内容的介绍。

第16章

跳跃与踢腿

李小龙曾建议训练腿部要达到其极限的力量与柔韧性，这正提醒了我们要同等地发展力量与柔韧性。没有什么比擅长跳跃和踢腿的运动员更能证明力量与柔韧性平衡的重要性了。当然，跳跃与踢腿需要极好的腿部力量与爆发力。然而，如果你只拥有力量与爆发力，但是却没有提升柔韧性或至少去保持你原有的柔韧度，那么你就会因身体的紧张而浪费应有的爆发力。无论哪种情况，你都将损失运动表现或伤害到自己。

我和很多运动员讨论过李小龙所说的建议。许多人都会看一下，点头，然后表示同意——但当我询问他们都学到了什么的时候，他们只能回忆起李小龙推荐的腿部力量训练。他们完全忽视了，或至少轻视了建议中的柔韧性部分。

你很可能已经对动作筛查的结果进行了针对性训练，并已经尽力最大化地改善每个动作模式以便身体可以自由运动。在你完成空中踢腿，或让身体在空中跳跃时，不受限的自由动作就是你的财富。你希望在每一次可能的时候让身体的能量浪费最小化。具体来说，与教练一起进行技巧训练是降低动作技术里能量浪费的一种方法。但即便你拥有世界上最好的技术，如果没有良好的柔韧度，那么你一样会产生能量浪费。

第5章里的动作测试（深蹲、跨栏步、直线弓步、主动直腿抬高和坐姿旋转）对于跳跃和踢腿来说都很重要。虽然所有的动作都是重要的，但是跨栏步与主动直腿抬高是跳跃与踢腿的基础。所以要确保这两个模式不会受限，可以很好地完成动作，并且不存在对称性问题。

垂直纵跳（第136页）可以提供你与其他运动员相比的一个整体能力排名。更重要的是，你可以观察运动表现的对称性，并对比左右两侧的单腿垂直跳跃能力。关注超过10%~15%的差异，着重训练弱侧，并尝试减少缺陷。定期进行测试来评估单腿的爆发力。无论运动中你需要踢腿或是跳跃，对称的活动性、稳定性和爆发力都将为运动表现创造更好的平衡。

从表面看，跳跃与踢腿动作好像没有什么共同点，但是我把两者放在同一章节有其原因的。跳跃很少需要让两腿完成同样的动作，做出同等的贡献。例如测试中使用的垂直跳跃，是一个完美的双腿跳跃范例。然而，这样特定的动作模式却很少在运动中使用。

在本章中，我们将探索将跳跃与踢腿关联到一起的动作模式基础：单腿站姿。单腿站姿的最佳示范就是跨栏步。在单腿站姿中，某一瞬间重心（即便不是所有重量）将转移到其中一条腿上。无论比赛或技击中具体的腿部动作，总有一条腿站在地面上（或至少通过一条腿来产生踢击所要的爆发力）。大多数体育和比赛中的跳跃动作也需要由单腿进行主导，而我们所要关注的就是这条腿。

当看到那些令人惊艳的踢腿与跳跃动作时，你可能会错误地判断是什么引发了动作。但当你只关注结果的时候，就会忘记它的原因。无论是武术家还是橄榄球运动员，他们所做的那些让人印象深刻的踢腿动作，虽然看起来是完全不同的，但是所有踢腿都需要支撑腿的稳定性、力量、平衡和协调能力作为爆发力的基础。

跳跃也没有什么不同。我们经常惊讶于跳高运动员所展示出的高度和滞空时间，以及职业篮球运动员和大学篮球运动员的空中动作技巧。但是如果你所关注的是跳跃的结果（身体向上的加速度或滞空时间），你将错过到底是什么引发了跳跃。跳跃是两腿朝向相反方向运动的共同结果（和踢腿差不多）。发力腿，通常是最后离开地面的，从而产生了跳跃所需要的动力。跳跃真正的秘密在于制造另一侧腿的拉力。很多天生擅长跳跃的人并不会注意到这一点——他们简单且自然地通过一条腿的屈髋与屈膝完成加速。这条腿的重量和动能把身体向上拉动，另一条腿产生的力量与爆发力也同时推动身体向上，两腿在相反的方向上完成协同工作。这与踢腿动作的描述十分相似。正因如此，这两个动作有着共同的动作构建基础。

早些时候我们讨论了动作模式。跨栏步动作模式是跳跃与踢腿时使用的基础动作模式。双腿跳可能与下蹲有很多的共同点，切斜的跳跃可能与弓步动作有着更多的共同点。但从时机角度出发，跨栏步与其力学结构正好展示了正确的跳跃与踢腿中所需要的动作模式。将髋部向两个相反的方向分离，并保持挺直与延长的脊柱的能力是关键。

运动员可能会倾向于使用某一侧的腿完成跳跃或踢腿，某些体育项目可能会有特定的动作要求（如橄榄球特勤位置的踢球动作），又或者运动需要掌握多种不同的踢腿动作（例如武术家或足球运动员）。无论哪种情况，运动员都必须具备基础动作模式的对称性。即便运动员从来没有想要使用非惯用脚踢腿，在左右两侧之间获得平衡也是非常重要的。

这里并不需要右利手的投手使用左臂完成同样数量的投球动作。他右臂的技术永远都会非常好，也并不想在比赛中使用左手完成投球。然而，这只限于他运动表现的技术层面，而就功能性动作模式来说，他左右两侧髋部的旋转爆发力、肩部的旋转爆发力、两腿的平衡与协调能力都应该是稳定对称的。投手的两臂永远都不会相同，有时形态会有所区别，但功能上一定不同；然而，投手的身体永远不应出现核心失衡的状况。

同样的规律也适用于踢腿的运动员。每个人都有自己喜欢的风格，也许他们永远不会使用非惯用侧踢腿。但是记住，这只是技术。基础的分髋动作在左右两侧应该是相同的。使用一条腿站立、平衡和控制的能力也应该是相近的。从跨栏步开始，消除左右差异将慢慢帮助身体建立起单腿站立的能力。

在大多数情况下，当运动员驱使身体、推动物体或在技击运动中完成打击时，都会以极快的速度完成踢腿或跳跃动作。从抗阻训练中所能得到的迁移效果对跳跃和踢腿所需的爆发力来说并不太多。把抗阻训练当作跳跃中抬高一侧（或拉动一侧）腿的可行训练方法是不合适的。然而，可以通过抗阻训练来训练支撑腿（或推动腿）。不论其他部位的身体动作是什么，运动员必须建立平衡感、协调性和控制力。只有具备了这个稳定的基础，运动员才能获得更好的跳跃或踢腿姿势。

这章内容为踢腿动作奠定了基础，对武术家、足球运动员、篮球运动员、排球运动员和橄榄球运动员同样有益。当运动员建立起单腿的稳定性，他就可以用这条腿发力，无论他是要完成跳跃还是踢腿。

在继续后面的内容前，请复习跨栏步的核心训练动作和跨栏步的力量训练动作。大多数的练习对打造跳跃和踢腿的功能性基础来说都是合适的。如果想进行进阶训练，可以尝试以下的建议。

实践

就个人的运动专项或动作需求来讲，没有什么可以替代训练实际的跳跃或踢腿动作。但是，本章中的练习应足以为你提供一个坚实和稳定的基础。这里面的很多练习都可以作为跳跃或踢腿训练前很好的热身。但是，不要因过度使用而导致疲劳或是不良姿态。这些练习可以促进你掌握更好的技术时所需的身体力学基础。

单腿的推与拉

用标准钢线架来完成单腿推和拉的动作。为了获得更好的稳定与平衡，你可以先从双臂的推开始，然后随着平衡的提升再过渡到单臂动作。推的练习应该在支撑腿的同侧完成，拉的练习应该在支撑腿的异侧完成。这是踢腿与跳跃动作中手臂与腿部自然的交互运动。你永远不会在现实场景中遇到这样强烈的动作，但是这项训练可以复制穿过身体重心的力，帮助你建立快速动作所必须的核心稳定性。

单腿站姿推

背对钢线站立，右腿在下，左腿髋膝均屈曲呈90度角（图16.1a），脊柱保持延长直立。使用一个非常轻的重量，让双手、腕部、肘部和肩部都处于舒适的位置上。

你可以选择钢线的方向。如果将钢线置于高于肩关节的位置，向下推，不要让钢线的轨迹在动作过程中改变。要增加动作难度的话，将钢线移至低于肩部但高于腰部的位置，向上推动。

当你向前向上推时，让身体自然地产生反应来制造平衡（图16.1b）。你可能会注意到右膝会自动微屈，这是好的现象。永远不要让膝关节超伸。训练中不要降低身体高度，不要弓背或让脊柱弯曲。如果要降低身体高度，那么也应该是通过屈膝来辅助身体保持平衡（最多2英寸）。想象在左侧大腿上放置一个茶杯可能会有所帮助。在完成单腿推时，左膝需要保持静止，这样茶杯里的水才不会在动作过程中洒出。

除非发现左右差异，否则在两侧进行同等的练习。通过在弱侧进行更多的训练来调整不平衡性，即便这意味着需要使用更少的重量。确保正确的动作技术，尽可能快速地平衡身体。如果你所从事的运动项目中需要完成跳跃或踢腿动作，那么就将单腿站姿推作为力量训练的一部分。

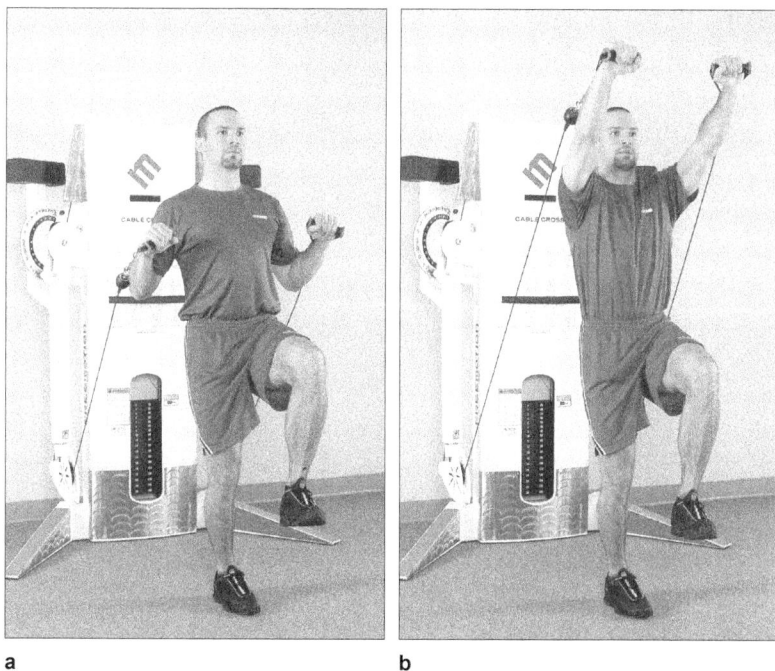

a　　　　　　　　　　b

图16.1　单腿站姿推：a. 背向钢线架，一侧膝关节抬高；b. 向上推

单腿拉

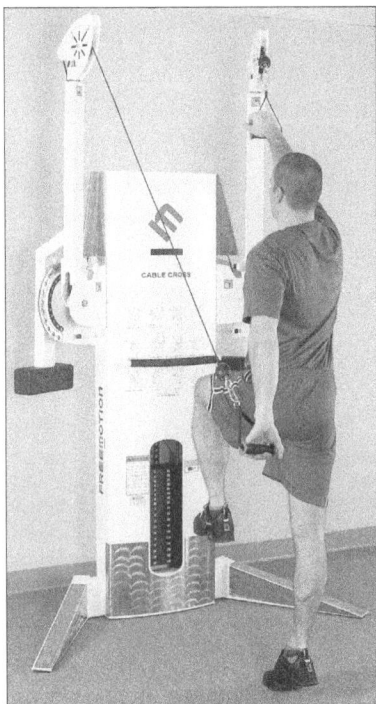

图16.2 单腿拉

面向钢线架站立，右腿在下，左侧髋与膝屈曲呈90度角。脊柱应保持在延长直立的位置上，面向前方。使用一个非常轻的重量，让双手、腕部、肘部和肩部都处于舒适的位置上。

让钢线从高于肩部的位置开始，左臂向下拉动钢线（图16.2）。如果要训练划船动作，则让钢线从低于肩部的位置开始。

拉和推的动作都会制造旋转，让身体想要产生弯曲或扭转。当脊柱保持直立且维持平衡时，身体会自然地使用核心的力量并以支撑腿作为稳定基础来对抗这些不必要的旋转。膝关节微屈是动作的关键。试着放松，记住当身体紧张的时候，核心是无法做出反应的。

除非发现左右差异，否则在两侧进行同等的练习。通过在弱侧进行更多的训练来调整不平衡性，即便这意味着需要使用更少的重量。下拉动作全程维持延长和直立的脊柱姿势，保持身体其他部位的放松。假想在左侧大腿上放置了一个茶杯。注意左右两侧的能力、耐力和力量差异。

跳 绳

用单腿跳绳，另一侧腿抬起，髋膝均屈曲呈90度角。这项训练将为跳跃和踢腿动作建立稳定的基础并提高你的耐力。完成单腿每侧15~30秒的间歇训练，努力建立左右两侧的对称性。

用跳绳时间的2倍、3倍或4倍时间安排休息间歇。对15秒的跳绳训练组来说，再次进行下一个15秒的训练前，休息30秒到1分钟的时间。对于30秒的跳绳训练组，休息1~2分钟的时间。检查左右两侧的对称性。

记录跳绳的时间可以确保你不会浪费能量。在15秒或30秒内完成尽可能多的跳绳。在训练中不要做任何多余的动作或浪费能量。只需要跳到能够越过绳子的高度——不需要更高，即便跳得更高也不会有任何奖励。保持跳绳动作迅速而紧凑。

前插步跳和强力跳（双摇）可以帮助你建立爆发力与协调性。参考关于前插步（第168页）与强力跳（第169页）的具体描述。单腿跳绳也是提高跳跃与踢腿动作中爆发力与控制能力的一种很好的方法。

药球训练

药球比钢线推拉动作中使用的配重要轻，因此可以达到更快的动作速度。使用一个极重的药球来进行单腿训练是没有任何结果的，也不会对改善动作模式有什么帮助。即便使用一个过轻的药球也远远好于一个过重的药球。

进行单人训练时，选择一个可以轻松从墙面反弹的药球（这项训练需要一个充气球）。在不失去平衡的情况下，进行头上接球、反弹接球和左右肩上抛接球的练习。右腿站立，抬起左腿并屈髋屈膝呈90度角。在不同方向上完成投掷（头上、左侧和右侧，以及反弹）尝试在不失去平衡的情况下保持直立的躯干。

可能的话，找一个搭档一起来完成药球训练。不需要标准的胸前传球动作。通过反弹传球让你的搭档在头上的位置高高地接住球，交叉传球是从你的左侧到他的左侧（或从你的右侧到他的右侧）。保持正确身体力学的同时完成这些动作组合，可以提高你的核心稳定能力。记住，身体左右两侧都要进行训练。当你感到不舒服时，就使用重量更轻一些的药球。一旦你在抛接药球时获得了维持身体稳定的能力，你就会慢慢感受到在完成此类动作时有多少肌肉的共同参与才能提供身体的稳定。

下一层次的体能训练将是动态的动作训练。不要让脊柱弯曲或屈曲，而是通过左腿（之前保持在稳定位置的腿）来达成反向平衡。这条腿将帮助你在接球时维持平衡。将腿踢至伸展位置，但不要接触地面，并借此来帮助核心产生爆发力。将这种爆发力转移到手臂的投掷中来增加动作的速度。学会身体从手臂到腿部（接球动作）或从腿部到手臂（投球动作）中转移能量，将有助于改善跳跃和踢腿动作的整体动力结构。这些动作被设计成让身体能够以特定的方式做出反应，让其自然而然地发生。注意维持稳定，调节呼吸并感受动作的发生。给予足够的自由，身体就会做出正确的选择。

进行前向胸前传球时，交换抬起腿，从一条腿在下，另一条屈髋屈膝90度的位置开始。加入反弹的下劈药球投掷可以提供左右两侧的身体反馈。右腿站立，左腿屈髋屈膝呈90度角，将球置于左侧肩上，向下投球抛向身体右侧，这就是下劈。尽可能用力地完成动作。

慢慢地开始训练，直到你可以完成抛投。抛投的目标是将球反弹到你搭档的头顶（搭档站在你右肩的外侧约10~12英尺处）。如果这样没有难度，可以给球放一些气。观察左右两侧的爆发力和耐力差异。纠正差异，保持左右平衡。

第17章

变向与转身

大多数场地型运动都需要变向与转身。你使用双脚的方式——具体来说，就是你的弓步动作模式——将决定你降低身体重心和减速与加速的能力。

现在，你多半已意识到自己的弓步和其他动作模式的对称性问题，并已针对所发现的力量或耐力缺陷进行了必要的调整。如果你认真地进行了跳绳训练，那么跳绳中的快速与反应性动作将成为变向与转身技巧很好的补充。这些快速动作，与核心稳定性和更好的身体力学相结合，将使你在比赛中展现出更好的身体力学结构与更强的耐力。在比赛后半场或后四分之一赛段仍有足够的体力，将会使你极有优势。

你可以在训练变向与转身时使用间歇训练来发展体能，以强化身体的力学结构、提高耐力和维持比赛时的动作质量。我尤其欣赏约翰·伍德的体能训练方法中所蕴含的智慧。他说当面对同样技术水准的对手时，他的队伍总会获胜，因为他们具有更好的体能。约翰之所以对他的队伍充满信心，是因为他们的训练方式以及在训练过程中他会特别专注敏捷与执行力。

第5章里的动作测试（深蹲、跨栏步、直线弓步、主动直腿抬高和坐姿旋转）对于变向和转身来说都是十分重要的。下蹲和弓步对于变向和转身来说是最基础的。确保动作模式没有受限，能够很好地完成，也不存在对称性的问题。

体育动作中变向与转身所需的两个基本元素就是低重心与控制能力，两者在共同工作的时候才能达到最佳效果。然而，即便在无法达到低重心的情况下，也是需要控制能力的，而在无法进行控制的情况下，低重心会更加安全和有效。敏捷性就是通过这两种元素显现出来的。场地上的敏捷性经常表现为高于平均水准的加速能力，但是在大多数情况下，加速并不是其中的关键，减速才是关键，因为它是后续动作的基础。如果一名运动员可以甩掉另一名运动员，这通常都是通过变速或减速动作来实现的。运动员进行减速动作训练是非常必要的，无论是足球、橄榄球还是篮球，还有需要通过减速来使出更好招式的运动动作，例如棒球的接球或网球里的击球。

很讽刺的是，敏捷性经常被认为是在短时间内启动一个动作的能力。但实际上，真正的敏捷性还包括了快速停止的能力。敏捷性会随着减速能力的增强而提高，这是因为当运动员能够更加有效地停止动作和更好地控制身体时，他就拥有更多的时间来部署动作、改变方向和在新的方向上加速。

减速是关键

就个人的运动专项或动作需求来讲，没有什么可以替代训练实际的变向或转身动作，本章中的练习为你提供了一个坚实和稳定的基础。这里面的很多练习都可以被作为热身使用。

要记住，变向与转身的秘密就是减速。练习减速动作，直到身体感觉到舒适。本章中的练习将有助于帮助你在掌握更好的技巧时所需要的身体力学基础。

相比加速，减速给关节和肌肉带来的压力更大。当运动员试着在没有合理减速的情况下改变方向时，他的冲击可能会让身体进入离线状态，失去平衡。这要么会使动作变慢，要么就会增加受伤的风险。训练减速的能力最终会降低减速类动作的损伤风险，例如落地、停止或改变方向等。

三角形训练

变向与转身能力应通过左右两边的动态动作或线性动作后的方向改变来进行评估。三角形训练是一个不错的方法。这个训练之所以有效，是因为它要求你以快速模式连续完成5次大于90度角的转体或变向。要获得精确的成绩，需要在每个方向上完成2~3组测试，然后记录平均时间。

用锥桶摆一个边长为10码的等边三角形。沿着三角形完成两周的冲刺（图17.1），最后一次冲过起始线时结束。找一位朋友或教练帮你计时。期间要有较长的休息间歇（2~5分钟），然后以相反方向再次完成同样的测试。这样就可以评估左右两侧的变向与转身能力。如果差异大于10%~15%，那么就要针对较慢的一侧进行训练，直到两侧用时相同。

图17.1　三角形训练

药球训练动作

下蹲是训练变向和转身的基础。但是如果运动员在完成下蹲时感到困难，也不需要担心。一个腿部强壮且股四头肌和髋屈肌群过于强壮或紧张的运动员将会在完成下蹲时感到困难。关键在于首先要改善下蹲的动作，然后再尝试这个药球动作来训练髋关节处于伸展位时的核心稳定性。

身体呈高跪姿跪在垫子上，保持脊柱拉长，髋部完全伸展。在头顶上向前传球，投向你的搭档或掷向墙面。接着，再尝试一次反弹传球。手臂向上伸展以更好地完成反弹，让大腿前侧感受到拉伸。完成几次投掷后，向后移动6~12英寸。你需要越来越用力地投掷，这样球才能到达搭档或墙面的位置。随着后移，加大投球力度，但是不要造成臀部向后脊柱弯曲。如果要检查核心爆发力的左右差异，可以尝试在搭档的辅助下进行左右两侧的下劈传球。这个动作不是要去掉腿部的影响，而是要让髋关节伸展，这将帮助你完成更深的弓步，加强核心并提高控制能力。

要训练变向与转身，弓步动作必须足够扎实。如果弓步测试（第35页）仍然在一侧或双侧出现困难，那么就先进行调整。一旦运动员熟练掌握了弓步，他就具备了保持身体低重心与维持身体控制的能力。但是，在开始进行低位站姿的训练前，运动员需要能够舒适地保持低重心的体位。

半跪姿势下的药球传球是在学会下肢放松并保持低重心的情况下，发展核心稳定性的绝佳方法。弓步药球上提抛投（第164页）里，你从半跪姿势把药球抛向身体侧面的墙壁，向前上步，接住回弹的球，再次调整身体位置，重复动作。这个练习可以提高动作的启动速度，也有助于快速变向和转身时所需要的加速与减速动作。

还有一个很好的练习。半跪姿势面向墙壁，将球从头顶投向身体前侧（图17.2）。药球应该从前面反弹，回到身体一侧，接住球，再次投掷，在相反的方向再次接住反弹的球。保持脊柱延长，稳定身体姿势，每次投球距离墙壁更远一些，在不弯曲或扭转脊柱的情况下产生更大的

图17.2 半跪药球头上传球

201

爆发力。这个练习展示了核心稳定性和保持低重心的能力。如果需要，可以让反弹回来的球弹跳几次后再完成接球。

下面的练习最好与搭档一起完成。搭档可以和你一起训练或者充当你的教练。如果两个人的能力不匹配，就不要尝试同时进行训练。

左膝在下，右膝在上，呈半跪姿势。缩窄左膝与右脚落点之间的横向距离，相距约6英寸（图17.3a）。如果搭档和你一起训练，可以在你的左侧半跪，面向相反的方向，也可以站在升高的平台或台阶上。如果搭档充当教练，就面对你的左侧站立。使用一个中等重量或轻重量的药球，通过反弹将球传给你的搭档，每2~3次投掷后增加速度（图17.3b）。试着让药球弹得足够高，这样你的搭档伸手就能接到球。

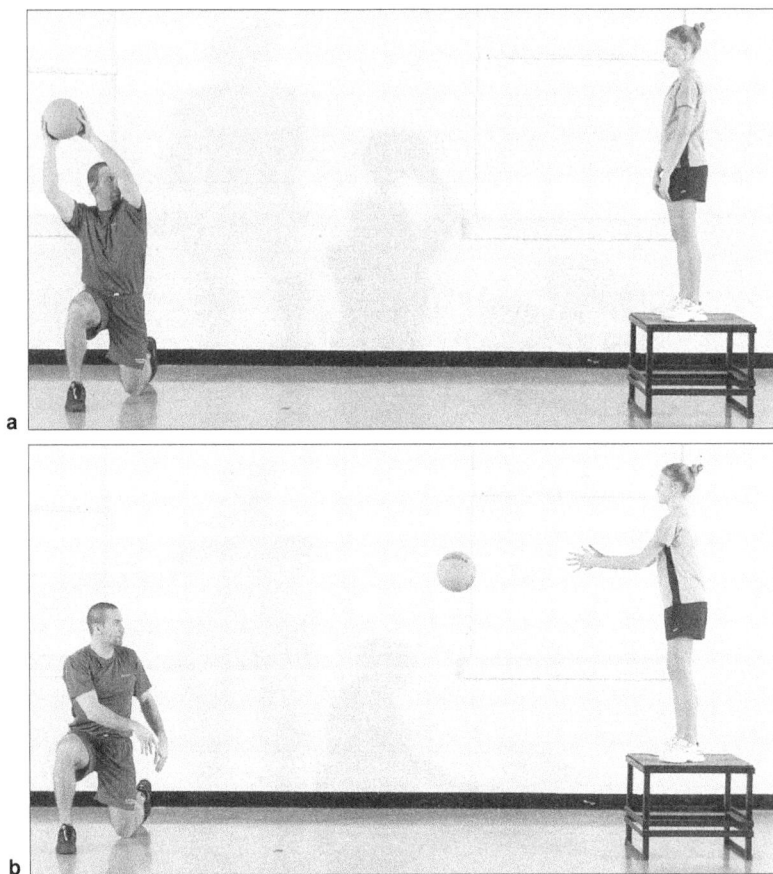

图17.3　与搭档进行的药球传球：a. 从半跪姿势开始；b. 反弹传球给你的搭档

　　搭档将球回弹，这样球会从你前侧到达你右膝的上方。不要让药球停下，球经过你的身边时，用双手接住球。回到下劈与上提的斜向动作模式，然后使用下劈模式经身体向下将球投出。你和搭档应该瞄准地面上的同一个点，可以在地面贴上一段胶带来进行瞄准。注意对比右膝在下与左膝在下时的接球与投球能力。每侧投球大约20次就可以显示出哪边是你的强侧。不要关注手臂的动作，保持较窄的站距和脊柱的延长状态。

　　下一个练习会采用相似的动作模式，但是你将从跪姿升高到弓步。维持弓步姿势，但不要让左膝承重；膝关节与地面相距6~12英寸（图17.4a）。在投球与接球时保持较窄的站距（图17.4b）。双腿必须足够强壮，且运动员必须在这个位置上保持舒适与放松。动作唯一的目的就是接球和投球，不要产生任何不必要的身体动作。注意对比身体两侧出现的任何疲劳感或不良技巧。在这个姿势下，身体两侧都应该可以非常舒服地完成30~40次投掷。保持髋关节面向前方，让肩部完成转动。一开始可能会觉得转动髋部更加舒服，但这是错误的。保持髋关节稳定，不要在投掷的方向上旋转骨盆，这将有助于维持核心稳定，同时增强变向与转体时的身体控制。

a　　　　　　　　　　　**b**

图17.4 药球弓步投掷：a. 从弓步位置开始，下方的膝关节略微抬离地面；b. 将球投出

跳绳训练

滑雪者跳（第167页）、摇铃跳（第167页）和X形交叉跳（第168页）可以帮你增强爆发力与协调性。参看第13章中的具体技术描述。

当通过跳绳建立起动作节奏后，尝试在跳绳时加入高抬腿的动作。此外，侧向跳绳也是一种学习重心调整和发展控制能力的好办法。

高抬腿慢跑

用舒服的方式开始跳绳。找到节奏后，抬起一侧的腿，跳绳时前后移动，如同慢跑的动作。进行高抬腿时，让髋关节屈曲大于90度。身体沿着脊柱的方向拉长。

挑战自己，看看自己可以用多快的速度摇绳并同时完成交替的高抬腿动作。采用15~30秒的间歇训练，在15~30秒内完成尽可能多的跳绳次数。休息时间为训练间歇的2倍、3倍或4倍。对于15秒的训练组，在开始下一组训练前休息30秒~1分钟的时间。对于30秒的跳绳训练，休息1~2分钟。

试着在每组训练中尽可能快速地完成同样的跳绳次数，最多5组。你可能会累得气喘吁吁，试着在组间休息时放松。学习呼吸和动作控制。不要收紧双腿或让背部僵直。保持放松和动作的流畅，这正是敏捷性的关键。

侧向跳绳

用胶带在地面上标出边长1英尺的正方形。双脚并拢站在正方形的中心，然后开始跳绳。当你感觉舒服后，保持双脚并拢，从正方形的一侧到另一侧来回跳跃，不要让上半身出现左右移动。双腿用紧凑的方式跳跃，这看起来就像下坡滑雪的姿势。这个练习对核心稳定性来说是极有帮助的。随着你水平的提高，试着沿斜向方向从正方形的一角跳向另一角，或者用任何角与边的组合方式跳跃。向前看或用一面镜子来观察自己的动作，保持放松。

采用15~30秒的间歇训练。在15~30秒内完成尽可能多的跳绳次数。休息时间为训练间歇的2倍、3倍或4倍。对于15秒的训练组，在开始下一组训练前休息30秒~1分钟的时间。对于30秒的跳绳训练，休息1~2分钟。试着在每组训练中尽可能快速地完成同样的跳绳次数，最多5组。

分腿跳绳

分腿跳绳需要你在每次跳跃中交替两腿的位置——从左腿在前右腿在后，到右腿在前左腿在后。这看起来就像是一个紧凑的弓步，需要脚趾的敏捷性。这个练习将教会你如何在快速交替两腿的动作模式中保持放松的状态。

采用15~30秒的间歇训练。在15~30秒内完成尽可能多的跳绳次数。休息时间为训练间歇的2倍、3倍或4倍。对于15秒的训练组，在开始下一组训练前休息30秒~1分钟的时间。对于30秒的跳绳训练，休息1~2分钟。试着在每组训练中尽可能快速地完成同样的跳绳次数，最多5组。

弹力管训练

弹力管是非常好的高速阻力选择。弹力管的拉力要求身体在完成速度与敏捷动作时，必须具备更好的稳定性，这就使它成为训练神经肌肉系统和达到高水准敏捷与灵活性感知的绝好方法。当通过安全连接和高质量器材正确完成训练时，弹力管对动作学习和间歇式训练来讲是非常有用的。

原地四向跑

这个练习在室内或室外都可以。将弹力管与腰部连接，保持中等拉力（不足以让你失去平衡，但足够让身体倾斜至与弹力管相反的方向），背向弹力管锚点的方向，原地高抬腿慢跑（图17.5）。试着像没有弹力管那样完成跑步动作。不要让弹力管的拉力破坏平衡或改变跑步的节奏。完成15秒的高抬腿冲刺跑，用力摆动手臂。

休息15秒，转向右侧，这样身体右侧就会对着弹力管的锚点。再次完成一组15秒的高抬腿冲刺跑，然后休息15秒。再次转向右侧，这样你就会面对锚点的方向。完成15秒的高抬腿冲刺跑，然后休息15秒。继续向右侧旋转，此时你的身体左侧对着弹力管的锚点，再次完成一组15秒的高抬腿冲刺跑。整个训练过程中，你的双脚都应该保持在1英尺见方的区域内。

现在你已经面对过每一个方向，相对应地，你已经完成了减速、加速、右侧变向和左侧变向的训练。你通过控制与平衡掌握了身体的重心转移。你可以通过调节训练和休息时间来把这个训练变成一个间歇训练，也可以针对跑步技巧进行训练。

图17.5 使用弹力管的原地四向跑

动态四向弹跳

　　这里的弹跳指的是从一条腿换至另一条腿的跳跃动作。初学者应该先尝试从约等于自己裤子内接缝的长度为距离开始跳跃。更高水准或更有经验的运动员，应尝试完成相当于自己身高或至少身高三分之二的弹跳距离。

　　将弹力管安全地系在腰间，背对弹力管的锚点方向。向左侧和右侧弹跳，两脚落点之间的距离大约等于自己的身长。顺时针转动身体方向，直到完成所有四个方向的侧向弹跳（图17.6）。使用手臂来进行平衡，尝试让跳跃动作从旁观者的角度看起来如同没有弹力管的阻力一样。可以使用与原地四向跑一样的15秒间歇。

图17.6　使用弹力管的动态四向弹跳

四向跳跃

　　这里的跳跃是指如猫跳滑雪时一样的双脚跳（图17.7）。在跑步和弹跳时，每一步会以不同的脚落地；而这里的跳跃则是双脚落地。这种跳跃最好以身高的四分之一或一半为距离进行训练，并且四个方向都遵从同样的动作形式。使用与原地四向跑相同的训练间歇。刚开始训练时，可以用木棍或滑雪杖来帮助上半身保持平衡，最后你应该可以在没有任何辅助的情况下完成这项训练。同样沿着顺时针的方向旋转，完成所有四个方向的训练。

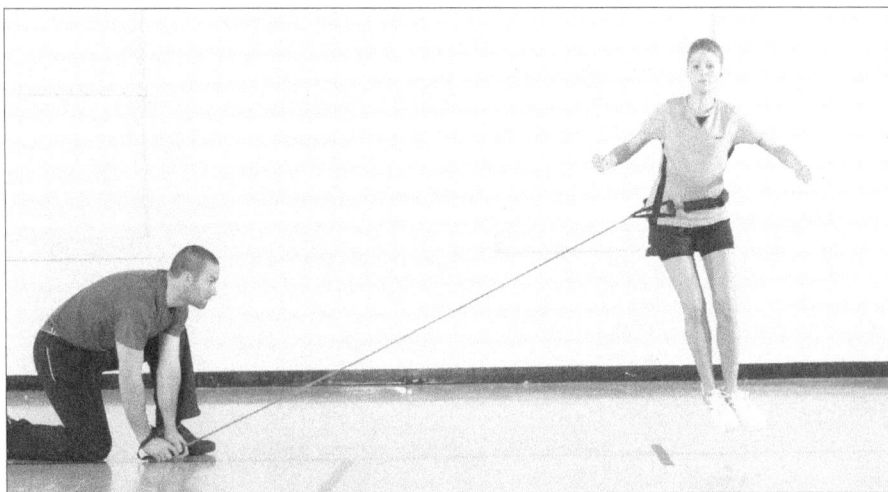

图17.7　使用弹力管的四向跳跃

第18章

进度评估

这本书让你以一种传统与非传统方法相结合的角度来审视自己的训练和身体。书中的观点显示了物理治疗、运动训练和体能训练里的新趋势。虽然我们需要更多的研究来明确和完善关于动作和动作模式的研究，但是书中的概念都是基于已被广泛认可的神经肌肉与运动学关系的。

书中的方法与其他体能训练计划最大的区别就是动作模式筛查要放到第一步和最开始的阶段。不受限且对称地产生和感知动作模式的能力是这一训练计划的基础。当你了解了这些筛查信息，你就能够从不同的训练计划中获益；但是你不应该用运动表现或运动技巧中的某个单一视角来评估这些结果。基础动作模式、整体运动表现和运动专项表现都应该作为人体的运动平衡中相互依存的特征来一起考量。

> 用你自己的想法，创造提高身体功能的全新方法……让传统方法和观点都见鬼去吧。
>
> ——李小龙

是时候评估进度了。我希望你已经耐心地遵循并完成了书中所建议的训练，循序渐进地完善了自己的身体状况，提高了运动表现。如果你发现了自己的弱链（或对其有了更多的了解），那么这本书就是有价值的。如果是这样，我假设你已经使用了针对自己弱链的训练方法。最弱的一环会限制整个运动链的力量，任何针对弱链部分的加强都会加强整体。

动作筛查中，我们首先观察动作的极限（金字塔的第一层），找出目前你的身体所具备的、可用的活动性与稳定性。接着我们进行了针对力量、爆发力和耐力的运动表现测试，试着确认当前状态下你所具备的能力（金字塔第二层）。我们没有关注运动技巧（金字塔第三层），因为你在具体运动项目里的数据和表现就应该可以提供相关的反馈。我希望你发现了在金字塔中你最需要关注的部分，虽然你应该力争提高所有这三个层级。你最好的投资就是面对自己最大的局限。

书中的练习可以帮助你提高身体意识，创造源于身体自然与功能性动作的感知。当运动员可以更好地意识到那些感觉自然的动作以及那些感觉疲劳与困难的动作时，他就开始把动作感受与动作的完成方式联系在了一起。

建立动作记忆和稳定的运动技术的两个关键就是动作的感受以及动作产生的结果。如果一个动作感觉自然且流畅，但却产生了不佳的结果，大脑就不会愿意记住这种感受。如果一个动作感觉奇怪、困难或吃力，但是产生了预期中的结果，身体就会非常想要记住它但却可能无法稳定地让其再现，因为感觉是那么的不自然。因此，我们的目标就是结合感受与动作表现，以获得感觉自然并能够稳定输出的成功动作。

你需要尝试微小的改变，直到动作感觉更加自然。当进行这些微调时，不断向更加自然的动作努力，直到运动表现开始下降。这时停下来并退回一些，这正是建立动作学习的方式。

去除功能性动作限制和尽可能减小平衡性问题可以提高一名运动员的动作学习能力。建立强壮的核心和培养功能性动作模式的力量可以让正确的动作产生更好的爆发力，维持更长的时间。这种耐力的提升将在体能与技术训练中带来更多的动作学习机会。

最终，运动员会回到他的体育项目中练习专项运动技巧。他还会用与之前差不多的方式进行训练，但是却具有了更好的关于身体平衡的感知。他将以不同的方法看待损伤，仔细聆听身体传达的微妙信息，并通过更好的动作认知提高他的训练质量。

如果你与大多数人一样，可能从计划开始的时候就在寻找判断训练进展情况的小指标，你希望在完成第一次拉伸后，或第一周的跑山和跳绳训练后就可以看到运动表现的提升。你想在平衡身体左右两侧后就能在比赛中变得完全不同。希望看到提升后的运动表现是人性的一部分，这无可厚非。

想知道自己获得了什么，问自己以下这几个问题。

- 我是否发现了左右两侧的不平衡问题？
- 我是否找到了身体的主要局限？
- 什么是我最弱的一环（弱链）？
- 最弱的一环（弱链）是动作问题、运动表现问题，还是技术问题？
- 弱链是否得到了改善？

需要回答这些问题是因为很少人会关注平衡。知道弱点是一回事，但是针对弱点制定完整的训练计划才是重中之重，记住，大多数运动员在金字塔的每一层都有弱点。在每个级别中，他们都有一个特定方面的表现是有所欠缺或是可以改进的。平衡训练计划的目的是让你关注自己的弱点。例如，一个足球守门员刚刚在一个赛季中取得胜利，他希望在下一年的训练中培养出更优异的技能，并可以变得更加自信。他决定从动作筛查开始。筛查显示，他左右跨栏步表现优异；两侧坐姿旋转也都高于平均水平；但右腿弓步，右腿主动直腿抬高，以及深蹲表现较差。

在三个没有通过的筛查里，弓步和主动直腿抬高显示了对称性问题，当平衡性是训练的目标时就需要特别注意。如果他希望在下蹲动作上获得任何程度的改善，必须首先解决对称性问题。他设计了一个10~15分钟的热身和冷身流程并每天完成，不论当天计划的训练内容（技巧训练、重量训练、敏捷训练等）是什么。这个热身和冷身流程包含了拉伸以及针对右腿弓步与腿部抬高的基础练习。每周两到三天，他会进行针对弓步以及腿部抬高的核心训练。

接下来他进行了力量和耐力测试，并发现1.5英里跑、仰卧起坐和平板卧推测试的数据都位于平均或平均以上水准，但是1RM（单次极限）深蹲的成绩低于平均水准。这时他没有去训练下蹲的力量，而是专注于弓步力量的提高，因为他觉得左右不对称是力量问题，也是柔韧性问题。因为没有针对主动直腿抬高的力量训练建议（只有前三个关于基本站姿的筛查才有力量训练动作），他选择通过核心训练来改变主动直腿抬高的对称性。在进行弓步力量训练时，他注意到在使用同样的重量时左右两侧的弓步出现了25%~30%的差异。他决定在所有的弓步力量训练动作中，左侧完成2组，右侧完成5组。

爆发力、速度和敏捷测试都表现良好，但是垂直纵跳低于平均水准。虽然垂直跳跃不是他的项目里的主要部分，但出于好奇他进行了单腿垂直跳跃测试并发现了潜在的对称性问题。他的单腿纵跳成绩出现了约25%的左右差异，只是这次的问题在左腿。最初，他很困惑，因为在弓步动作中左侧的股四头肌看起来更加有力，但是他记得这不光是肌肉的问题，还有动作的问题。他有右侧弓步动作模式的问题，但并不是薄弱的右侧股四头肌。弓步模式需要左侧的髋伸与右侧的髋屈。主动直腿抬高也需要髋部同样的姿势。所以核心才是问题，而不是股四头肌。单腿纵跳需要左侧髋部伸展和右侧髋部屈曲。因此这在早先的测试中就表现出了问题，所以这时左侧单腿纵跳的爆发力逊于右侧也就合理了。他决定将针对左腿敏捷与爆发力的跳绳训练作为自己训练计划的一部分。他仿效第13章里关于弓步的完整爆发力、速度和敏捷建议，并特别注意左侧髋伸的快速爆发力以及所有涉及右侧弓步姿势的动作。

即便在一个成功的赛季之后，也需要在下一个赛季开始前检查可能存在的弱链。

他现在已经有了关于运动表现金字塔前两个层级问题的解决办法，这给了他基于动作模式的全新视角，还有了如何让这些动作模式产生爆发力和效率的能力。这时他需要关于运动技术的评估。在和自己的队友探讨后，大家都对他的运动表现表示了赞扬。他的教练也给出了非常积极的反馈和褒奖，除了一件事。教练指出他无法像左侧一样，有效地防守右侧的进球。差异性大约是15%~20%，但教练很快又说这可能是因为他是左撇子导致的。运动员知道惯用手不是问题的关键。防守右侧的射门通常需要从左髋爆发性的推地开始，完成向右的重心转移。测试显示运动员在重心转移和爆发力方面有一些小问题。朝向右侧的弓步是防守右侧射门的基础，而他向右的迈步并不足够的稳定。他已经通过左右弓步测试证明了这一点。通过测试，他发现了自身局限性的原因，并准备通过努力来进行提高。

聪明的训练

聪明的训练是信息与努力的结合。平衡两者之间的关系就是成功的秘诀。不幸的是，在当前这个信息过量的环境里是很困难的。很多认真对待训练的运动员都是通过阅读网络文章和书刊来持续收集信息的。但是如果这些信息从来没有被吸收到一个训练计划里，最终在收集信息上所花费的精力永远不会产生实际的作用。心外科医生掌握了足够多的关于吸烟有害健康的信息，但他们之中还是会有人会吸烟。问题不是缺少信息——而是缺少努力或应用的方法。

当然，当人们不去分析过程、可能性或可替代方法而盲目训练的时候也会带来问题。阿尔伯特·爱因斯坦就曾评论过——愚蠢就是不断重复同一件事，但却预期不同的结果。虽然信息与努力两者之间应达到平衡，但信息的收集应发生在进行努力之前。当你认为自己已经充分调研和评估了针对自身运动项目的最新训练原则时，停止寻找信息，开始训练。多数的训练计划都需要至少6~12周的坚持，然后才能对它们进行有效性分析。客观测量你希望发生改变的地方将是你自己的责任。

一名高中生有一天问自己的教练如何才能变成一名更好的运动员。教练没有理会这个问题，认为他没有严肃地面对自己所要付出的努力。教练说道："多做些俯卧撑和引体向上，还有冲刺跑就行了。"这名年轻的运动员赫谢尔·沃克，只有非常少的信息，但他通过这些信息建立起了强壮的、有适应力的、完美平衡的身体。他没有看很多的文章或使用器材——他甚至没有获得太多的教练支持——但他拥有少量合理的信息。现在你很难再找到只用如此少的信息就付出那么多努力的运动员了。运动员的思想状态永远不应局限于时间、器材或信息的多寡。

这本书为那些被运动表现问题所困扰或无法成功走出康复期的运动员提供了一些曾经被精英运动员所使用的基本信息。你会惊讶于有多少基础信息分散在大学和职业阶段，信息过载和训练过度分析已经让运动员失去了训练的焦点。训练是很简单的，找到弱链，然后加以调整。保持力量，改善弱点，有一个可以评估和再次评估的系统。最终，每一名运动员都可以建立、完善和实施一份个性化的训练方案。

心理训练

训练个性简单说来就是运动员所偏爱的训练方式。不论哪种运动项目，运动员要么倾向于一致性，要么倾向于多样性。有些运动员喜欢持续性强、有规律的训练计划，他们乐于执行遵守训练计划，讨厌任何干扰他们训练时间表的事情。他们偏爱使用特定器材、训练搭档、场地，乃至运动时穿的服装，任何上述条件的改变都会让他们不爽。他们可能会在事情不够完美的时候继续训练，但这时他们不会对训练感到满意。

有些运动员偏爱不断变化。他们可能会在一天中完成超时训练，只是为了省去原本计划中第二天的训练。他们可能会经常放弃参加训练，跑去做一些更具竞争性的事情，例如一场快速的壁球赛或一轮高尔夫。他们喜欢将事情混在一起，使用不同的健身房或不同的训练器材。他们的训练充满了他们喜爱的多样化元素，因此他们可能不会坚持训练中的一个或多个元素。

从长期来看，两种个性都分别有其优势和劣势。优势通常是明显的，但劣势则可能不会。那些过于死板和持续性强的运动员可能会被局限，无法实现他们的全部潜力；那些在训练中使

竞争性训练

约翰·伍登可能是最富理智的教练，他是一个在充满随机性的年代仍然坚持原则的人。他从来不会告诉选手去赢得比赛，而只是让他们在自己的能力范围内打出最好的状态。他的智慧和领导力让他可以影响卡里姆·阿卜杜贾巴尔和比尔·沃尔顿这样的运动员。他是一位追求真理的导师，他的性格深深影响了那些曾经为他比赛的运动员。在伍登教练手下，UCLA棕熊队在12年里赢得了10次全国冠军，包括1967年~1973年的7连胜战绩。

伍登的队伍所使用的训练被设计为与棕熊队的实际比赛具有一样的竞争性。比尔·沃顿把训练描述为"两个小时不间断的篮球训练，最高的水平，与伟大的运动员一起；同时有大师坐在场边，评论每一件事，永远不会放过一丝的错误，但同时总会指出其中的优点，帮助球队打造冠军时刻"。在他们的7连胜中，棕熊队具有绝对的主导性，他们的练习经常会比很多的比赛更具竞争性。

来源：*ESPN SportsCentury*, edited by Michael MacCambridge, New York: Hyperion, 1999.

用过多变化的运动员则可能无法意识到训练计划中某一元素的真正益处。无论哪种情况，了解训练个性和弱链都是重要的。这些知识让运动员可以根据心理和身体的局限调整他们的训练。

如果你的训练非常固化，那么学习混合一些不同的元素或至少安排一些变化。休息一下，尝试不同形式的交叉训练。暂停一两天的时间，记录下变化。如果你使用了太多的变化，那么你可能需要制定更为严格的训练计划，找一名训练搭档来帮助你培养坚持的习惯。计划每周至少一到两次的固定训练，在第三天安排多样性训练。可以用任何有效的方式努力强化弱链。如果敏捷性存在问题，尝试乒乓球、壁球或一对一的篮球。学习一些基础的拳击或武术技巧，进行一些对打训练。如果耐力存在问题，找一个体力比你更好的人一起骑车、跑步或是游泳。

竞争是让训练与个性匹配的好方法。有些运动员害怕训练，更愿意去直接比赛。他们喜爱竞技训练或竞争性的练习方式。这些运动员更愿意努力争得一分，而不是多完成一次动作，更愿意和人赛跑而不是战胜秒表。很多伟大的运动员都在训练中混合了不同的形式，无论这是否是他们有意安排的。他们喜欢比赛，不仅是在他们自己的项目中，还包括身体活动的任意方面。这是很好的训练方式，因为一旦运动员学会在竞争中放松，竞争的具体形式就不再重要了。参加有竞争性的活动，与和自己在弱链方面能力相当或更好的人对抗。

最好的方式可能是将训练课的一半用于竞争性活动，另一半用于固定训练。那么喜欢多样性的运动员可能愿意先进行竞争性的部分以消耗多余的能量，这样就可以更好地专注于后面更具结构化的训练。

无论训练个性怎样，你矫正弱链所用的方法与你将如何以及何时训练它们同样重要。最好的训练方案会通过不同的活动来帮助身体准备好应对比赛中的外力，并通过足够的持续性以保证获得良好的效果。保持记录并跟踪训练进度。了解趋势，通过相反方向的训练来获得平衡。

技术的基础

所有运动员最终都必须学习技术。但在学习技术时，不要过度分析。高尔夫可能是一个典型的例子，它经常会被拿到"显微镜"下来观察。然而，最顶尖的选手并不是通过显微镜的观察获得成功的。他们之所以获得成功是因为他们掌握了基础。在他们的排名逐渐升高时，他们可能会通过深度分析来改进比赛中的细节，这只是为了一次额外的打击或比赛中某一细节的连贯性。一名典型的高尔夫选手会关注高尔夫项目的总体基础，找到让挥杆连贯和让身体舒服的方式。但问题是多数人并不具备基础的身体能力、柔韧性，或对自己的身体力学有足够的感知，因此无法同时达到连贯与舒服的状态。他们希望做出快速改变，因此会在舒适区内进行挥杆，但却使用错误的发力方式——结果就是挥杆受到影响。某一特定技术出现问题的运动员可能是因为缺乏基础，这时的微观分析是没有任何帮助的。

解决问题的一个好办法就是询问：这是一个静态的问题还是动态的问题？有一次，大学第一分区的一名左撇子棒球投手来到我的诊所，让我帮他看看左肩的问题。他是经过视频动作分析专家的介绍而来的，之前也已经咨询过一些不错的运动理疗师、物理治疗师和运动防护师。视频分析专家对我说，他找不到投球动作中的任何缺陷，这名运动员没有过往伤病史或问题，他的发力动作几乎是完美的。因此视频分析专家无法理解为什么他的左肩会痛。

我让这名年轻投手做了动作筛查和力量测试，没有发现问题和缺陷，没有对称性问题，也没有明显的动作限制。力量和运动表现都是可以的。我让他走出健身房，向迷你蹦床上扔网球，以此来了解他的运动方式。我所看到的唯一缺陷就是他没有像大部分投手那样使用手臂直立的动作。因为他没有在进入完整的或直立的姿势时就开始投球，所以不得不通过夸大后续的跟进动作以获得同样的棒球加速距离。通过让手臂从他的开始位置向后伸展一点，他那近乎完美的投球发力模式就可以自动接管后面的动作了。他只需要提前一点点开始投球，这样就不会夸大后续的跟进动作了。

我不是一个投球专家，但是这个年轻人的问题并不是动态的。他有很好的投球发力模式，很高的运动表现和较好的动作模式，他只不过在错误的位置上开始了技术动作。

认真考虑起始位置、完成位置和准备姿势，这些都是基础。你处于最佳准备姿势了吗？你正确地移动重心了吗？当姿势、呼吸、站姿改变的时候，是否会有加速疲劳的出现？你的关注点在哪？如果运动员没有从正确的地方开始，就不可能在没有明显动作代偿的情况下在正确的地方结束。

在改变技术时，每天只改变一件事，并确保改变的是正确的地方。使用视频和教练辅助，看书和观察其他人，保持记录习惯，观察哪些改变带来了最好的结果，记录下你在尝试完成这些改变时的身体感受。如果你可以重现身体感受，那么就可以重现动作。如果你无法让感觉再现，那么动作就无法发生。记住，感觉会告诉大脑你的位置和需要做的事情。动作的语言是用感受书写的，而不是文字或图片。放松，试着不要让自己沮丧。你需要投入一些时间，但当你感觉疲劳或受挫的时候停下来。当身体疲劳时，大脑就会学习那些你本想忘记的错误信息。

总　结

在这本书里我坚持使用一种通用的方式。我并没有特别讨论某一项体育运动，因为体能和比赛是所有运动的基础。技术考量、身材差异和不同的身体特性都能起到重要的作用，但是这本书是一本体能指南，适用于不同项目的运动员。我的目的是告诉人们：伟大的运动员之间和伟大的体能训练方案之间有着更多的共性，而非不同。

书中的内容有10%是创新（基于动作基础的哲学理念和技术）、10%是灵感（找到身体与体能之间的平衡与和谐是潜在的主题），80%是融会贯通（多数训练和动作都不是新的，但通过有效且高效的分组，可以在最节省精力与时间的情况下提供特定的训练效果）。

书中的很多引用是为了帮助你专注于自己的目标。我曾有幸成为很多顶尖大学和职业训练中心的顾问。几乎所有这些地方都会有策略地引用运动员、教练和哲学家的语言，这种在康复和训练区域随处可见的引言展示了一种训练或积极性的价值。

举重房可以成为一个伟大运动生涯的起点，也可以是指向错误方向的地方。在我的职业生涯里，我见过太多的运动员进行体能训练，结果却是远离了自己的目标。在举重房里必须设定目标，但是当这些目标没有提高运动专项的表现或当它们影响了基础动作模式时，追求这些目标就没有任何意义了。

下面我给你总结了一些上口的词句，也许可以帮助你记住这本书中的某些内容。

- 使用轻重量，保证动作正确。当使用重量或药球进行力量训练时，掌握正确的技术和良好的动作模式远好于增加更大的重量。当运动员赢得世界冠军，记者的话筒放在他的面前时，从来不会有人问他可以举起多大的重量。重要的是用正确的方式完成。

- 可以快，但要持久。这指的是速度耐力。如果进行速度训练，试着提高身体恢复的速度。尝试完成多组快速和有效的动作，重要的不是一次快速的40码跑，而是可以完成多少次极限速度80%的40码。同样的道理也适用于400米跑、折返跑或其他速度、敏捷与灵活性训练。如果在比赛的最后没有了速度，没有多少人会记得运动员在比赛开始的时候会有多快。

- 要迅速，但不要忘记暂停。敏捷性通常是一个两步、三步和四步的动作，同时也是躯干和手臂在极短的时间之内完成爆发力的动作。如果运动员不能有控制地停止动作和快速改变方向就无法保持身体的控制稳定，那样的话，敏捷性就会与运动员的身体相对抗，最终导致损伤。暂停是快速停止和控制运动的能力，敏捷是快速产生动作的能力，两者缺一不可。记住，这里说的是可控的停止能力——不是更快的启动——这样运动员可以向对手使出一个动作，然后准备和实施更具技巧性和控制力的其他动作。

- 控制呼吸，最大化休息。呼吸是不由自主的行为，但当它改变时，就说明疲劳已经出现了。疲劳的运动员会向前弓背并开始用嘴呼吸。可以通过降低呼吸的次数和增加呼吸量或深度来学习如何让呼吸变得放松。当没有比赛或在休息时，要控制呼吸并学着放松身体，充分利用所有的休息间歇。把烦躁、讲话、摆弄器材和不关注自己身体的事交给对手去做吧，他们会在比赛再次开始的时候为自己所浪费的时间付出代价。用鼻子吸气、嘴巴呼气，让呼吸深长而清晰。呼吸时站直身体。记住，你在训练中怎样做，在比赛中就会怎样做。

- 平衡是基础。如果你能改善平衡性（从站立在稳定盘上到单脚跳绳），你就会建立稳定的基础。在更深的层次，训练的基础源自于平衡。不停地让自己去努力平衡身体左右两侧的力量与柔韧性、速度与耐力以及爆发力和敏捷。在平衡的基础之上开始训练是非常重要的。而在不平衡的基础上进行训练，只会增加不平衡性。如果将训练建立在错误或不稳定的基础之上，那么即便世界上最好的训练方案也只会带来粗劣的结果。

- 如果无法测试，就不要训练。这应该是显而易见的。在这本书里，我没有建议过任何在基础层面不能被测试的训练。没有理由让自己迷失在高级的器材或不同的测试中。我们只需要一到两个好用的测试，它们能够显示训练的进程并经常性地重新测试就够了。如果重新测试显示出问题，就去解决。如果测试显示了积极的结果，就加以了解。

- 放松是基石。冠军的标志就是在比赛中的控制力和面对压力时的放松状态。这并不是说冠军选手们没有拼尽全力，而是指他们在以一种放松、流畅的方式比赛。没有不必要的紧张，因此就没有浪费的能量。比赛最重要的基石之一就是放松。放松可以通过在比赛中与能力相当的运动员搭档来进行训练。运动员应该放松，而不是更加卖力。

- 制定计划，然后让计划生效。这不是我说的，而是我父亲说的。我一生都在听他说这句话，当我的年龄越大时，这句话听起来就越合理。简单来说，这是通过瞄准和分析来达成自己的目标。有的人可能有着世界上最好的意愿和能力，但是如果他不知道目标在哪儿，就永远不会命中。制定计划意味着瞄准和建立流程与方法，以帮助你达成目标。实施计划意味着在这个过程中，要分析自己的进度或失败。所有的运动员都可以在他们状态最好的时候赢得比赛，但有时他们也需要在状态不佳的时候获胜。最初的计划不一定能够成功，无论是在比赛里还是训练中，但这并不是这句话要说的。我的父亲没有说"使用这个计划"，他说的是"让计划生效"。让计划生效意味着使自己尽可能客观，保持想法的灵活性并让计划生效，这样你就不会偏离目标的方向。你需要制定一份整体的执行计划，但如果你的想法过于死板，你将不会从训练和体能锻炼中学到重要的知识。掌控所有可能的因素是达成目标的必要条件。任何时候你感觉结果不够理想，重新制定你的计划，但记得要保持耐心。缓慢、稳定的进步是那些优秀的运动员实现目标的方式，你不应预期比这更好的结果。

在修改和重建你的训练方案时，永远保持坚定、客观的逻辑。持续测试自己，强化那些你所做的有效的事情，同时发现那些无效的事情。设定切实可行的目标，为了不切实际的目标，实施再好的计划也是浪费精力。

我希望这本书提供了崭新的训练思路，能够补充你在训练方面的已有投入。运动爱好者通常认为运动是生活的一种隐喻，而运动的积极面也会展示在生活中。勇气、坚毅、热情、专注和公平都会在生活或赛场上有所回报。如果运动是生活的隐喻，那么训练就是生活方式的象征。那些伟大的思想家都会认为平衡的生活方式是最值得肯定的。在训练中达到平衡是既有挑战又有回报性的，当所有因素都趋近平衡时就会展现出其中的好处。传奇橄榄球教练保罗·布莱恩特所说的这句话既简单又深刻，他对学习的尊重反映了我写这本书时的观点——从来没有教练用自己的知识赢得比赛，获胜靠的是运动员所学到的东西。

参考书目

Anderson, B. 2000. *Stretching*. Bolinas, Calif.: Shelter Publications.

Baechle, T.R., R.W. Earle, and D. Wathen. 2000. Resistance training. In *Essentials of strength training and conditioning* (2nd ed.), edited by T.R. Baechle and R.W. Earle. Champaign, Ill.: Human Kinetics.

Chu, D.A. 2001. Explosive power. In *High-performance sports conditioning*, edited by B. Foran. Champaign, Ill.: Human Kinetics.

Cook, G. 2001. Baseline sports–fitness testing. In *High-performance sports conditioning*, edited by B. Foran. Champaign, Ill.: Human Kinetics.

Covey, S. 1997. *The seven habits of highly effective people*. Thorndike, Maine: G.K. Hall.

Dintiman, G.B. 2001. Acceleration and speed. In *High-performance sports conditioning*, edited by B. Foran. Champaign, Ill.: Human Kinetics.

Dintiman, G.B., R.D. Ward, and T. Tellez. 1998. *Sports speed* (2nd ed.). Champaign, Ill.: Human Kinetics.

Earle, R.W., and T.R. Baechle. 2000. Resistance training and spotting techniques. In *Essentials of strength training and conditioning* (2nd ed.), edited by T.R. Baechle and R.W. Earle. Champaign, Ill.: Human Kinetics.

Harman, E., J. Garhammer, and C. Pandorf. 2000. Administration, scoring, and interpretation of selected tests. In *Essentials of strength training and conditioning* (2nd ed.), edited by T.R. Baechle and R.W. Earle. Champaign, Ill.: Human Kinetics.

Jones, C. 1999. *What makes winners win*. New York: Broadway Books.

Knapik, J.J., B.H. Jones, C.L. Bauman, and J.M. Harris. 1992. Strength, flexibility, and athletic injuries. *Sports Med* 14(5): 277–288.

MacCambridge, M. 1999. *ESPN SportsCentury*. New York: Hyperion.

Pauole, K., K. Madole, J. Garhammer, M. Lacourse, and R. Rozenek. 2000. Reliability and validity of the T–test as a measure of agility, leg power, and leg speed in college age males and females. *J Strength Cond Res* 14.

Plisk, S.S. 2000. Speed, agility, and speed–endurance development. In *Essentials of strength training and conditioning* (2nd ed.), edited by T.R. Baechle and R.W. Earle. Champaign, Ill.: Human Kinetics.

Potach, D.H., and D.A. Chu. 2000. Plyometric training. In *Essentials of strength training and conditioning* (2nd ed.), edited by T.R. Baechle and R.W. Earle. Champaign, Ill.: Human Kinetics.

Sahrmann, S. 2002. *Diagnosis and treatment of movement impairment syndromes*. St. Louis: Mosby.

Semenick, D. 1990. Tests and measurements: The T–test. NSCA J 12(1): 36–37.

关于作者

　　格雷·库克是一名骨科矫正师和物理治疗师。他同时也是一名有经验的认证力量教练，曾服务于青少年、大学和职业水准的不同运动项目。库克是著名的演讲者，并且是NFL、NBA、NHL、WNBA，以及众多大学的运动医学与体能训练部门的顾问。在很多康复和体能类出版物上都能看到他的创新性研究和实践工作。

　　库克是邓恩与库克联合诊所的骨科与运动物理治疗部总监。他同时还以运动专项训练创意总监的身份服务于锐步，也是锐步的第一位大师级培训师。

关于译者

曹晓捷，毕业于加拿大西蒙弗雷泽大学，后于美国春田大学完成人体运动表现与康复学进修。长期专注于身体训练与运动文化领域的研究，拥有完整的功能性动作筛查（FMS）、选择性功能动作评估（SFMA）、基础体能筛查（FCS）、Y平衡测试（YBT）、FBS体系认证，是矫正训练与运动表现训练认证专家、KINESIO肌贴临床技师。曾担任赛普运动科学研究院院长，美国国家运动医学院中国教育项目负责人，以及巴西战舞中国学院负责人。

扫码免费领取

"功能强化训练"系列课程第一集